Cécile Catherine

PARIS

EDITIONS OUEST-FRANCE
13, rue du Breil, Rennes

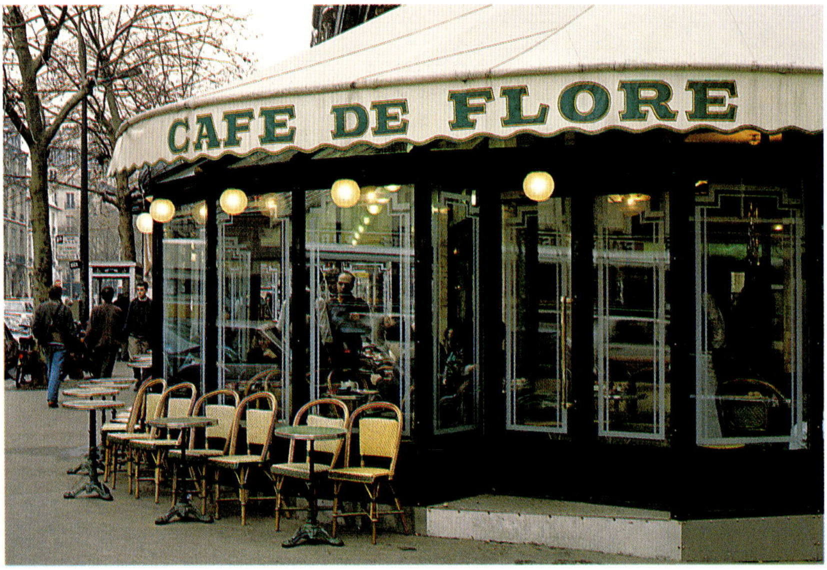

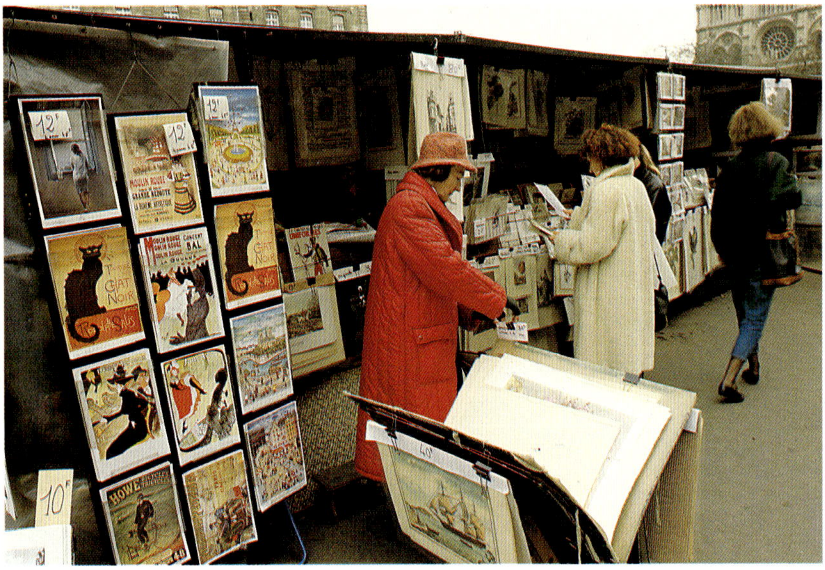

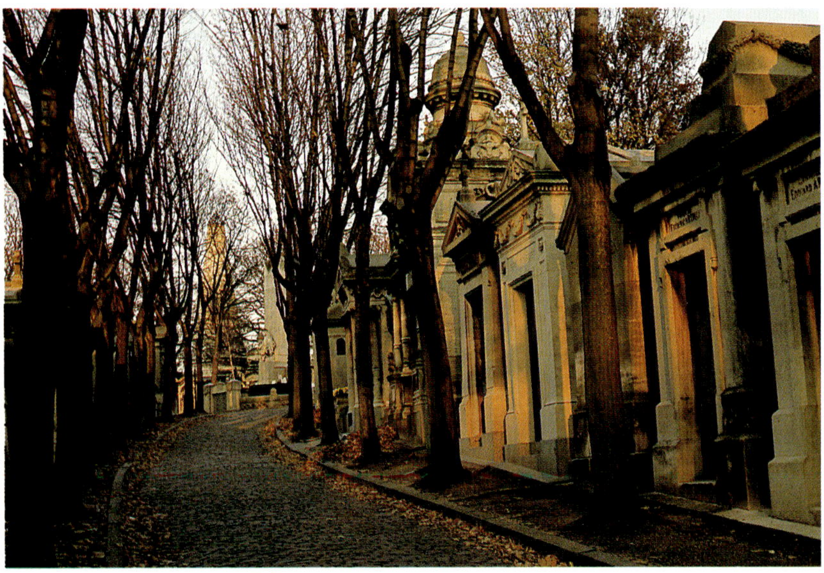

Café de Flore (en haut).

Bouquinistes sur les quais de la Seine (au milieu).

Au cimetière du Père-Lachaise (en bas).

Le pont des Arts et l'île de la Cité (en page suivante).

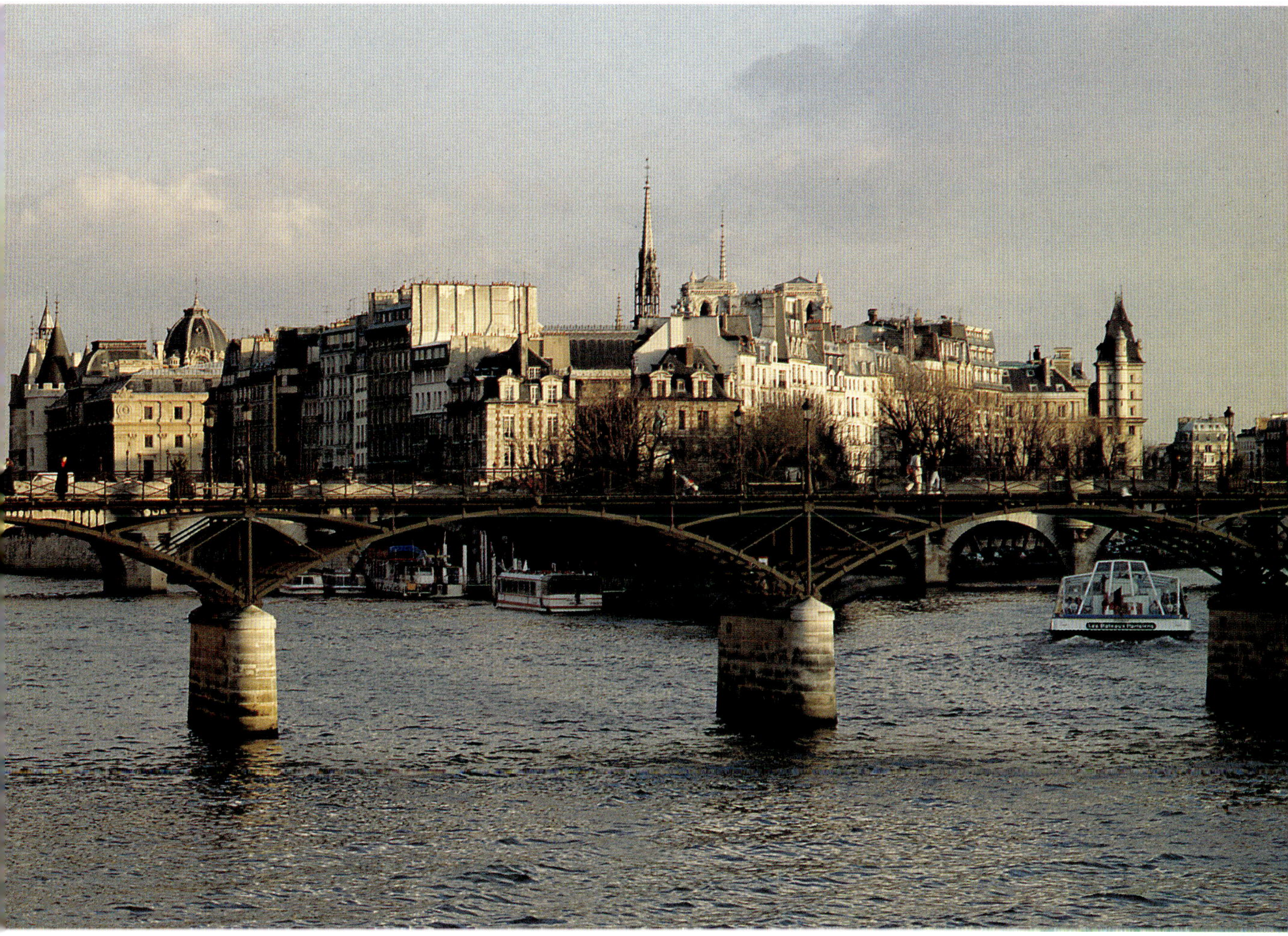

INTRODUCTION

Depuis les premières traces de peuplement pendant la préhistoire, jusqu'aux enjeux que constitue aujourd'hui cette « super-mairie », le destin de Paris a fait l'histoire et le passé de la France.

Son principal atout fut géographique : la Seine a attiré les Celtes de la tribu des « Parisii » sur l'île de la Cité, Lutèce marécageuse. Sous la conduite de Jules César, les envahisseurs romains, victorieux en 52 av. J.-C., étendent le domaine de leur souveraineté sur la rive gauche. Leur occupation de plus de trois siècles place la ville sous le signe de la « pax romana » et lui donne ses premières activités commerciales au sein d'une civilisation dont on retrouve les traces dans les arènes de Lutèce ou les thermes de Cluny. Avec l'arrivée des Barbares à la fin du IIIe siècle, la paix est rompue et les empereurs romains Julien et Valentinien, installés dans le premier palais de l'île, ancêtre du Palais de justice, durcissent leur pouvoir. La population se concentre à nouveau autour de l'île de la Cité, protégée par une enceinte. En 508, Clovis triomphe des Huns et établit la suprématie mérovingienne dans l'île qui a pris le nom de Paris. Pépin le Bref est, en 751, le premier d'une dynastie carolingienne qui, avec l'avènement de Charlemagne, va privilégier la Germanie, et Aix-la-Chapelle, au détriment de la cité parisienne, victime de l'invasion des Normands au IXe siècle. En 987,

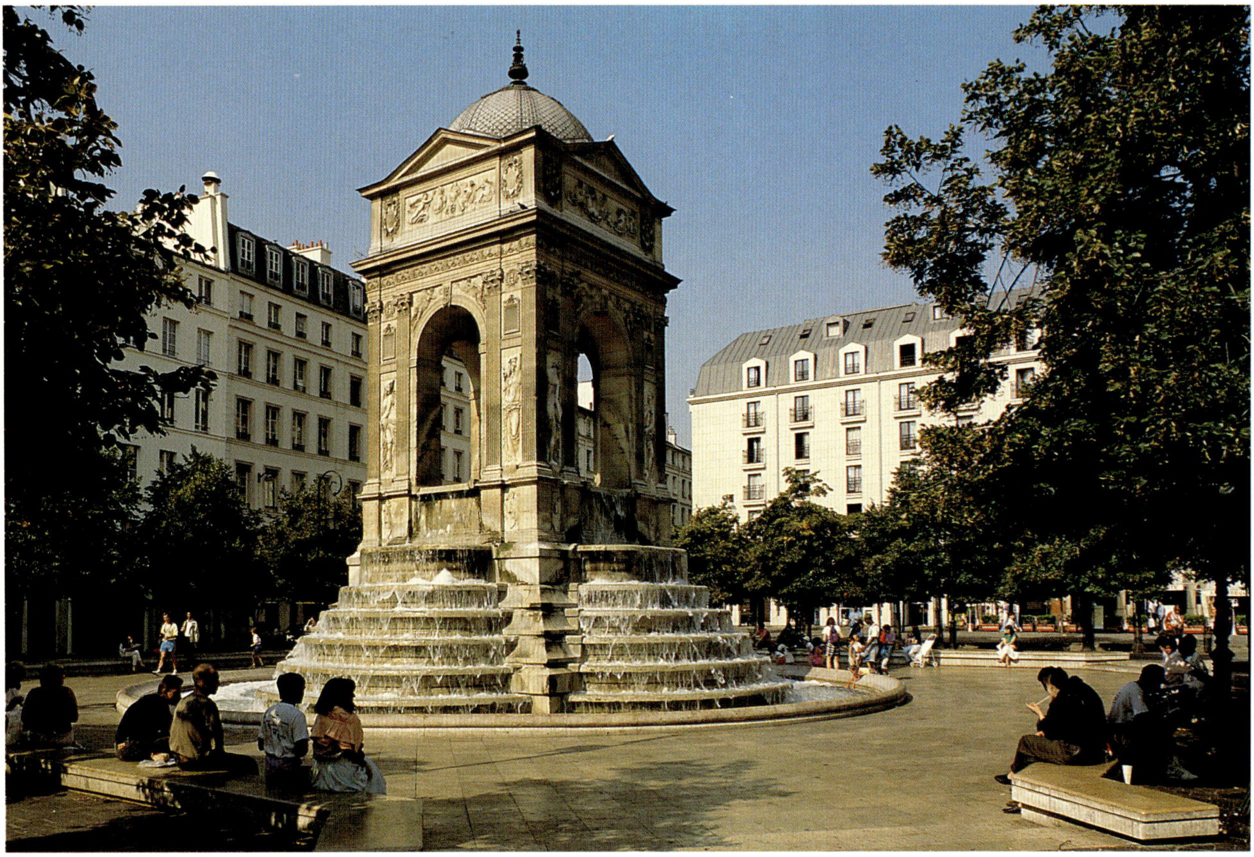

La fontaine des Innocents.

La colonne Vendôme depuis le jardin des Tuileries (ci-contre en haut).

Galerie Véro-Dodat (ci-contre en bas).

l'arrivée au trône de Hugues Capet, le premier roi de la troisième dynastie, établit Paris dans son rôle de capitale, d'où partira un pouvoir étendu à tout le territoire de l'actuelle Ile-de-France. La prépondérance de la ville entraînera bientôt des heurts avec les seigneurs de province. Mais Paris se structure et prospère principalement grâce aux facilités que procure le fleuve. C'est l'époque que choisit l'évêque Maurice de Sully pour élever un des plus beaux fleurons de l'architecture parisienne, Notre-Dame. Au XIIe siècle, Philippe Auguste fixe les limites de la capitale dans une nouvelle enceinte qui se révèle vite trop étroite. Parallèlement, la naissance de l'université et de nombreux collèges accompagne un accroissement de la population et l'urbanisation de la ville, qui se dote en 1260 d'une municipalité, dont le représentant est le prévôt des marchands. L'activité s'étend à la rive droite où s'installe le premier marché. A l'extérieur, les Anglais, qui ont des prétentions au royaume de France, déclenchent la guerre de Cent Ans, en 1337. Elle provoquera indirectement la mort du prévôt Etienne Marcel entré en rébellion contre le pouvoir royal en 1357. La paix revient provisoirement sous Charles V, qui fait construire la forteresse de la Bastille et agrandir le Louvre. Le XVe siècle est marqué par une reprise sanglante de la guerre, avec l'épisode du dévouement de Jeanne d'Arc et la consécration, à Notre-Dame, du roi d'Angleterre Henri VI. En même temps, la population doit lutter contre

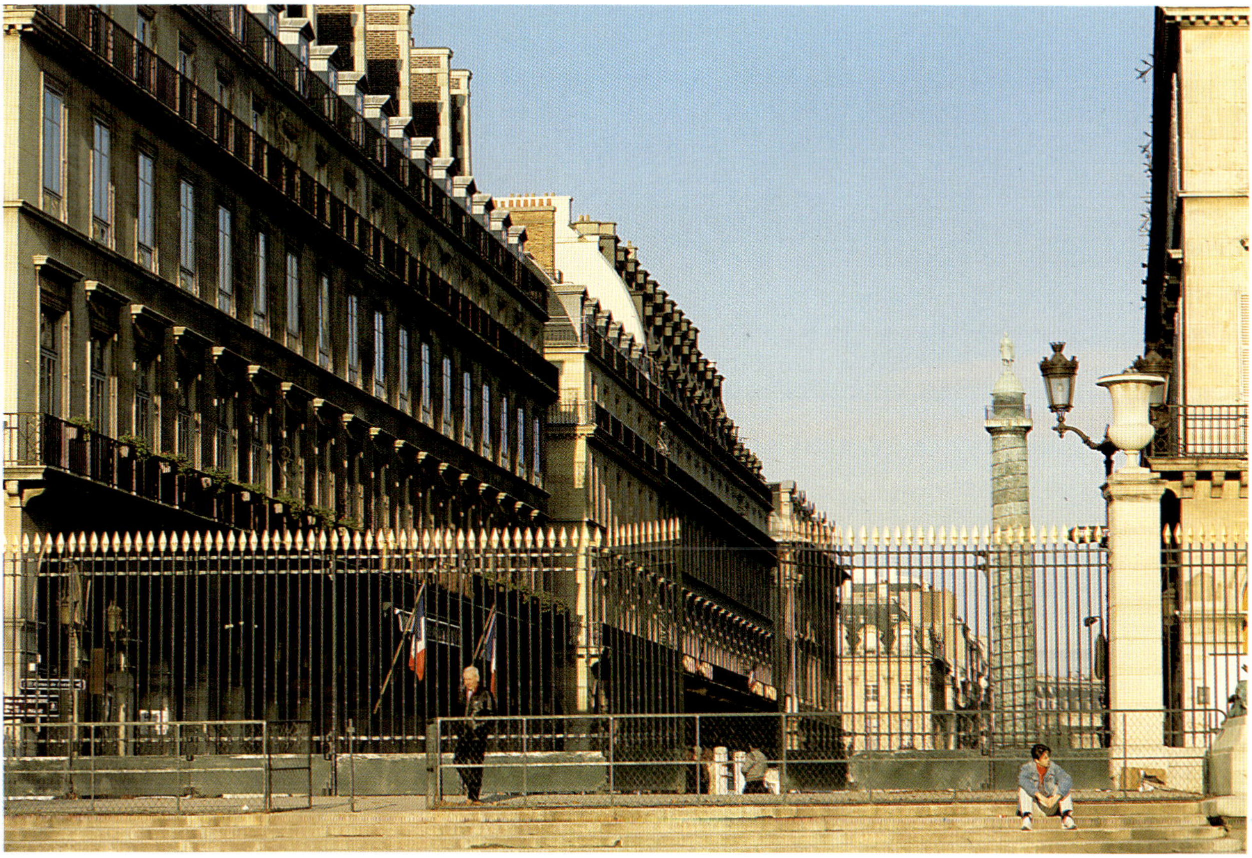

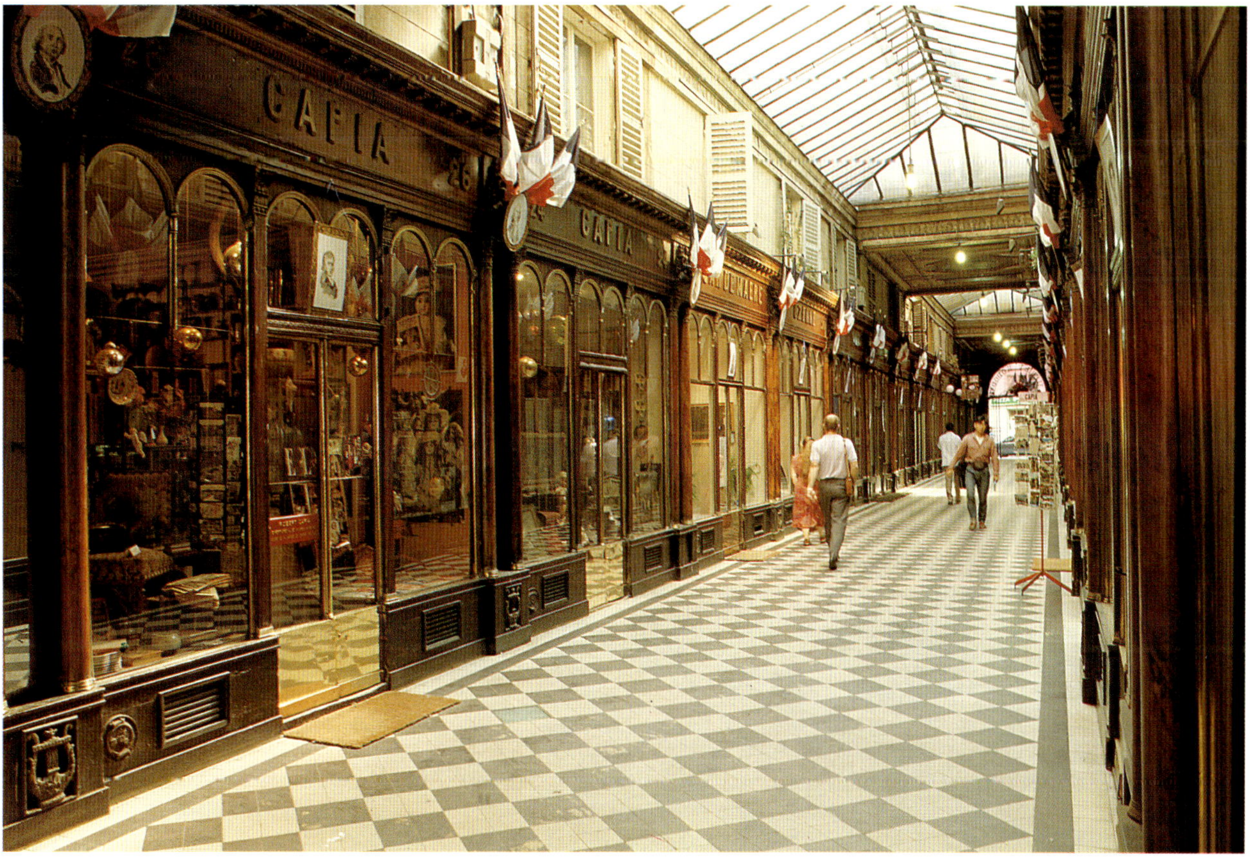
GAFIA
26
GAFIA

de terribles épidémies de peste. Louis XI, qui a signé le traité de paix avec l'Angleterre, consolide l'autorité royale et favorise l'unité nationale, jetant les bases d'un renouveau économique qui se prolongera au XVIe siècle, avec la création à la Sorbonne de la première imprimerie française, l'édification de l'Hôtel de Ville, la reconstruction du Louvre et le développement de toute une activité artistique et culturelle. Sans doute les rois ont-ils une prédilection pour les douces rives de la Loire sur laquelle ils ont édifié des châteaux ; mais Paris a déjà ses premiers chantres. La note discordante de ce siècle sera l'âpre lutte livrée contre les protestants, et dont le sinistre point d'orgue est le massacre de la Saint-Barthélemy, la nuit du 24 août 1572. Henri IV, qui décide que « Paris vaut bien une messe », abjure sa foi calviniste et calme les passions. Il fait aménager la place Royale (aujourd'hui place des Vosges), la place Dauphine, le Pont-Neuf et moderniser la ville (pavage des rues) dont l'aspect encore moyenâgeux entrave la circulation d'une population déjà nombreuse (environ 300 000 habitants). L'architecture de la Renaissance s'épanouit dans la construction de maisons particulières pour lesquelles la pierre a remplacé le plâtre. L'île Saint-Louis est reliée à l'île de la Cité par des ponts et le tracé des quais est amorcé. Le Marais se dote de luxueux hôtels aristocratiques. Paris devient sous Louis XIII un véritable centre administratif, politique et culturel, et possède en 1635 son Académie française. Les places royales et les arcs de triomphe prolongent les règnes de Louis XIV et Louis XV, qui voient également de grandes entreprises : création des Invalides, de l'Observatoire, de

Forum des Halles.

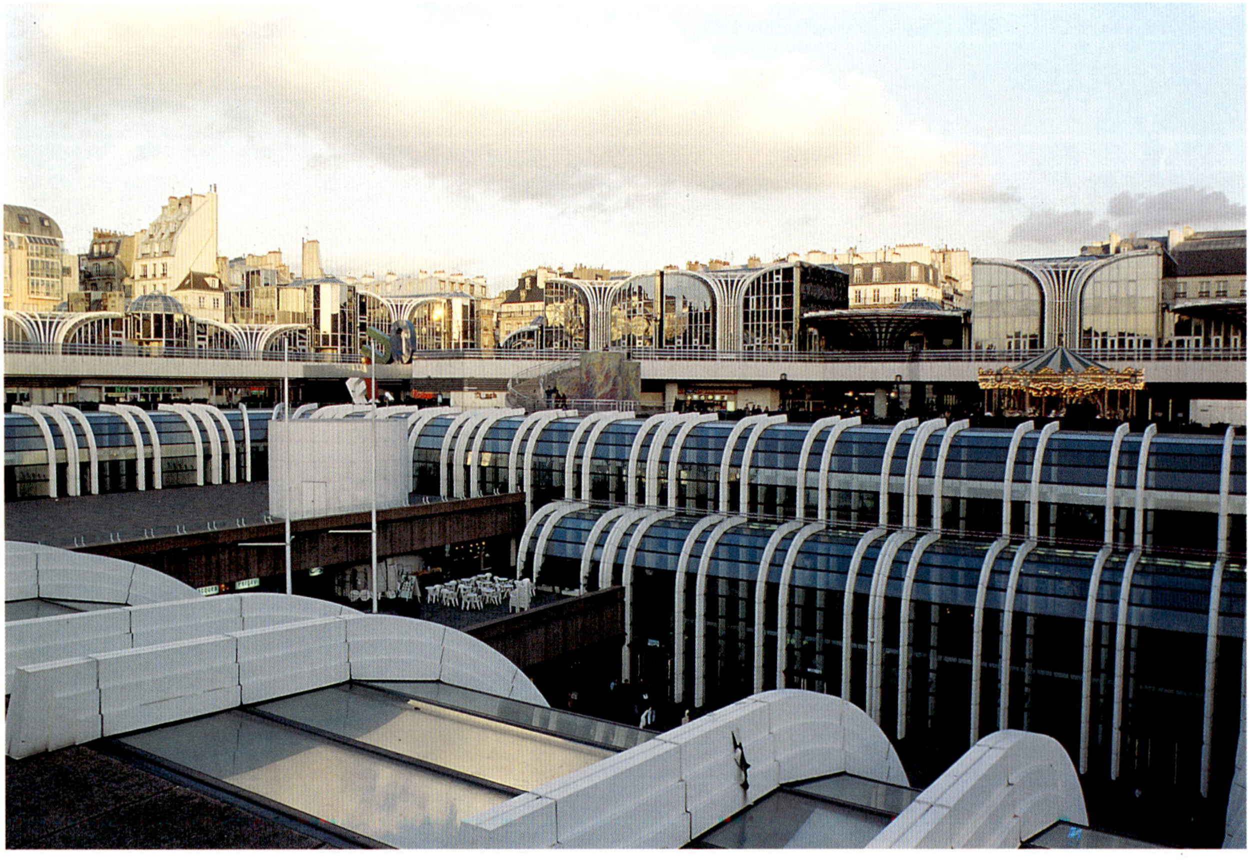

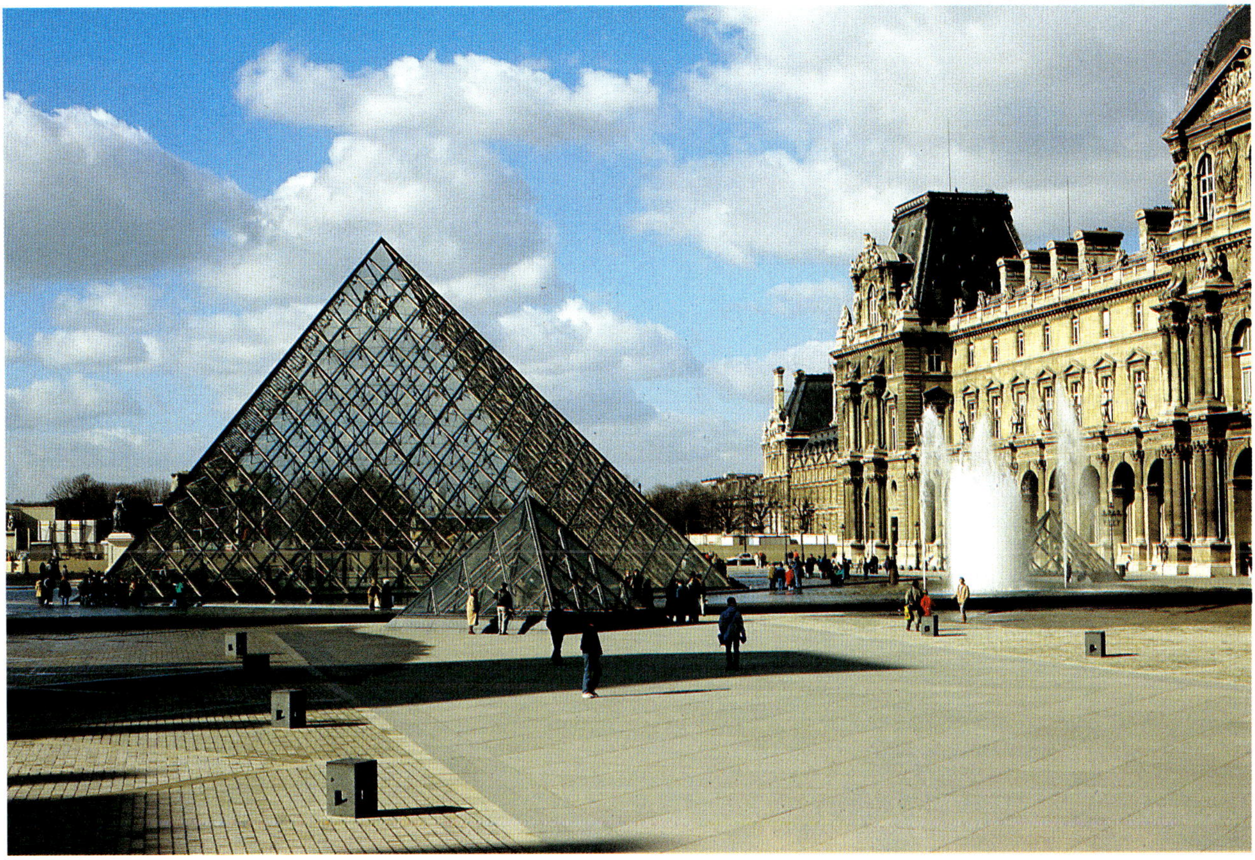

Pyramide du Louvre.

l'Ecole militaire et du Panthéon. Mais les insurgés de 1789 traquent dans les rues de Paris tous les symboles du despotisme et se livrent à une dévastation qui n'épargne pas les monuments et les œuvres d'art, et qui ne cessera que sous Napoléon. Pour célébrer les grandes victoires de l'Empire, celui-ci fait élever la colonne Vendôme, les arcs de triomphe de l'Etoile et du Carrousel. Les nouveaux notables honorent les jardins du Palais-Royal et les promenades publiques, se pressent aux fêtes et aux bals, nombreux alors. Le creusement de canaux (Ourcq, Saint-Denis, Saint-Martin) et d'égouts sera complété tout le long du XVIIIe *siècle par de grands aménagements, à l'instigation de Napoléon III et du préfet de la Seine, le baron Haussmann, dont les travaux d'urbanisation vont épurer une ville qui dépasse le million et demi d'habitants. La place de l'Etoile, l'Opéra, les Buttes-Chaumont, le bois de Boulogne surgissent au détour de nouvelles grandes artères. Baltard agrandit les Halles ; les bourgs de banlieue — dont Montmartre — se fondent dans un Paris découpé en vingt arrondissements. La chute de l'empire et la capitulation devant les Prussiens, à Sedan, déclenchent les terribles émeutes de la Commune, avec leur cortège de désastres et de nouvelles destructions (Hôtel de Ville, Tuileries, colonne Vendôme...). Mais des ruines surgit aussi le renouveau : sous la troisième République, on construit le Sacré-Cœur, le Grand et le Petit Palais, le palais du Trocadéro, la tour Eiffel... et la première rame de métro, à l'époque des grandes Expositions universelles. Après les bombardements des deux guerres mondiales et une occupation de quatre années, la Libération, en 1944, rétablit la ville sur le chemin d'une liberté dont la conquête se poursuit depuis*

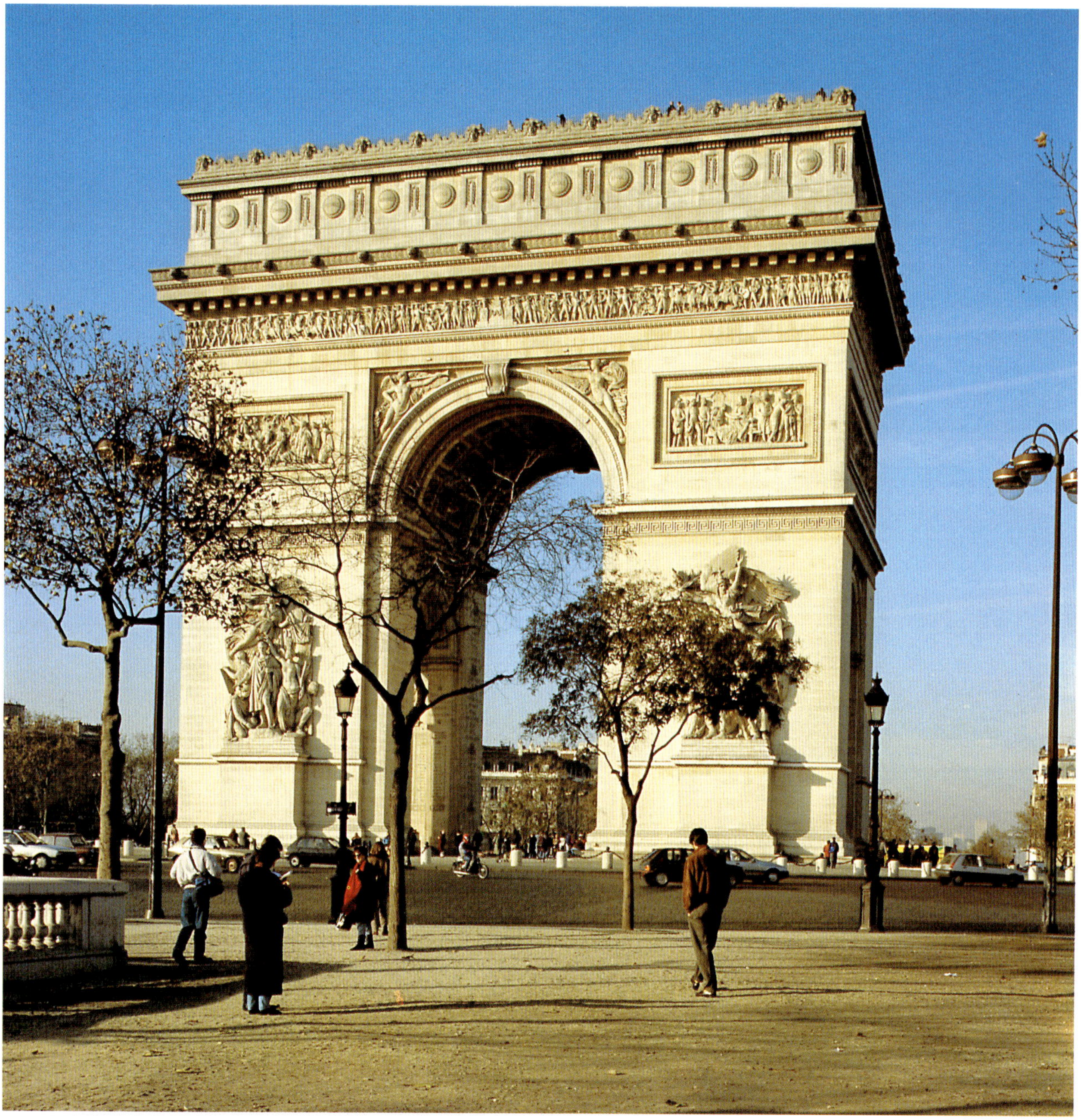

L'Arc de triomphe.

plus de deux mille ans maintenant.

Avec l'arrivée de François Mitterrand à la présidence de la République en 1981, une nouvelle ère architecturale s'est ouverte : celle des « Grands Travaux » (redéploiement du Louvre, ouverture du musée d'Orsay, construction de l'Institut du monde arabe, de l'Opéra Bastille, de l'Arche de la Défense, aménagement de La Villette, transfert et modernisation du ministère de l'Economie et des Finances). « Donner vie au futur, c'est, mêlant le rêve et le savoir, faire le choix de l'imagination, de la formation, de l'adaptation à un avenir qui, s'il ne se prédit pas, se prépare » (F. Mitterrand).

L'ARC DE TRIOMPHE

(Métro Charles-de-Gaulle-Etoile)

Il se dresse tout en haut de la colline de Chaillot. D'inspiration antique, haut de 50 m et large de 45 m, ses dimensions dépassent celles des arcs de la Rome impériale. Il trône sur une place qui, située à la croisée de plusieurs voies, a pris dès 1730 le nom d'« Etoile-de-Chaillot ». Il fut entrepris par **Chalgrin** en 1806, sur ordre de Napoléon qui voulait rendre hommage à la Grande Armée. Goust continue les travaux, qui s'arrêtent lors de la chute de l'Empire ; ils ne seront achevés qu'en **1836.** L'inauguration a lieu le 26 juillet de cette année-là, en présence de Louis-Philippe qui fête l'anniversaire de son rétablissement sur le trône. Une fois la monarchie réinstaurée, on décide de consacrer le monument à la mémoire des combattants de la République de 1792 — parmi lesquels figurent à la fois des monarchistes et des soldats de l'Empire. Les 128 noms de batailles et les 660 noms de généraux gravés sur les façades sont donc répartis également entre les armées des deux régimes.

L'Arc de triomphe n'a cessé depuis d'honorer les patriotes. En 1840, les cendres de l'Empereur y sont déposées le temps d'une cérémonie grandiose. Thiers en 1877, Gambetta en 1882, Victor Hugo en 1886, Lazare Carnot en 1889, Mac-Mahon en 1893, Foch en 1929, Joffre en 1931, Leclerc en 1947 et de Lattre de Tassigny en 1952 y reçoivent les derniers honneurs. Napoléon III passe triomphalement sous l'arc lors de son arrivée au pouvoir le 2 décembre 1852. L'armée victorieuse y défile le 14 juillet 1919, le 26 août 1944 et le 18 juin 1945. Le 11 novembre 1920, la **tombe d'un soldat inconnu**, mort pendant la bataille de Verdun, y est transférée et honorée comme symbole de tous les soldats tués au cours de la Première Guerre mondiale. Et trois ans plus tard, une **flamme** perpétuant leur souvenir est allumée dans une vasque de bronze. Elle est ravivée chaque soir à 18 h 30 et brûle sans interruption.

La Grande Arche (en page suivante).

La « Marseillaise », sur l'Arc de triomphe.

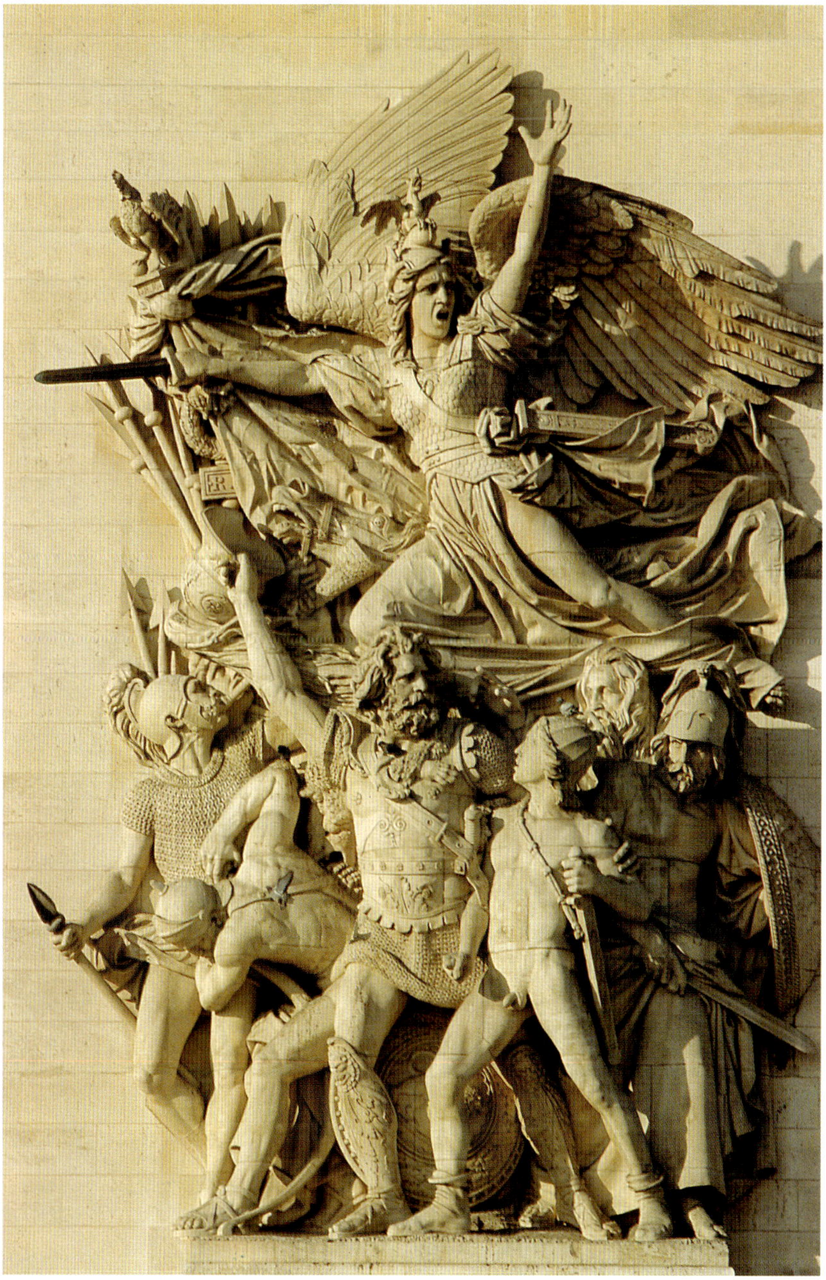

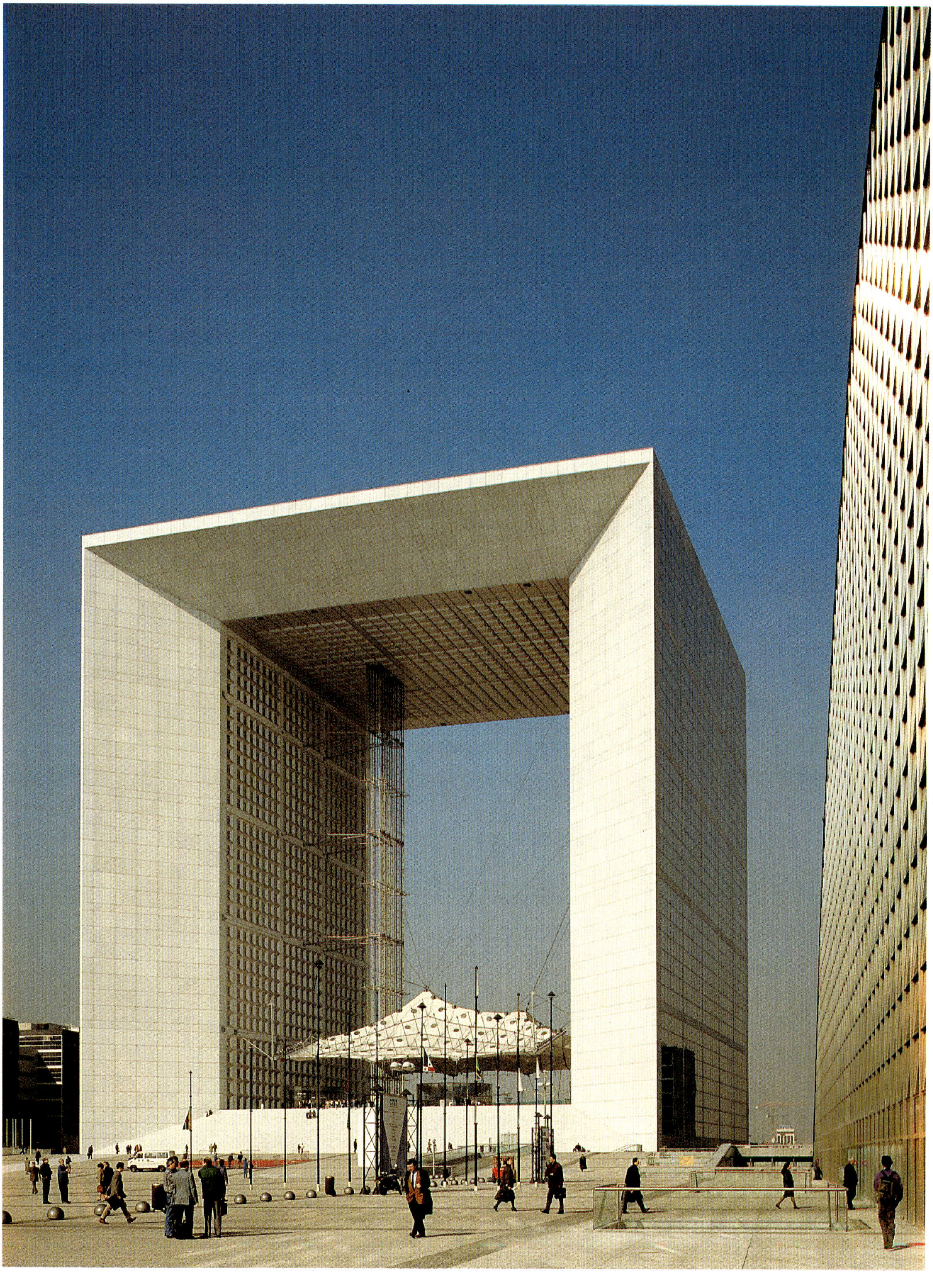

Côté Champs-Elysées, la **façade** de l'arc, ravalée en 1989, s'orne de hauts-reliefs : à droite, on peut admirer « le Départ des volontaires » (ou « la Marseillaise ») de Rude. A gauche, Cortot a sculpté en 1810 « le Triomphe ». L'autre façade présente deux œuvres d'Etex, « la Résistance » (1814) et « la Paix » (1815). Ce sont les boucliers de la frise de l'attique qui portent les noms des victoires de la République et de l'Empire.

La place Charles de Gaulle-Etoile, aménagée par Hittorff et Haussmann, est bordée sur ses 240 m de diamètre par des hôtels du second Empire, d'où partent douze superbes avenues percées essentiellement au XIXe. Les cent bornes de pierre qui entourent l'arc évoquent les cent jours de pouvoir de Napoléon lors de son retour de l'île d'Elbe.

L'ARCHE DE LA DEFENSE

(R.E.R. La Défense)

En 1982, un concours international est lancé. Il s'agit de réaliser, à la Tête-Défense, un monument susceptible d'exprimer l'architecture de notre temps, tout en recevant des équipements d'intérêt général. Posée à la proue du vaste quartier d'affaires de la Défense (160 ha), le « Manhattan français », **l'arche monumentale** en marbre de Carrare a été achevée pour les fêtes du bicentenaire de la Révolution. Elle est l'œuvre du Danois Otto von Spreckelsen, qui, en 1986, soit un an avant sa mort, passe le relais à Paul Andreu, son associé depuis l'origine. De tous les grands projets de la décennie, c'est le seul à avoir réellement fait l'unanimité.

L'Arche parachève l'aménagement de la Défense en lui offrant son édifice le plus prestigieux. Ce « cube » de 112 m d'arête, ouvert, repose sur 12 piles enfoncées à 30 m de profondeur. L'intérieur possède une hauteur de 90 m, une largeur et une profondeur de 70 m.

Le sous-sol étant, à cet endroit, très sollicité (autoroute, R.E.R., voie S.N.C.F...), la Grande Arche a dû subir un léger pivotement par rapport à l'axe historique, ce qui n'est pas sans rappeler le désaxement de la cour Carrée du Louvre. Ce léger « déboîtement » la rend comme plus « humaine ». Il lui permet, surtout, d'apparaître en volume depuis la perspective parisienne.

Les pignons sont revêtus de marbre blanc, veiné de gris, les façades externes de marbre gris et de verre. Les façades intérieures, alvéolées, et la face interne du

La Grande Arche.

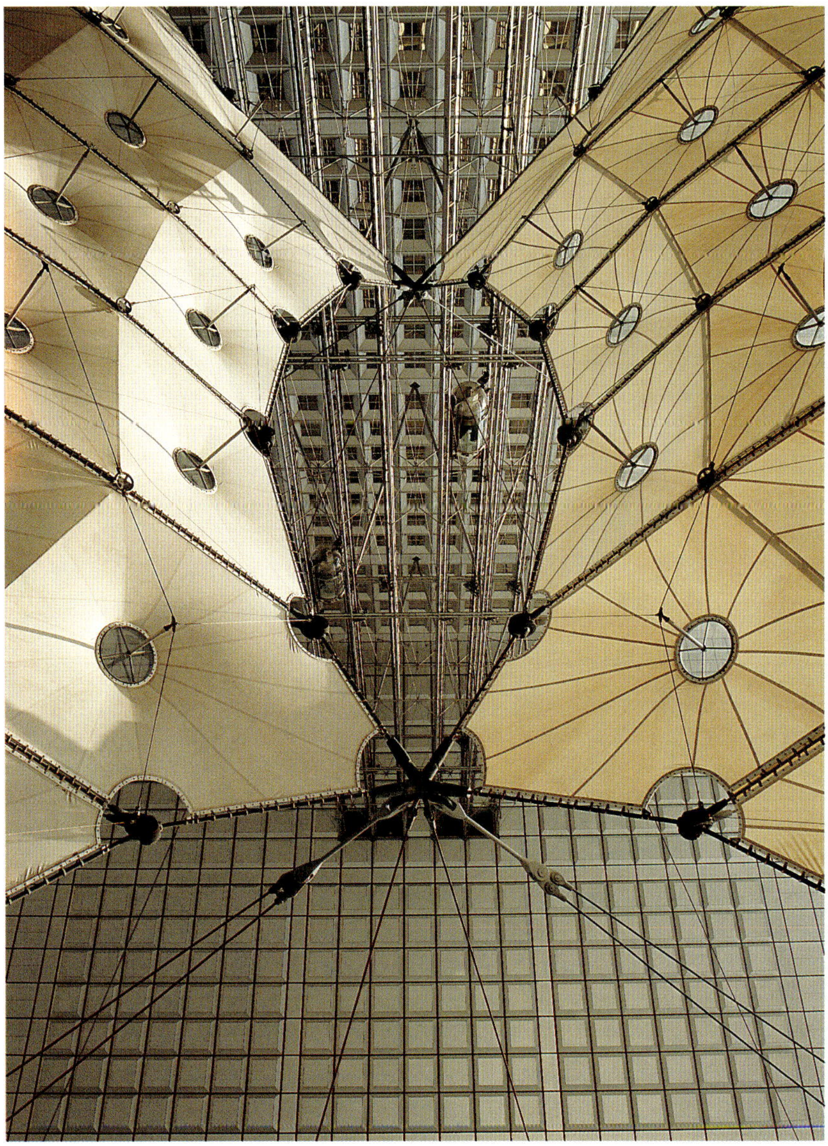

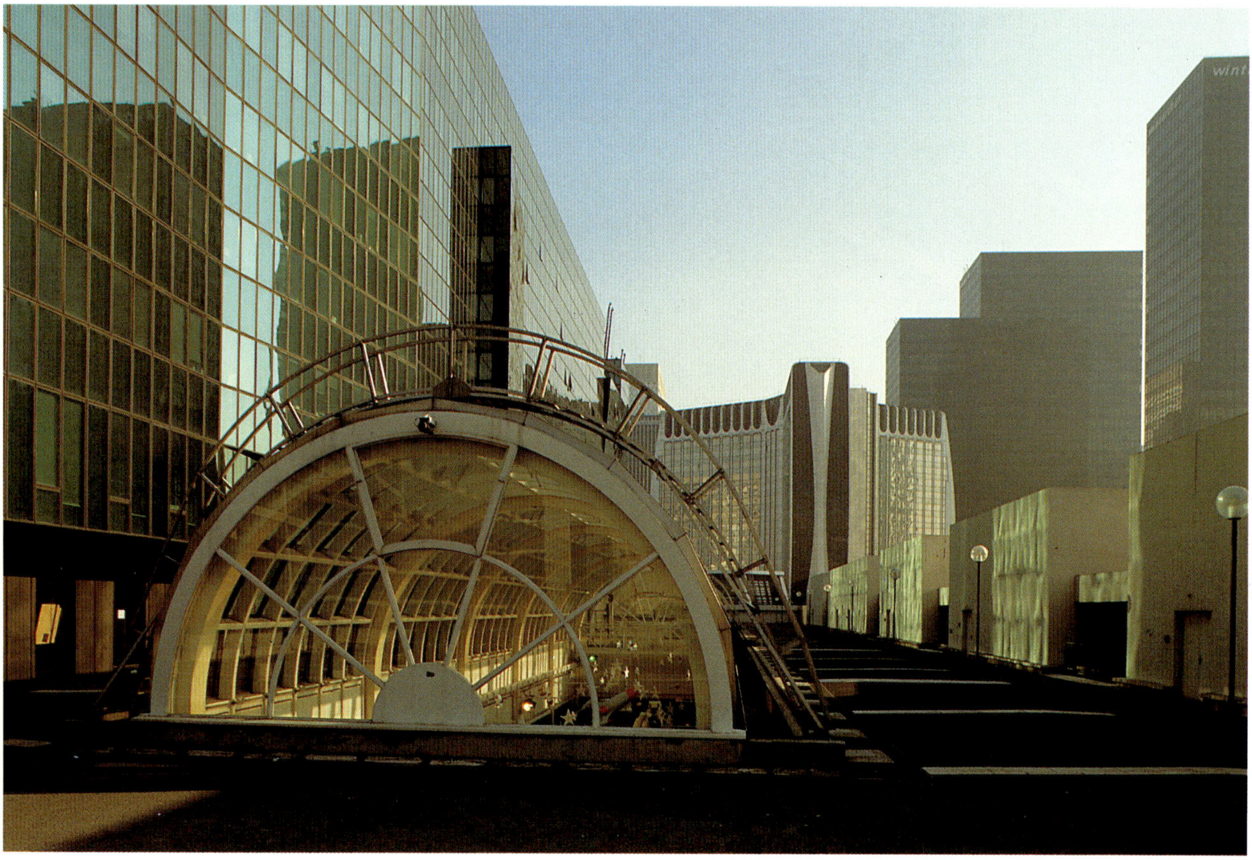

Quartier de la Défense.

toit sont recouvertes d'aluminium.

La Grande Arche est un monument habité (87 000 m^2 de surfaces utiles réparties le long des 35 étages des deux parois verticales). On y trouve des **bureaux** et le ministère de l'Equipement, du Logement et des Transports.

Le **toit-terrasse**, d'une superficie de un hectare, est consacré à l'Arche de la Fraternité (ou Fondation internationale des droits de l'homme et du développement), que préside Claude Cheysson. Les salles de réunion et de conférences sont éclairées par quatre patios à ciel ouvert, de 400 m^2 chacun.

Des ascenseurs panoramiques assurent le va-et-vient.

Le socle et le sous-socle comportent de larges espaces d'expositions et d'animations.

« Les **nuages**, explique Paul Andreu, ont d'abord des fonctions pratiques d'abri et de brise-vent (...). S'ils sont indispensables au Cube, c'est par le lien qu'ils créent entre l'ouvrage et les constructions environnantes du C.N.I.T. et des collines, et par l'identité qu'ils donnent à l'espace du parvis situé devant l'Arche. » Initialement prévus en verre, ils ont été finalement réalisés en toile de Téflon tendue sur une résille de câbles. « Ils agissent au fond comme des arbres devant la façade d'un bâtiment. Comme eux, ils donnent une densité à l'espace, interrompent la vue, l'ouvrent plus loin, créent des distances, des accidents, des surprises. Les nuages, enfin, donnent une échelle humaine à un espace hors échelle. »

Ce monument, véritable défi architectural et technique, se devait de s'associer à des défis plus esthétiques. Des **œuvres d'art** sont en cours de réalisation :

– la fresque de Jean Dewasne (90 m sur 70), recouvrira la paroi sud de l'Arche ;

– un grand pavement reproduit le cercle zodiacal dans les patios du toit (œuvre de J.-P. Raynaud) ;

– une composition filiforme et métallique, à la japonaise, sera installée aux abords de la Grande Arche par Aïko Miyawaki.

LA BASTILLE

(Métro Bastille)

Elevée au XIVe siècle, elle n'est initialement qu'une **forteresse** qui défend l'accès de la porte Saint-Antoine et protège l'hôtel Saint-Paul, résidence des rois. Elle est transformée en **prison d'Etat** sous Louis XII, au XVIe siècle. Mais lorsque, un certain 14 juillet 1789, les émeutiers la prennent d'assaut pour y faire provision d'armes, elle est quasiment vide. Le gouverneur Launay et ses Suisses n'ont la garde que de sept prisonniers. L'époque des victimes de l'arbitraire royal et des lettres de cachet touchant un Voltaire, un Marmontel ou quelque grand seigneur pourchassé à cause de ses idées politiques est révolue. N'importe, le coup de grâce donné à la Bastille agit comme un symbole. Sa destruction est ordonnée et réalisée par quelque 700 ouvriers qui travaillent pendant un peu plus de deux mois. Avec les pierres récupérées, on fait quelques miniatures de « l'exécrable forteresse », que l'on envoie dans les provinces pour en exorciser le souvenir. Le reste est utilisé pour de nouvelles constructions (dont celle du pont de la Concorde).

A la place, Napoléon conçoit l'idée d'une fontaine en forme d'éléphant, projet vite abandonné et dont ne subsiste que la socle qui supporte, depuis 1840, une **colonne de bronze**, au haut de laquelle trône la statue du **Génie de la liberté,** redorée en 1989. C'est pour commémorer un autre mois de juillet, celui de la révolution de 1830, que Louis-Philippe fait ériger le monument sur lequel sont inscrits, en lettres dorées, les noms des Parisiens tués au cours des émeutes et enterrés dans les caveaux souterrains.

Place de la Bastille.

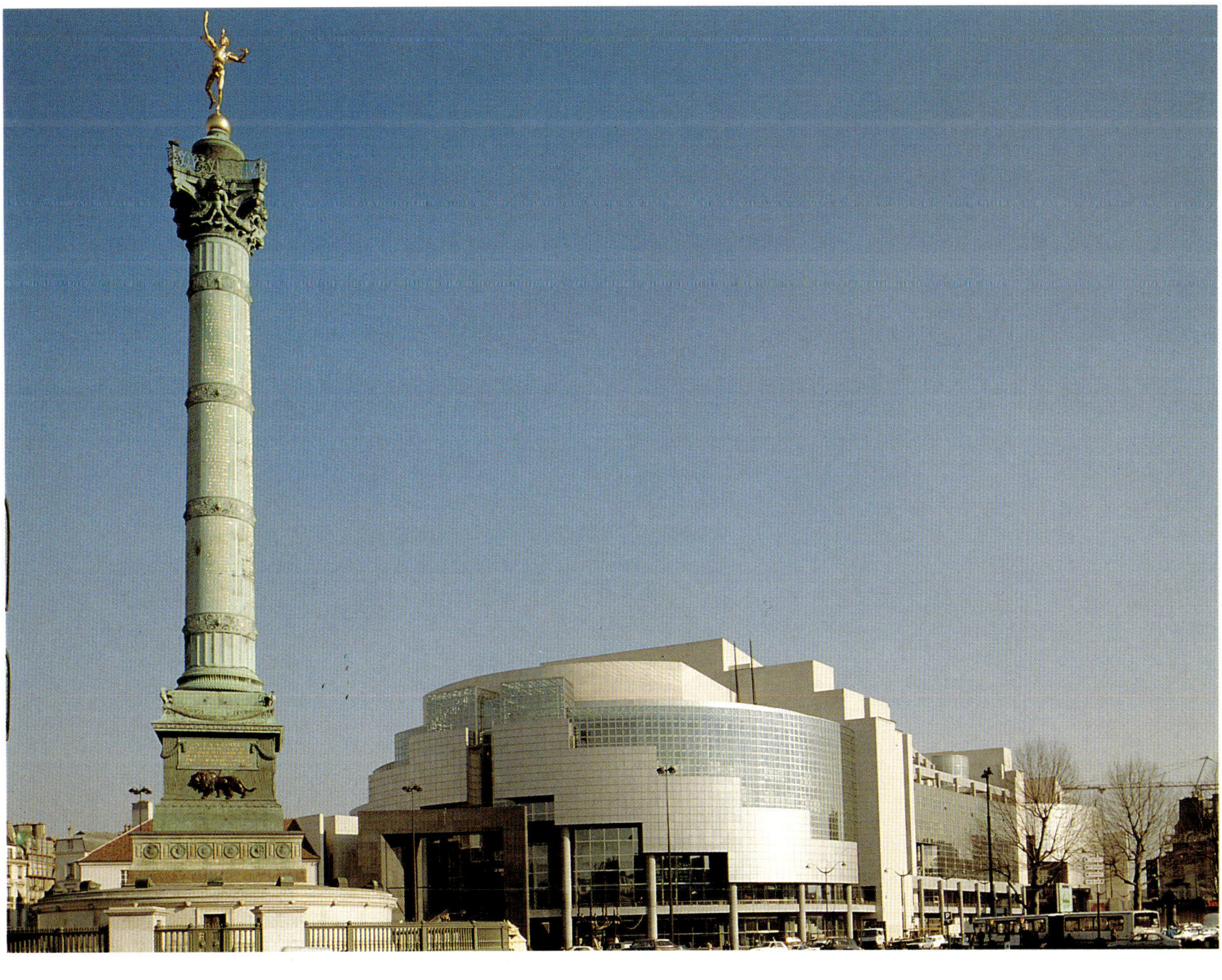

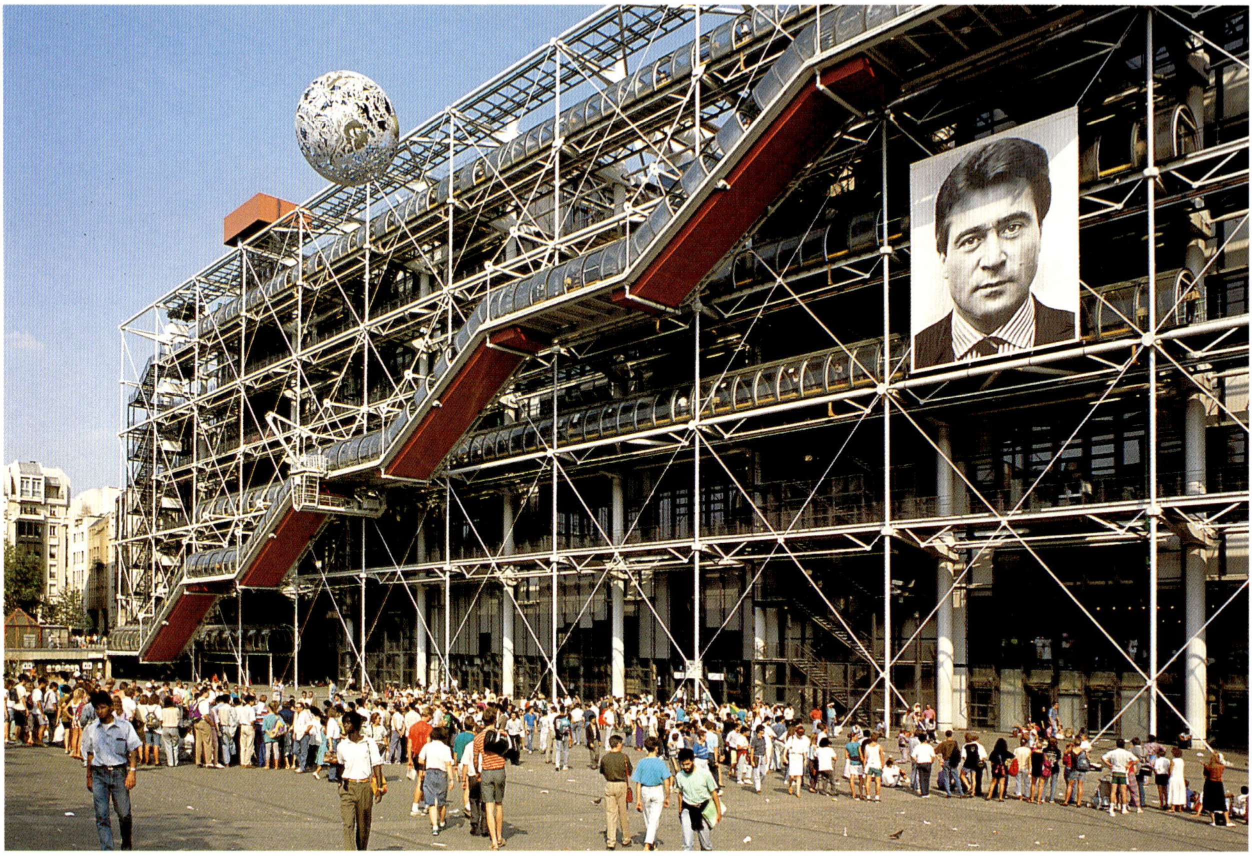

Centre Pompidou

BEAUBOURG
(Centre Georges-Pompidou)
(Métro Rambuteau)

C'est Georges Pompidou qui a l'idée, en 1969, de faire de ce vieux plateau de Beaubourg en complète rénovation un grand centre culturel et artistique, sorte de « Luna Park de la culture contemporaine » a-t-on dit, destiné à « lier la connaissance des arts et la démocratie » selon les termes de Jacques Chirac.

Le projet de Renzo Piano et Richard Rogers, du groupe Ove Arup and Partners, l'emporta sur les 680 autres. Ils ont conçu un édifice gigantesque qui a déclenché des critiques passionnées. Tout d'acier et de verre, il a 166 m de long, 60 m de large et 40 m de hauteur. Les poutres ont une portée de 50 m pour seulement 3 m de haut et un poids de 70 t chacune. Avec la place strictement réservée aux piétons, l'ensemble s'étend sur une superficie de 103 000 m^2.

Depuis le 31 janvier 1977, date de son inauguration, le **Centre national d'art et de culture** (C.N.A.C.) accueille chaque année des milliers de visiteurs (plus que la tour Eiffel), qui s'engouffrent dans des escalators desservant cinq niveaux. On peut ainsi voir le musée d'Art moderne, le Centre de création industrielle, la bibliothèque publique d'information, l'I.R.C.A.M. (Institut de recherche et de coordination acoustique-musique) et la cinémathèque.

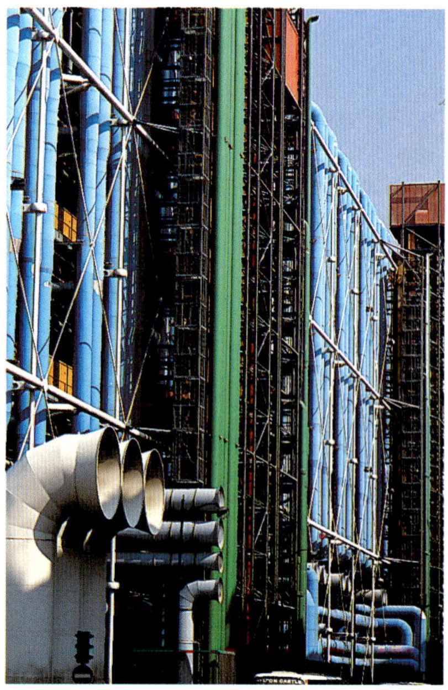

LA BIBLIOTHEQUE NATIONALE
(Métro Bourse)

Première bibliothèque publique, la Bibliothèque royale fut aménagée par **Mazarin** qui, ayant acquis l'hôtel Tubeuf, fit construire par François Mansart les deux galeries « Mansart » et « Mazarine ». Elles abritaient la bibliothèque personnelle et les objets d'art du cardinal (transférés après sa mort au palais de l'Institut, dans la bibliothèque dite Mazarine). Le fonds le plus ancien est celui des **manuscrits des rois de France**, spécialement de Charles V. Avec le développement de l'imprimerie et la création du dépôt légal par François Ier, les collections s'enrichissent régulièrement.

Devenue nationale, la bibliothèque bénéficie pendant la Révolution de l'apport des confiscations. Aujourd'hui, les départements des **Imprimés**, des **Manuscrits**, des **Etampes** (le plus riche et le plus ancien au monde), des **Cartes et Plans**, de la **Musique**, des **Médailles et Antiques**, contiennent en tout 10 millions de livres, 400 000 périodiques et 12 millions de gravures et de photographies, sur une surface de 16 500 m^2. L'architecture moderne, de fer et de verre, de la **salle de lecture** est l'œuvre de Labrouste au XIXe siècle. Les verrières dispensent le maximum de luminosité. La galerie Mansart a été restaurée en 1938, la galerie Mazarine en 1977. Elles accueillent des expositions accessibles au public. La cour d'honneur fut aménagée au XVIIIe siècle par l'architecte Robert de Cotte.

L'Arc de triomphe vu des Champs-Elysées (en pages suivantes).

La Bibliothèque nationale.

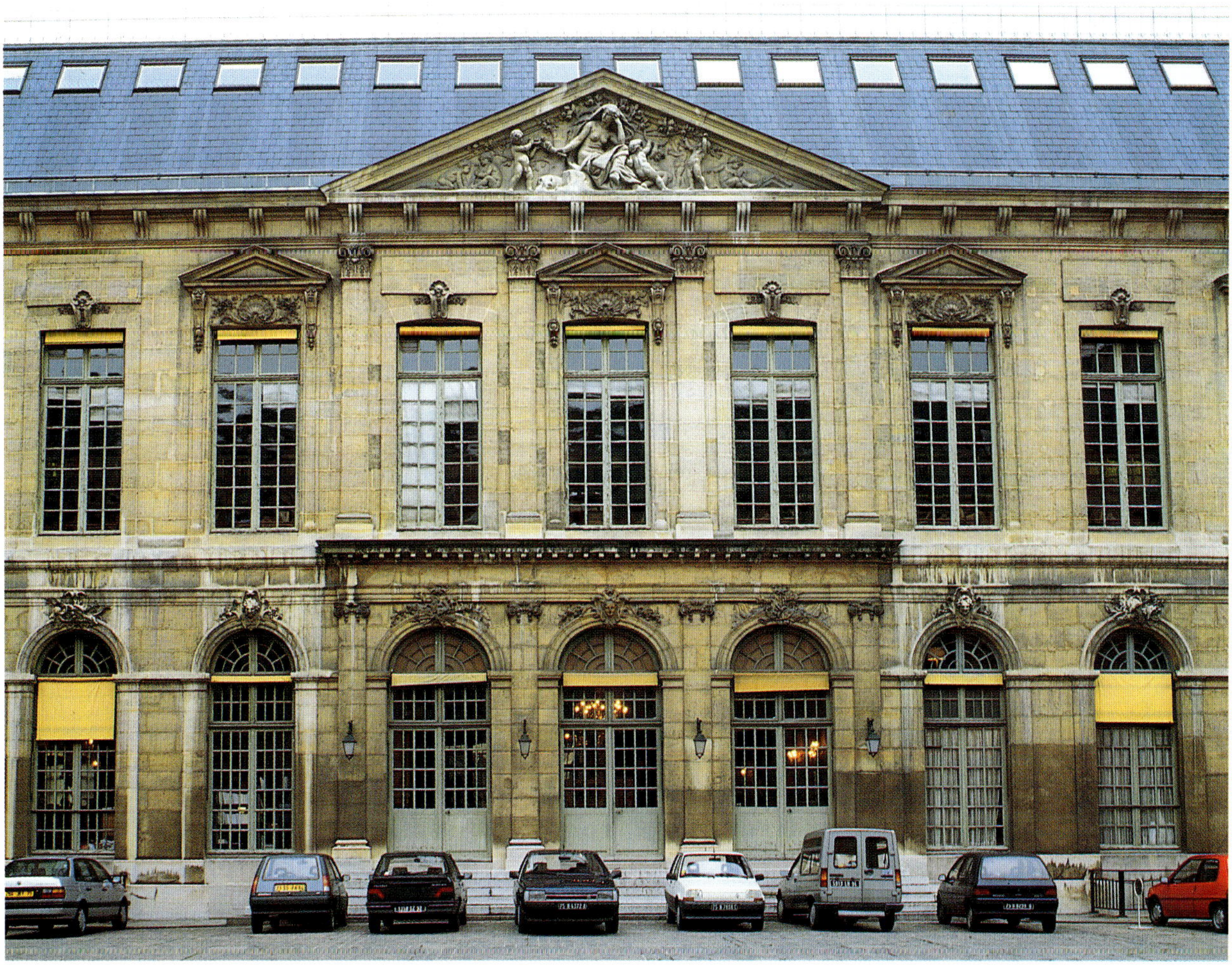

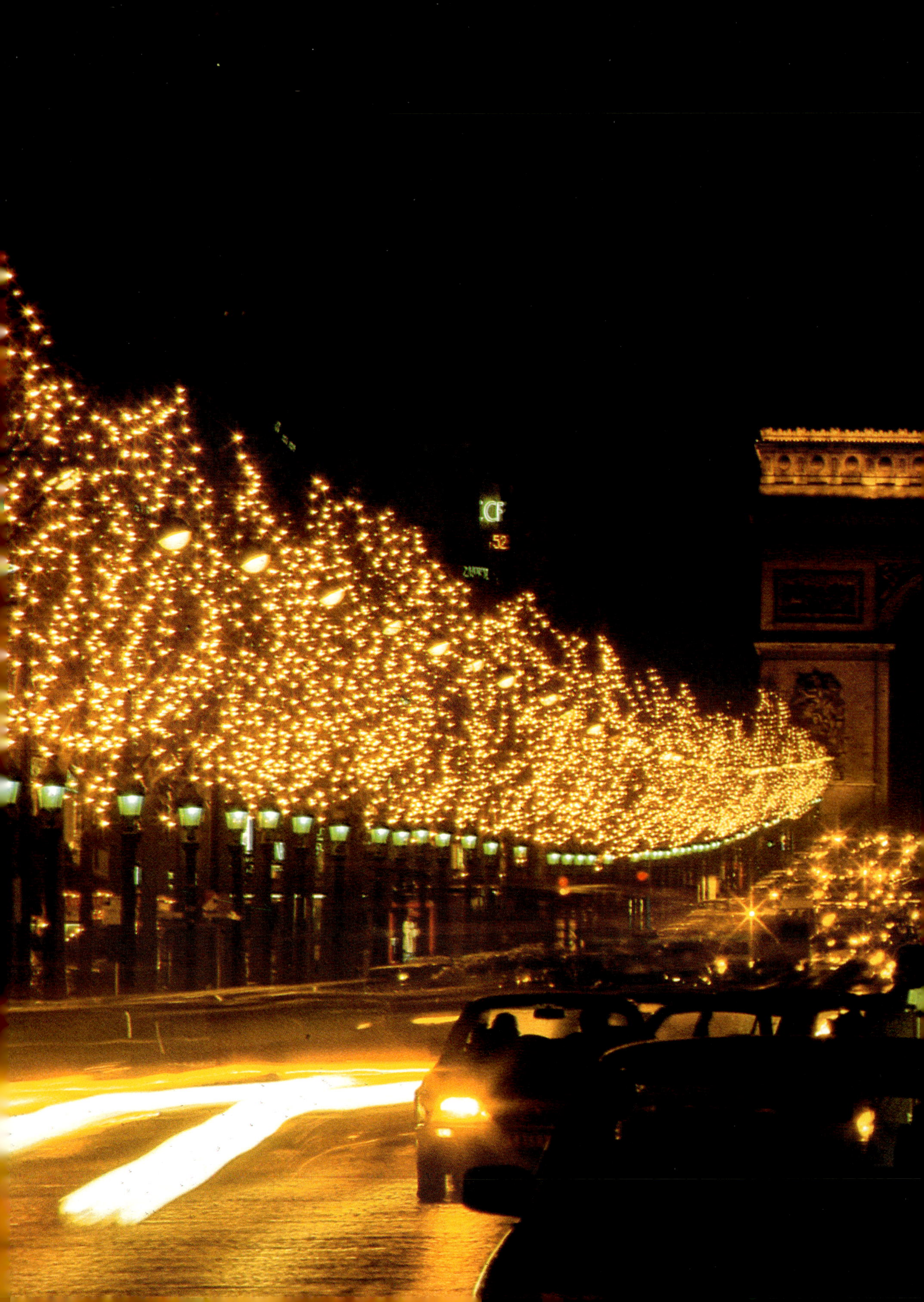

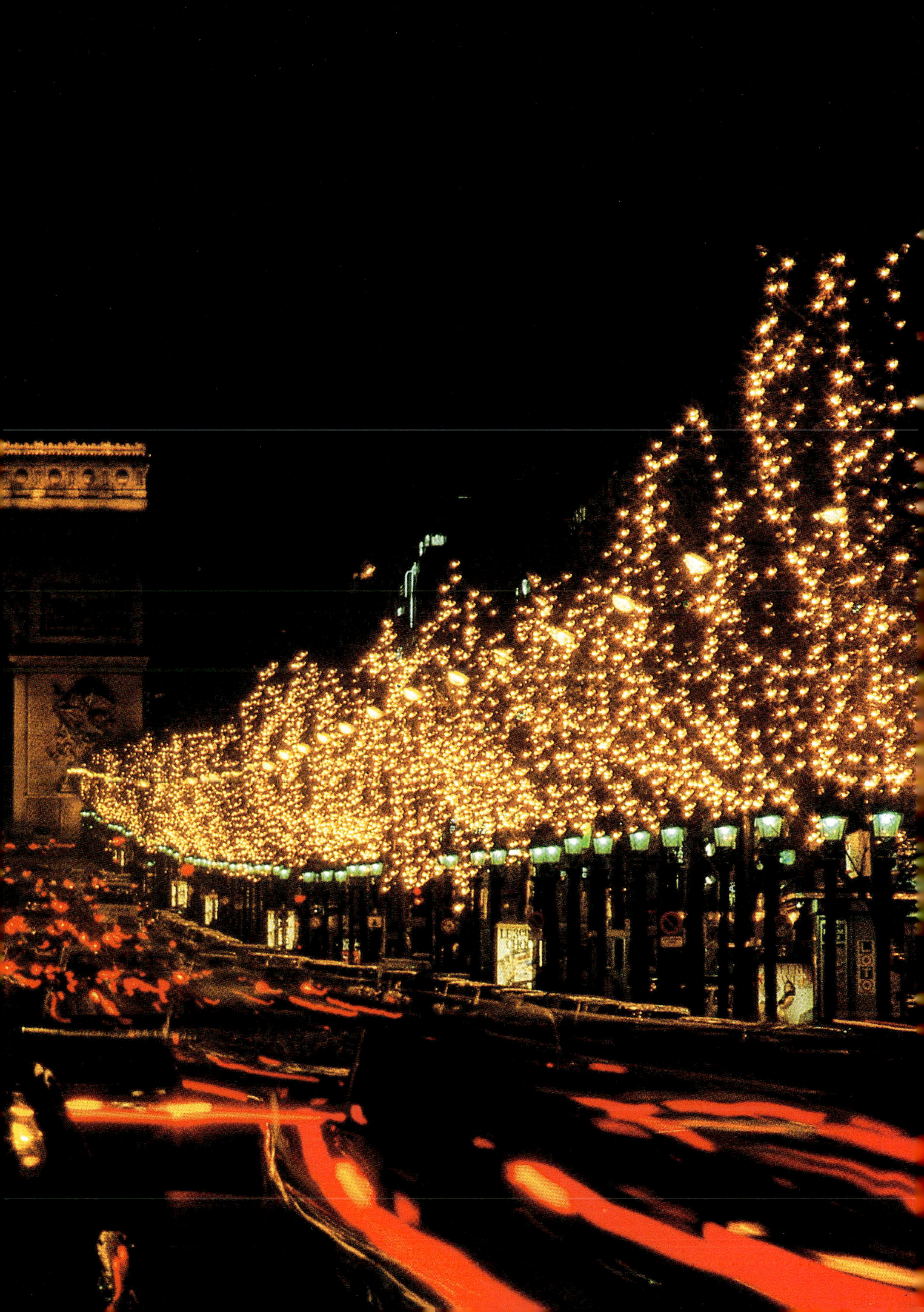

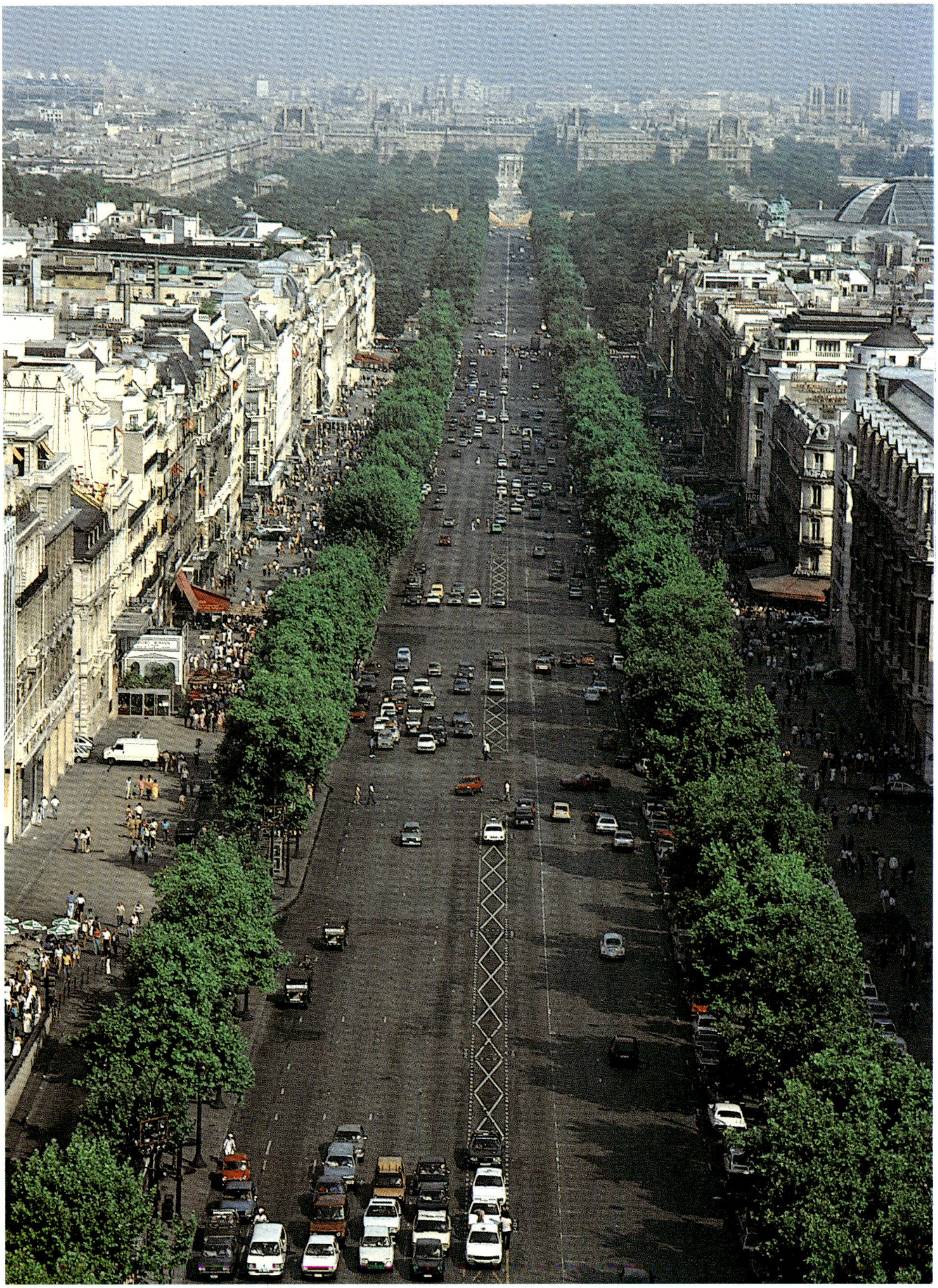

LES CHAMPS-ELYSEES

(Métro Champs-Elysées-Clemenceau)

On a du mal à imaginer aujourd'hui que « la plus célèbre avenue du monde » n'était encore, au XVIIe siècle, que marécages et broussailles. En 1760, Colbert demande à Le Nôtre de percer, dans le prolongement des Tuileries, un « Grand Cours », bordé d'ormes qui longent les taillis jusqu'à l'actuel rond-point. Devenue « Champs-Elysées » en 1709, l'avenue se prolonge jusqu'à la future Etoile en 1724 et atteint l'actuelle Porte Maillot en 1774. Mais ce n'est alors qu'un endroit sauvage où l'on ose à peine s'aventurer. Au début du XIXe, bals, cirques et théâtres de marionnettes attirent une première vague de promeneurs. Il faut attendre le second Empire pour que l'avenue s'anime véritablement : elle devient le lieu de rendez-vous d'une riche population qui se promène en tilbury, fréquente les cafés-concerts (dont l'Alcazar) et les restaurants, danse la mazurka au bal Mabille de « l'allée des Veuves » (aujourd'hui avenue Montaigne), applaudit aux spectacles du Colisée et parade au Jardin d'Hiver ou au Château des Fleurs. Le commerce se développe, l'urbanisme progresse (on est loin des six maisons esseulées en 1800) et l'avenue prend sa physionomie définitive. Tracé par Le Nôtre, entouré de fleurs et de fontaines, le **rond-point** sépare l'avenue en deux : la **partie sud** se déploie jusqu'à la Concorde en allées et **jardins** d'où surgissent les Petit et Grand Palais, les hôtels second Empire du « Figaro » et de « Jours de France », des théâtres renommés (Espace Cardin, Marigny) et de grands restaurants. **Au nord**, l'avenue s'élance vers l'Arc de triomphe sur une largeur de 71 m. Ici les résidences aristocratiques ont cédé la place à de luxueuses boutiques, des galeries marchandes (Elysées Rond-Point, Claridge), des cinémas d'exclusivité, des compagnies d'aviation, des banques et une pléiade de cafés et drugstores où l'on vient en foule toute l'année. Des fastes du siècle dernier, seul subsiste le magnifique hôtel de la Païva, du nom d'une courtisane polonaise qui recevait, au n° 25, les célébrités du Tout-Paris.

L'avenue des Champs-Elysées reste un symbole national. Les Parisiens s'y rassemblèrent pour fêter la Libération, et, chaque 14 juillet, y défilent solennellement les grands corps de l'armée.

LA COMEDIE-FRANCAISE

(Métro Palais-Royal)

En 1680, Louis XIV ordonne par lettre de cachet la fusion de la troupe laissée par Molière, mort sept ans plus tôt, avec celle de

Portrait de Molière.

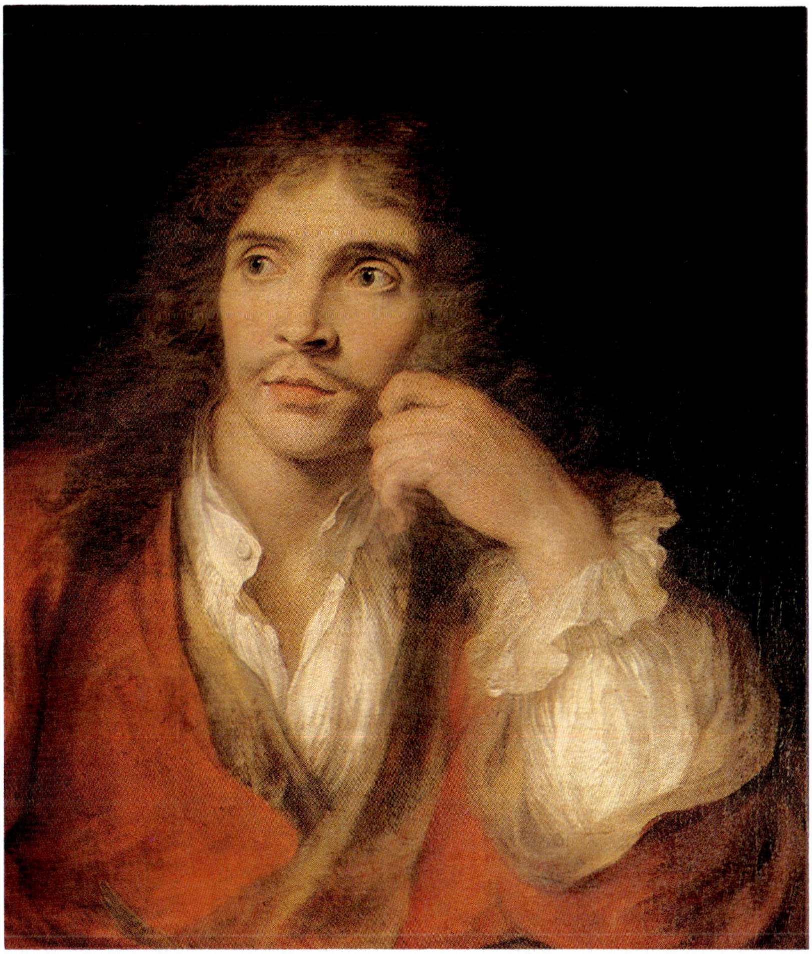

La perspective des Champs-Elysées vue depuis l'Arc de triomphe.

l'hôtel de Bourgogne : c'est l'acte de naissance de la Comédie-Française, mais aussi le début de nombreuses pérégrinations pour la troupe. Elle s'installe d'abord près de la rue Guénégaud, puis dans l'actuelle rue de l'Ancienne-Comédie, aux Tuileries et au Théâtre-Français (aujourd'hui Odéon). Les événements politiques, dont le théâtre s'inspire souvent alors, et qui, en retour, disposent de son existence, provoquent en 1793 la scission de la troupe, les royalistes restant au Théâtre-Français, les républicains emménageant dans la salle du Palais-Royal, qui est alors « Théâtre de la République » et où l'on donne des « variétés amusantes ».

Molière et Ionesco

Très rapidement, la Comédie-Française, qui a déjà assuré le triomphe de tragédies classiques et de comédies, avec des auteurs qui ont nom Racine, Corneille et Molière, s'attache à un répertoire de qualité.

Si les délicates subtilités du marivaudage ne trouvent que peu d'écho au XVIIIe siècle, Goldoni et Beaumarchais connaissent un franc succès et font exploser le talent de Talma, qui deviendra « le comédien de l'Empereur ». Victor Hugo déclenche avec « Hernani » une bataille mémorable opposant classiques et romantiques, et prépare l'arrivée d'un Musset. Dans un registre plus léger, on joue au tournant de ce siècle, Labiche, Courteline et Mirbeau. Au XXe siècle, le « Français » consacre les œuvres de Montherlant, Claudel, Anouilh, Ionesco ou Beckett. En tout, 3 000 pièces et quelque 800 auteurs sont inscrits au répertoire, qui s'ouvre depuis plusieurs années à de nouveaux auteurs et metteurs en scène.

Sociétaires et pensionnaires

Dès 1861, un acte royal réglait le statut des 27 acteurs et actrices de l'époque, qui recevaient une pension calculée sur les bénéfices. Aujourd'hui, la Société des comédiens français, subventionnée par l'Etat, est composée de sociétaires, en partie cooptés, et qui désignent pour un an des pensionnaires. Les uns et les autres sont tenus de réserver leur talent aux seules activités de la troupe — sauf à se produire dans des théâtres nationaux ou à obtenir l'agrément de l'administrateur. C'est cette contrainte qui est le plus souvent à l'origine du départ des acteurs. Les salles du théâtre retentissent encore de l'éclat de grands noms : Rachel, Mlle Mars, Sarah Bernhardt et Cécile Sorel, Pierre Fresnay, Madeleine Renaud, Jean-Louis Barrault, Marie Marquet, Pierre Dux ou Jacques Charon, pour ne citer que ceux-là, furent tous de très honorables successeurs de Molière et d'Armande Béjart.

Une véritable entreprise

Ainsi se présente la Comédie-Française qui emploie aujourd'hui 372 personnes chargées de l'entretien, la décoration, la régie, la sécurité ou l'administration. Les 68 acteurs assurent 450 représentations par an, dont certaines ont lieu deux fois par jour. Un comité d'administration, composé de sociétaires et présidé par un administrateur nommé pour trois ans par le gouvernement (et responsable du comité de lecture), garantit la bonne marche de la société.

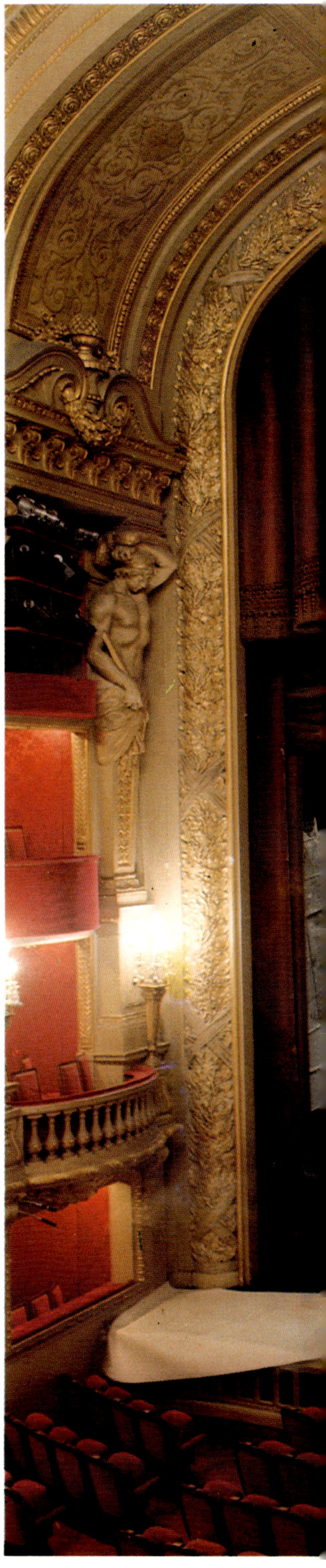

La scène de la Comédie-Française.

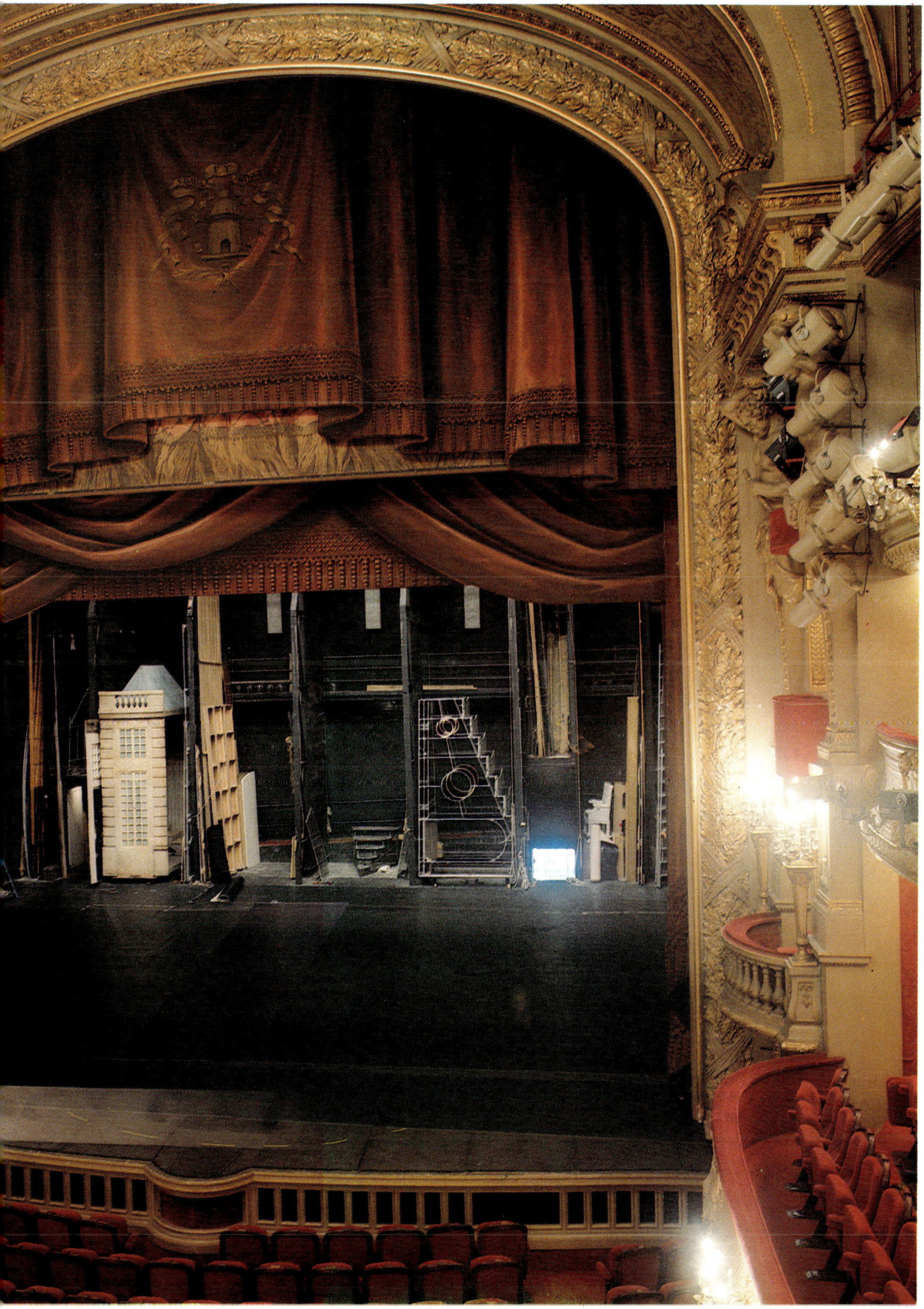

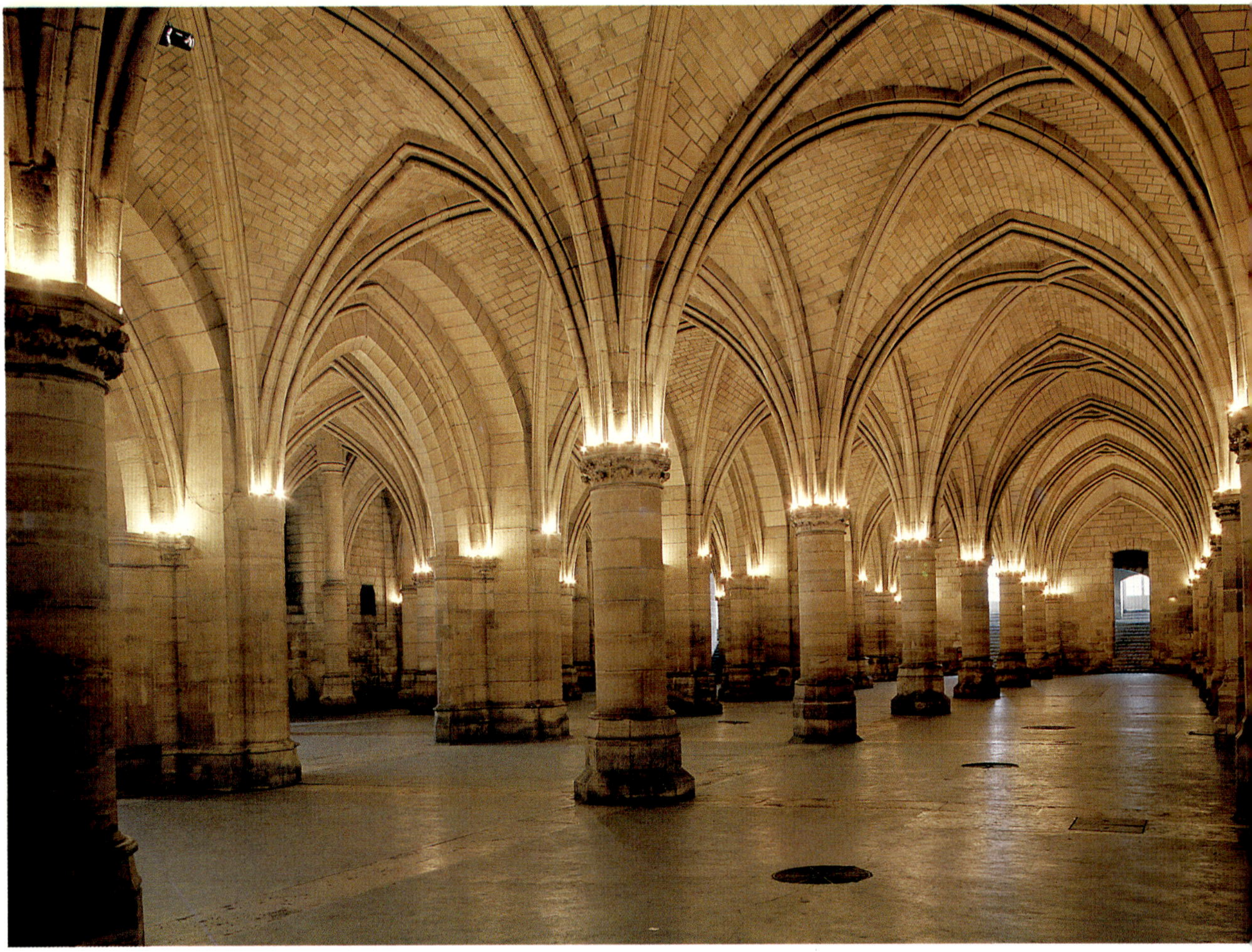

La Conciergerie.

La garde du patrimoine

Une **bibliothèque** protège le passé d'une institution trois fois centenaire, et quelques précieuses collections, qui n'ont pu encore être réunies en un musée, attestent la richesse de son histoire.

L'édifice

L'immeuble de la Comédie-Française, construit entre 1786 et 1790 par **Victor Louis**, qui était aussi l'architecte du théâtre de Bordeaux, se dresse sur six étages. Une colonnade parcourt le rez-de-chaussée. Une charpente de métal a été conçue pour réduire les risques d'incendie. C'est Prosper Chabrol qui a restauré au XIXe les toitures et la façade sud. La salle Richelieu, qui possède 892 places, s'orne d'un plafond peint par Albert Besnard en 1913. Le foyer abrite une galerie de bustes. Ceux de Voltaire et de Molière ont été sculptés par Houdon.

LA CONCIERGERIE

(Métro Cité)

Au XIVe siècle, Philippe le Bel agrandit le Palais de justice et fait édifier les bâtiments gothiques de la Conciergerie, placée initialement sous la responsabilité du « concierge », gouverneur du roi qui exerçait des fonctions judiciaires et financières. Au XVe siècle, le commerce se développe dans les boutiques des galeries, avant de laisser place à de sombres geôles, restées dans les mémoires pour avoir accueilli les milliers de condamnés du Tribunal révolutionnaire — parmi lesquels Marie-Antoinette, André Chénier, Camille Desmoulins, Marat, Saint-Just et Lavoisier. La plupart ont rendez-vous avec la guillotine, qui fonctionne sans interruption, place de la Concor-

La Conciergerie.

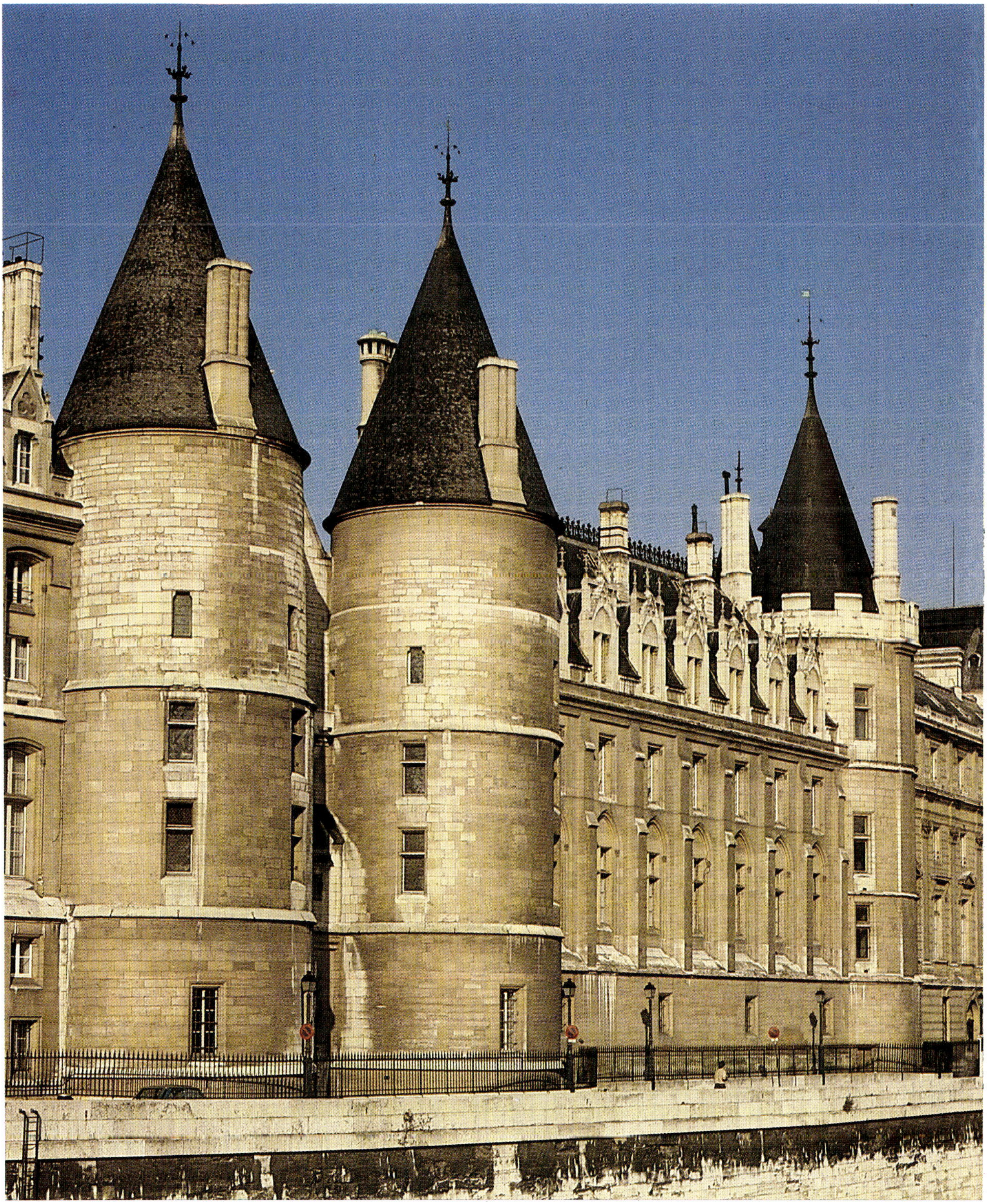

de, de la Bastille ou de la Nation entre 1792 et 1794.

Au pied de la Seine se dressent quatre tours anciennes. La **tour de l'Horloge**, carrée, porte depuis le XIVe siècle la première horloge publique de Paris, sculptée au XVIe par Germain Pilon mais refaite depuis lors. Les trois autres tours sont rondes. La plus ancienne est la **tour Bonbec**, du milieu du XIIIe, où les prisonniers étaient fréquemment soumis à la torture. Les **tours d'Argent** et **de César** sont jumelles.

Les restaurations apportées au XIXe siècle à la **salle des Gardes** tâchent de faire oublier les fosses de la prison. A côté, l'imposante **salle des Gens d'Armes** servait, au Moyen Age, de salle à manger. Dans les cuisines toutes proches, équipées de quatre cheminées, se préparaient de substantiels repas pour 2 000 à 3 000 invités. Dans la « **rue de Paris** », domaine du bourreau Sanson, « Monsieur de Paris », s'entassaient pendant la Révolution les « pailleux » qui n'étaient pas assez fortunés pour être logés individuellement. Dans la **galerie des Prisonniers** s'agitait la faune des acteurs et des victimes de cette justice sommaire. Le cachot dans lequel Marie-Antoinette passa ses deux derniers mois fut transformé en chapelle expiatoire en 1816. Il jouxtait la chapelle où furent retenus les Girondins conduits à l'échafaud cette même année 1793. Elle donnait sur la **cour des Femmes**, où se retrouvaient « pailleuses » et « pistolières » enfermées alentour.

LA CONCORDE (PLACE DE)

(Métro Concorde)

Louis XV avait acheté cet ancien marécage et l'avait cédé aux échevins de Paris qui entreprirent d'aménager une place en son honneur. Le projet fut confié à **Jacques-Ange Gabriel**, qui réalisa un octogone de 84 000 m^2, bor-

Place de la Concorde.

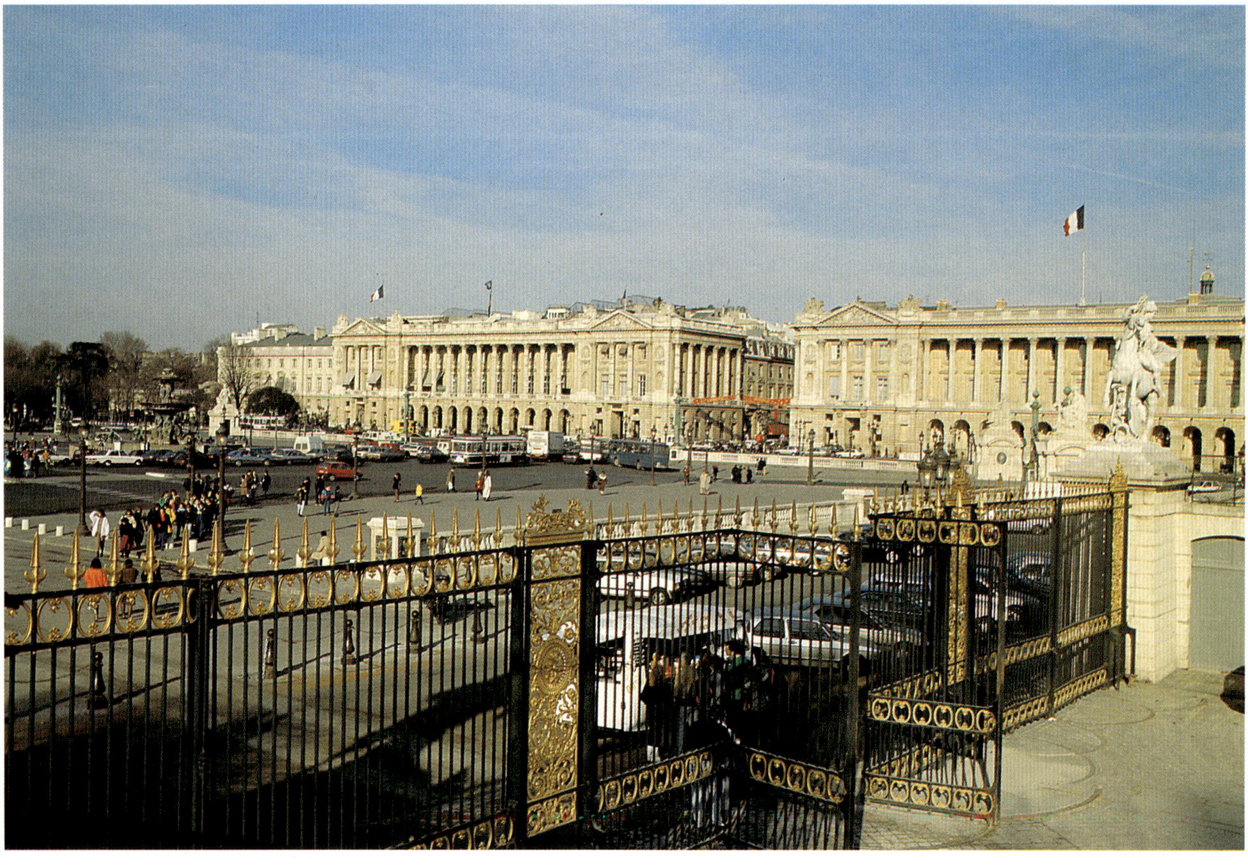

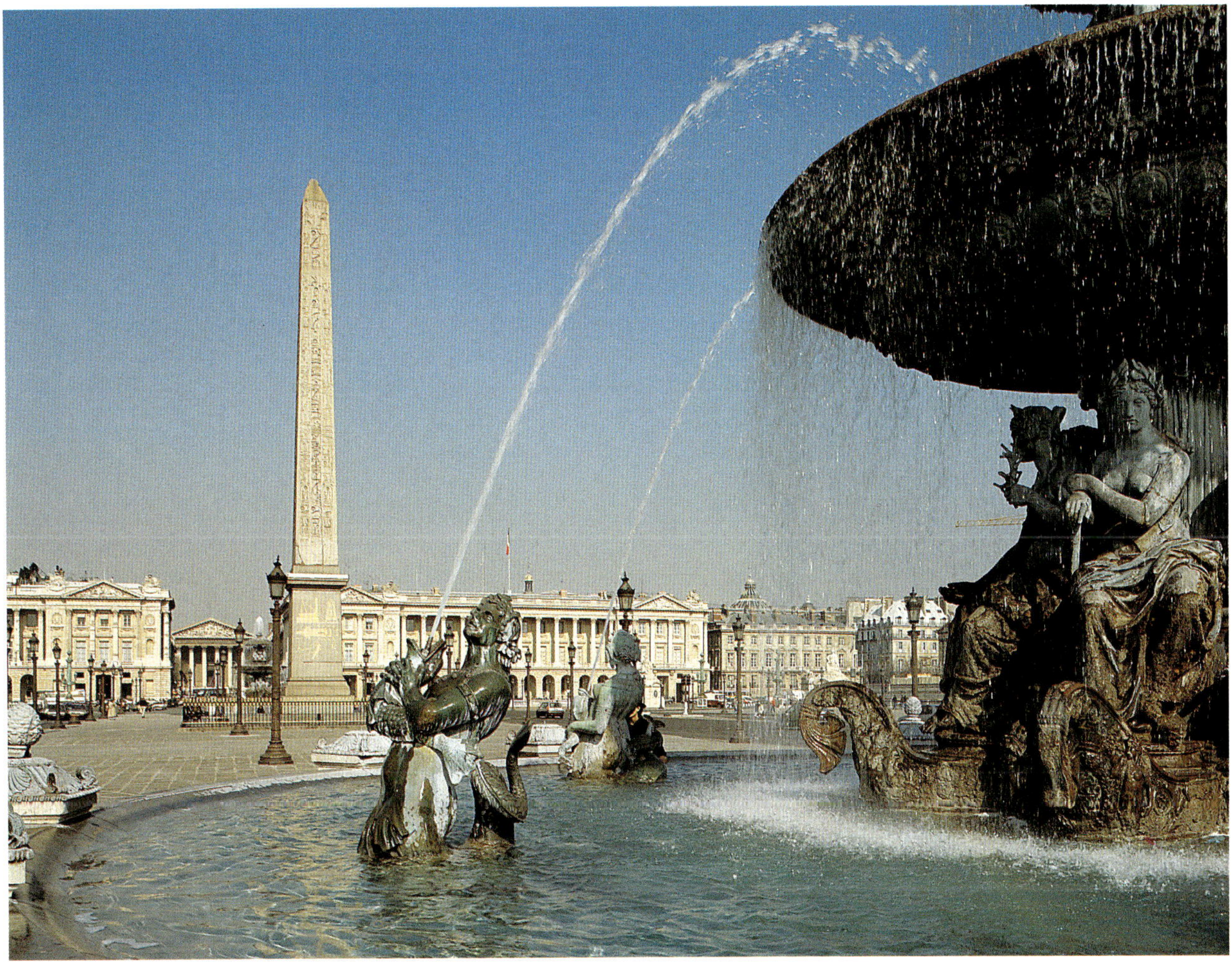

Place de la Concorde.

dé de vastes fossés. Il perça dans le même temps la rue Royale, érigeant des deux côtés de l'entrée de magnifiques palais dont les colonnades rappellent l'œuvre de Perrault au Louvre. Celui de droite servit de garde-meuble royal — c'est là que furent volés les bijoux de la Couronne ; il abrite aujourd'hui le ministère de la Marine. Celui de gauche devint très vite un hôtel privé. Il est désormais occupé par l'Automobile Club de France et le prestigieux hôtel Crillon (la famille y logea d'ailleurs jusqu'en 1904).

Une statue équestre de Louis XV, réalisée par Bouchardon et Pigalle, s'élevait au centre de la place consacrée au roi jusqu'à la Révolution, et fut remplacée à cette date par une statue de la Liberté. Une guillotine y fut également dressée, faisant plus de 1 100 victimes, parmi lesquelles Louis XVI et Marie-Antoinette, Charlotte Corday, Danton, Robespierre et Mme Roland dont l'histoire retient la phrase célèbre : « Liberté, que de crimes on commet en ton nom. » Devenue « Concorde » sous le Directoire en 1795, la place prend son aspect définitif sous la Restauration, principalement grâce à l'architecte Jacques Hittorff. En 1836, l'**Obélisque** offerte à Louis-Philippe par le vice-roi d'Egypte Méhémet Ali remplace les statues successives. Issu du temple de Louqsor, ce monument de syénite rose, haut de 22,86 m et qui pèse 230 t vante en hiéroglyphes les prodiges de Ramsès II. Le piédestal de granit évoque le périple de l'ingénieur Lebas chargé du transport de la colonne. Les **deux fontaines**, construites entre 1836 et

1846, ont 9 m de haut et rappellent celles de la place Saint-Pierre de Rome. Elles sont les symboles de la navigation fluviale et maritime. Les fossés aménagés par Gabriel avaient été comblés après qu'une centaine de personnes eurent péri bousculées et écrasées un soir de fête de 1770. Sous les guérites de pierre, **huit statues,** érigées sous Louis-Philippe, représentent les grandes villes de France : Petitot réalisa celles de Lyon et Marseille, Caillonette fut chargé de Nantes et Bordeaux, Cortot exécuta Rouen et Brest, et Pradier fit Lille et Strasbourg (Juliette Drouet servit de modèle pour cette dernière).

Les chevaux que Guillaume Coustou avait sculptés pour les abreuvoirs **de Marly** et qui protégeaient l'entrée des Champs-Elysées depuis 1795 viennent d'être remplacés par des copies. Menacés par la pollution et les vibrations du métro, ils jouissent dorénavant, au Louvre, d'un repos bien mérité. Les **chevaux ailés** de Coyserox, qui ornent l'entrée des Tuileries, ont subi le même sort. **Le pont de la Concorde** assure la continuité de perspective entre la Madeleine et le Palais-Bourbon. Pour sa construction achevée en 1791, le vieil ingénieur Perronet se servit des pierres de la Bastille alors en démolition.

L'ECOLE MILITAIRE

(Métro Ecole-Militaire)

C'est l'édifice le plus ancien de l'ensemble qui s'élève sur le Champ-de-Mars. Madame de Pompadour et le financier Paris-Duverney désiraient faire profiter les enfants d'officiers pauvres ou méritants d'une formation militaire. L'idée naquit de cette école, réalisée entre 1751 et 1772 par **Gabriel**. Lorsque le jeune Bonaparte y séjourne en 1784, elle est, depuis quelques années, « Ecole supérieure des cadets ». Lui-même en sortira sous-lieutenant d'artillerie. Devenu général puis empereur, il installe sa propre garde dans les

L'Ecole militaire.

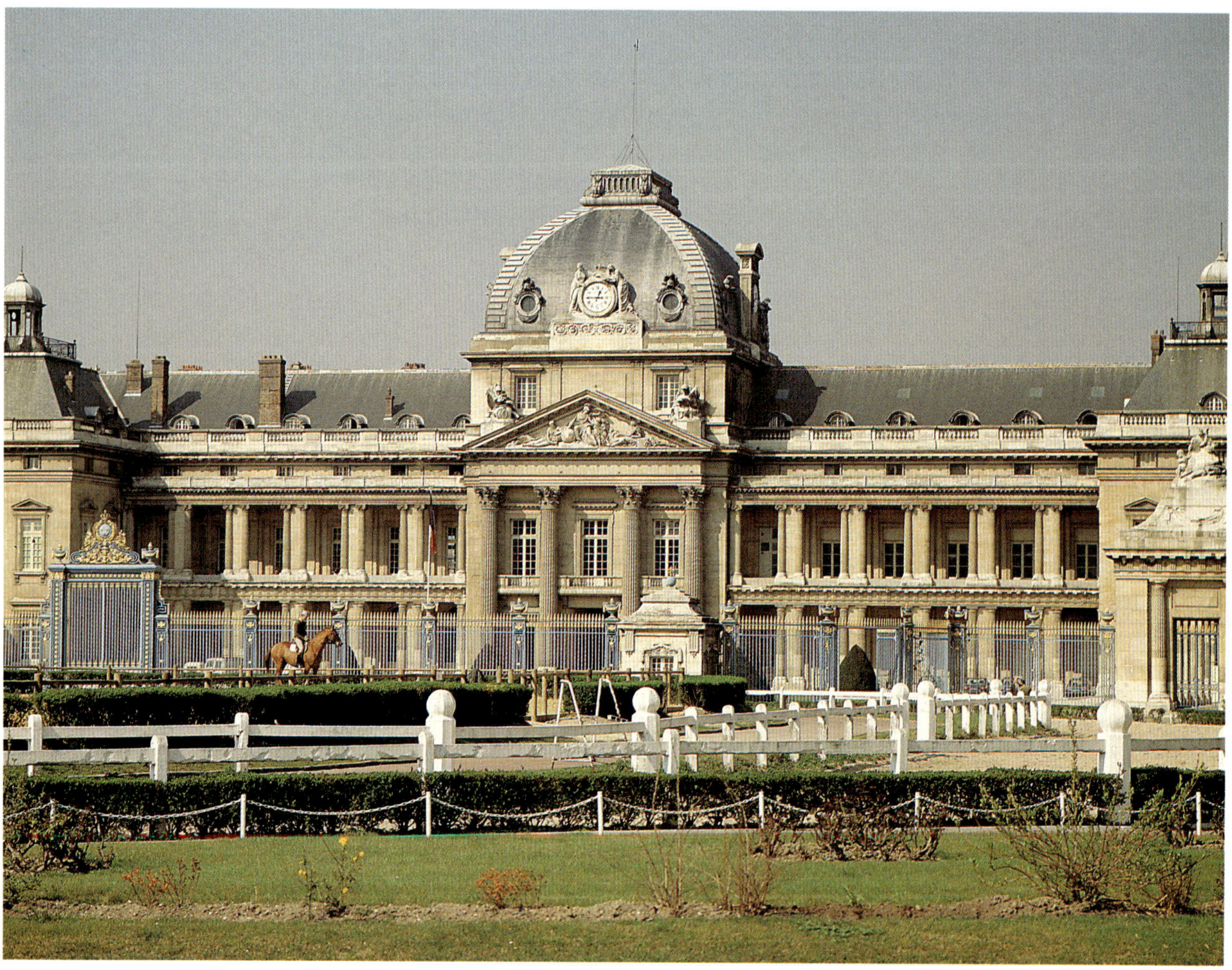

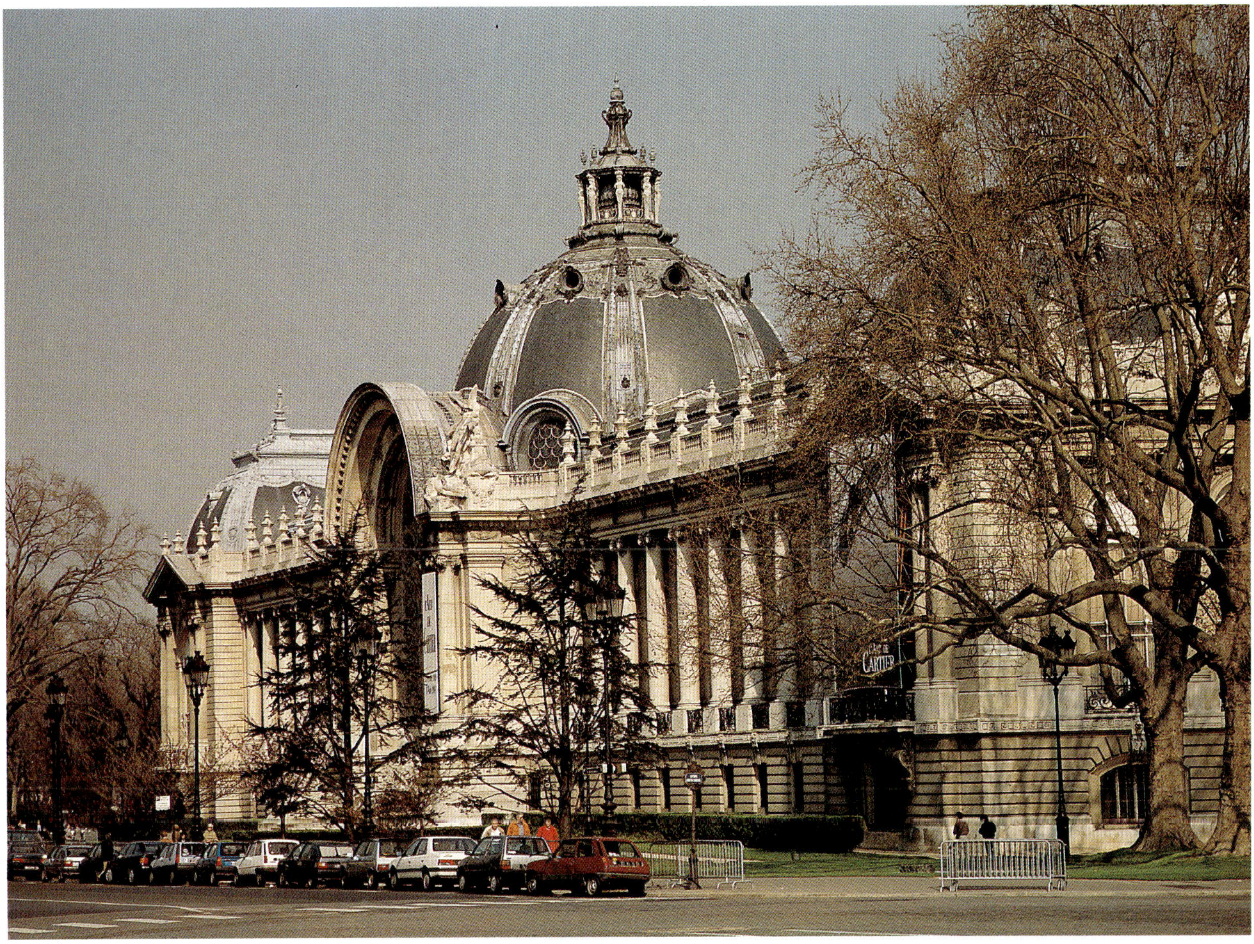

Le Petit Palais.

bâtiments qui ont perdu leur fonction sous la Révolution. Transformée en caserne, elle est aujourd'hui, et depuis 1878, Ecole supérieure de guerre, Institut des hautes études de Défense nationale et Ecole supérieure d'intendance.

Le **pavillon central** déploie ses somptueuses lignes classiques (du XVIIIe siècle) en huit colonnes corinthiennes, que surmontent un fronton décoré et une coupole quadrangulaire. Il se prolonge par des édifices du second Empire. La **cour d'honneur** ouvre sur la place Fontenoy, qui ne doit plus rien à son aménagement initial du XVIIIe.

A l'intérieur, la chapelle de style Louis XVI s'orne d'un autel dessiné par Gabriel. L'escalier d'honneur possède une rampe de fer forgé et le salon des Maréchaux a gardé ses lambris d'époque.

LE GRAND PALAIS ET LE PETIT PALAIS

(Métro Champs-Elysées-Clemenceau)

Construits à l'occasion de l'Exposition universelle de 1900, les deux palais témoignent d'un renouveau de l'urbanisme d'ailleurs souvent contesté. Toute de pierre et de fer, l'architecture impose une magnificence baroque qui rappelle celle de l'Opéra. Des quadriges font le guet aux angles du **Grand Palais**. Conçu par Louvet, il déroule sa colonnade ionique sur 240 m de long et 20 m de haut, et se déploie sous un vaste dôme écrasé. Il accueille diverses manifestations, comme le Salon de l'automobile et celui des arts ménagers, ou la F.I.A.C. (Foire internationale de l'art contemporain). On peut également admirer dans les Galeries nationales des expositions temporaires et visiter le palais de la Dé-

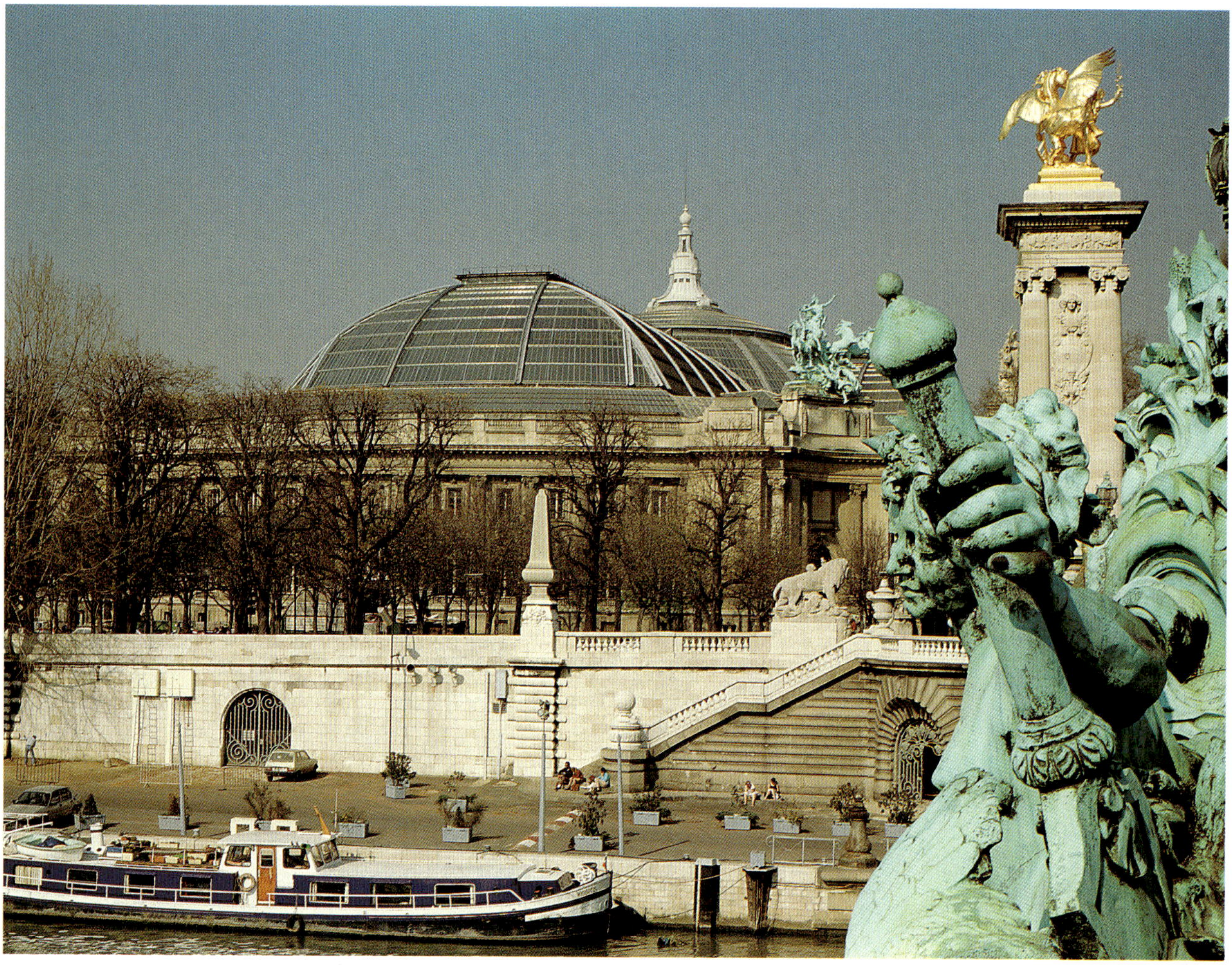

Le Grand Palais.

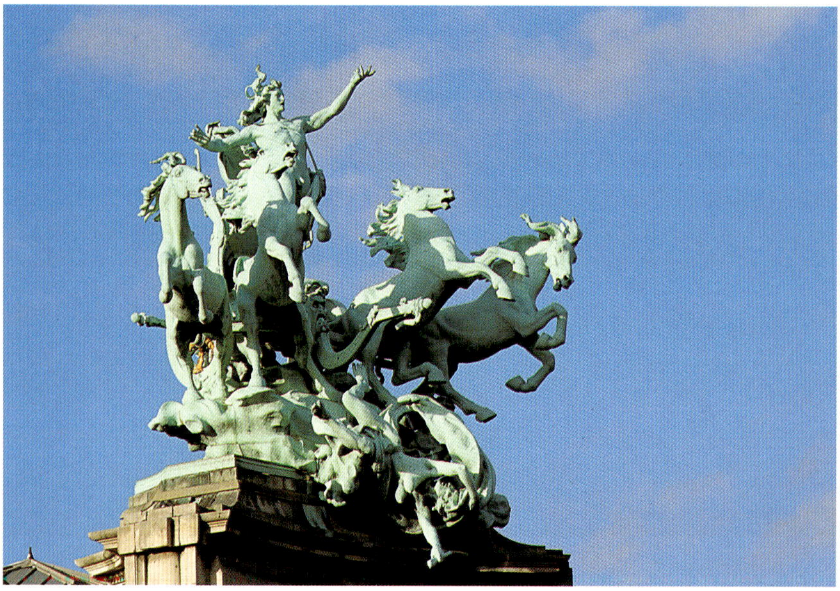

couverte. Le **Petit Palais**, musée municipal des beaux-arts, est l'œuvre de Charles Giraud ; il abrite un fonds permanent d'objets précieux, de l'Antiquité au XIXe siècle, d'estampes et de faïences. Les expositions temporaires sont prestigieuses.

L'accès aux Invalides se fait par le **pont Alexandre-III**. Achevé en 1900, il porte la marque des audaces et du foisonnement de la Belle Epoque. Il fut inauguré par Nicolas II, fils du tsar Alexandre III, qui scellait ainsi l'alliance franco-russe. Son arche métallique de 107 m pèse environ 5 300 t. Il s'orne de figures allégoriques et de fioritures bien dans le ton artistique de l'époque.

L'HOTEL DE CLUNY
(Métro Saint-Michel ou Odéon)

Trois étapes de son histoire déterminent ses trois centres d'intérêt. De récentes fouilles, découvrant notamment des consoles en forme de proue de navire, ont révélé la présence à cet endroit, vers l'an 215, de bains publics (ou thermes) destinés aux riches nautes (bateliers) des corporations parisiennes, et détruits quelque soixante années plus tard par les Barbares. Seule la salle du « frigidarium » — littéralement « lieu frais » — émerge de ces ruines. Elle a 20 m de longueur sur 11 m, et une hauteur de 14 m ; ses murs ont 2 m d'épaisseur. Le **pilier des Nautes**, découvert en 1711 sous le chœur de Notre-Dame, est la plus ancienne sculpture de Paris. Elle appartenait probablement au temple, situé à l'emplacement de la cathédrale, que les passeurs avaient dédié à Jupiter au début de notre ère. C'est l'une des pièces majeures exposées dans le **musée lapidaire,** créé à partir des découvertes faites lors de ces fouilles. Il contient également les 21 têtes des rois bibliques du royaume de Juda, sculptées au XIIIe siècle et mutilées pendant la Révolution.

En 1334, Pierre de Châlus, abbé de Cluny, acquiert l'emplacement et les ruines, sur lesquelles il érige un **hôtel** destiné à recevoir les abbés du collège construit face à la Sorbonne par les moines de Cluny. L'édifice est reconstruit en 1485

La tapisserie de la « Dame à la licorne », exposée au musée de Cluny.

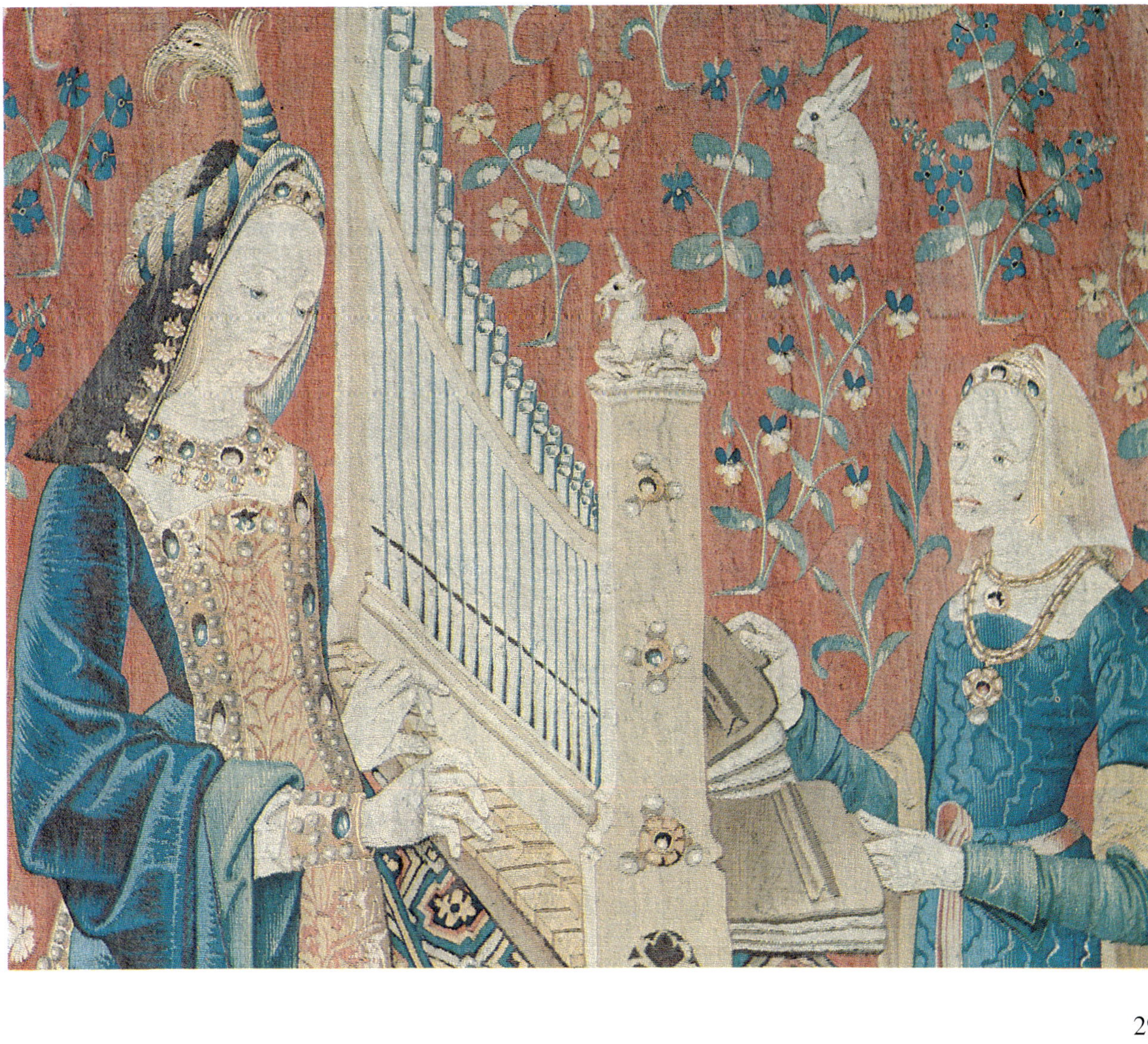

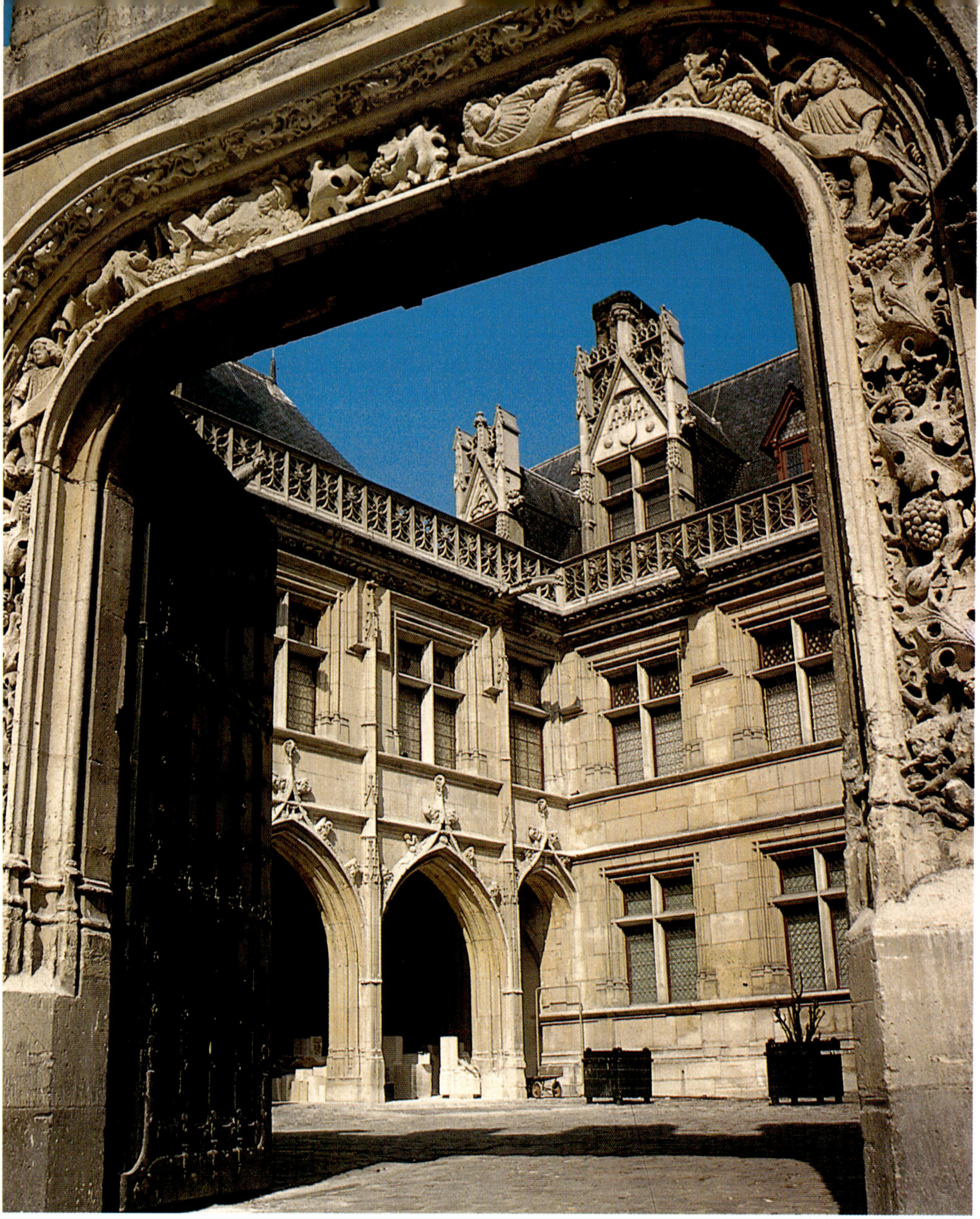

L'hôtel de Cluny.

par Jacques d'Amboise. Bien que restauré au siècle dernier, il reste, avec ses murs crénelés, ses tourelles, ses lucarnes, ses fenêtres à menaux et sa splendide balustrade, un bel exemple de l'architecture privée du Moyen Age flamboyant. En 1515, l'hôtel accueille la « Reine Blanche » (le blanc est la couleur du deuil royal), Marie d'Angleterre, veuve de Louis XII, et au XVIIe siècle les nonces du pape et Mazarin. Il est vendu comme bien national sous la Révolution. En 1833, un **collectionneur**, Alexandre du Sommerard, y installe ses fabuleuses collections d'objets d'art du Moyen Age, que l'Etat rachète à sa mort pour fonder un musée en 1844.

Ce musée offre un témoignage essentiel sur la vie et l'art avant la Renaissance. On y admire les couronnes votives des rois wisigoths (VIIe siècle), le magnifique autel en or de la cathédrale de Bâle, le retable de la Déploration de la croix, chef-d'œuvre du XVe siècle, des enluminures, des émaux, des pièces d'orfèvrerie, et surtout des tapisseries, parmi lesquelles la célèbre « **Dame à la licorne** » du XVe siècle. On ignore qui réalisa les six tentures représentant les cinq sens, plus un sixième qui serait celui du renoncement au monde. Le lion et la licorne emblématiques se détachent sur un fond rouge et fleuri où figure une île bleue.

Le pilastre central de la chapelle (l'ancien oratoire des abbés) soutient une voûte flamboyante. Les statues de la famille d'Amboise sont nichées au-dessus des consoles. La tapisserie qui s'y déploie est celle de la cathédrale d'Auxerre. Elle évoque la légende de saint Etienne.

L'HOTEL DES MONNAIES

(Métro Pont-Neuf)

Jacques-Denis Antoine construisit de 1771 à 1777, à l'emplacement de l'hôtel de Conti, celui des Monnaies, parallèle à la Seine (et non perpendiculaire comme le voulait l'usage).

La façade, de 120 m de long, possède en son centre un avant-corps, constitué de cinq arcades et d'un attique. Les six statues allégoriques figurent l'Abondance, la Paix, le Commerce, la Force, la Justice et la Prudence. L'immense porte est marquée du chiffre de Louis XIV, et ornée d'un tympan de bronze. Le pavillon central de la rue Guénégaud présente les sta-

L'Hôtel des Monnaies

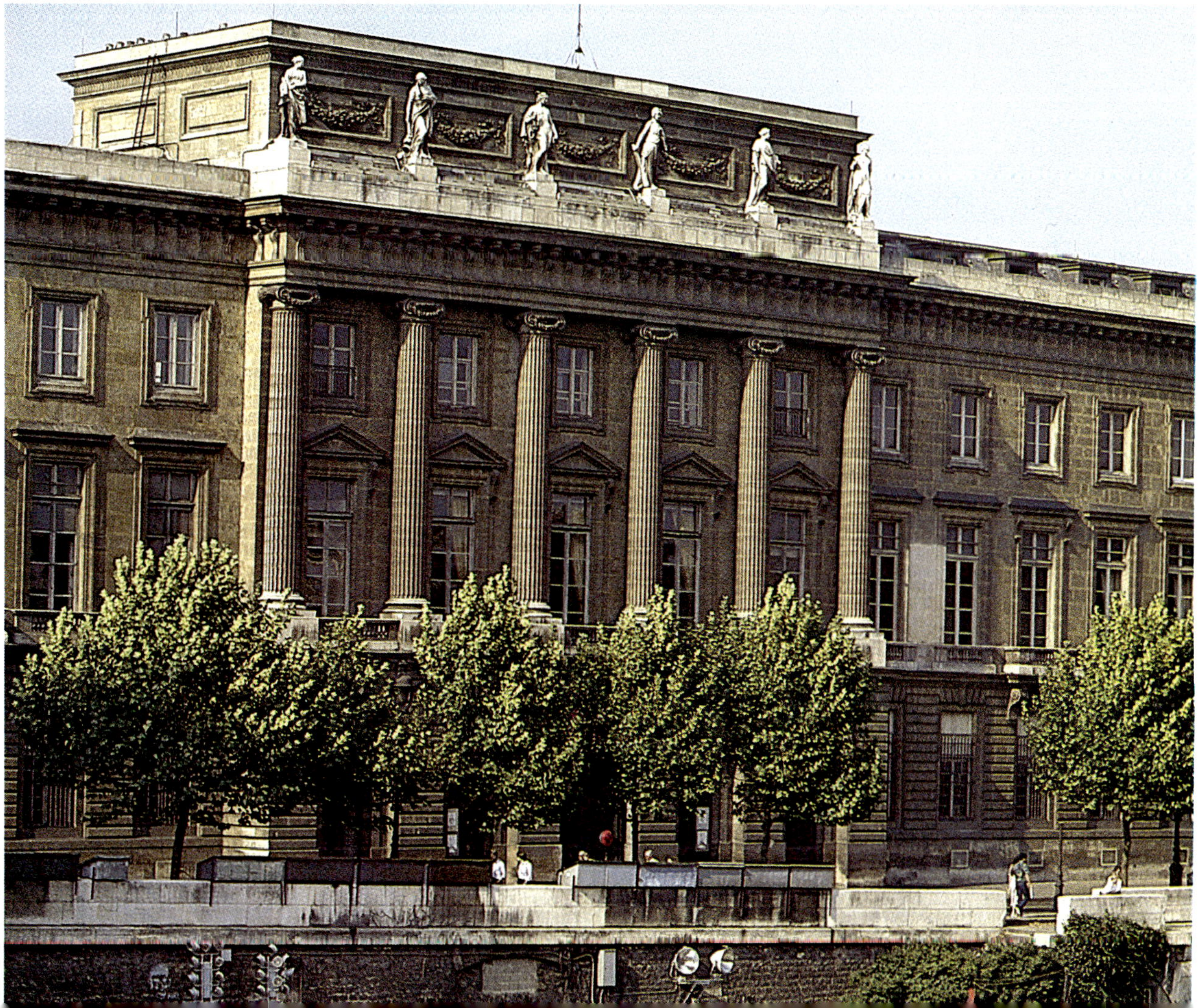

tues des quatre éléments : la Terre, l'Eau, l'Air et le Feu.

Depuis 1973, on ne frappe plus les pièces et les médailles dans les ateliers de l'hôtel, mais à Pessac en Gironde. Un **musée permanent** expose des collections de pièces et de coins dont certains datent de l'époque gauloise.

L'HOTEL DE VILLE

(Métro Hôtel-de-Ville)

L'histoire de la France est intimement liée à celle de sa capitale, et les désaccords qui ont opposé le pouvoir central à celui de Paris ont souvent eu des retentissements nationaux.

L'**organisation municipale** remonte au XIIIe siècle. La « Hanse », association des marchands d'eau, est alors une corporation florissante, qui détient le monopole du trafic sur la Seine. En 1260, Saint Louis confie à ses prévôts et jurés l'administration de la ville. Le prévôt des marchands, assisté d'échevins (magistrats) élus et de conseillers nommés, donne à la ville la devise du vaisseau bleu et rouge qui figure sur leur blason : « Fluctuat nec mergitur » (il flotte mais ne coule pas). Le siège de la municipalité se trouve à l'époque sur la place du Châtelet. En 1357, le prévôt Etienne Marcel le fait transférer sur la **place de Grève**, et y fomente une sédition, la première contre le pouvoir royal. Mais il en faut plus pour ébranler la place sur laquelle se déroulent, en public, les exécutions capitales : pendaison ou décapitation pour les crimes de droit commun, écartèlement pour ceux de lèse-majesté — le comte de Montgomery, meurtrier involontaire d'Henri II, et Ravaillac périront ainsi. Au Moyen Age, la place est le lieu de rendez-vous des sans-travail (d'où l'expression « faire grève ») mais aussi le théâtre de fêtes populaires.

A l'emplacement de la **maison aux Piliers** qui s'effondre, François Ier fait poser, en 1533, la première pierre d'un nouvel édifice commencé par Dominique de Cortone et achevé seulement au XVIIe. Les révolutionnaires s'emparent en 1789 de ce lieu stratégique et élisent un maire : Jean-Sylvain Bailly. Louis XVI se voit contraint de porter la cocarde aux couleurs de la ville (rouge et bleu), auxquelles La Fayette a récemment adjoint le blanc royal. Robespierre, qui a trouvé asile dans l'hôtel, tente de s'y suicider à l'heure de sa disgrâce. Bonaparte remet l'édifice en état et restaure la **salle du Trône**. Il organise la nouvelle administration de la capitale, désormais séparée en 12 arrondissements sur lesquels veillent le préfet de la Seine et celui de police. En 1832, « considérant que la place de Grève ne peut plus servir de lieu d'exécution, depuis que de généreux citoyens y ont glorieusement versé leur sang pour la cause nationale », le préfet de la Seine décide, non de supprimer ces exécutions ainsi que le demandent 4 000 pétitionnaires, mais de les repousser à la barrière Saint-Jacques. Pendant les troubles de 1848, Lamartine, qui siège au gouvernement provisoire, défend le drapeau tricolore « qui a fait le tour du monde avec le nom, la gloire et la liberté de la patrie », contre le drapeau rouge « qui n'a jamais fait que le tour du Champ-de-Mars ». Lors de l'Exposition universelle de 1867, les travaux d'agrandissement sont presque achevés, au moins à l'intérieur. Bals et banquets peuvent accueillir, dans de somptueux décors (certains sont l'œuvre de Delacroix et de Ingres), des personnalités cosmopolites. Mais un incendie détruit l'Hôtel de Ville pendant la Commune, en 1871. La République est définitivement proclamée ; il faudra attendre plus d'un siècle (1977) pour que

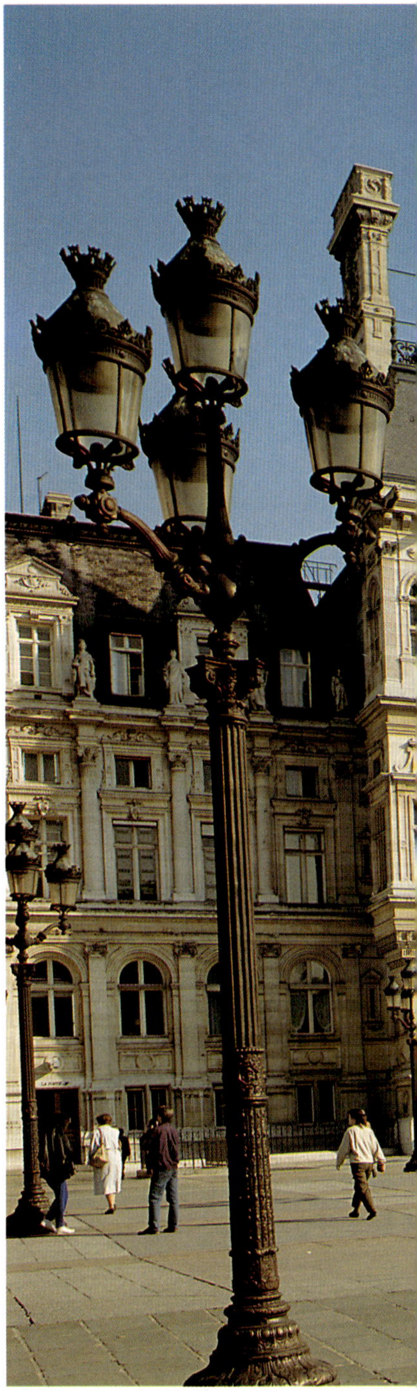

Façade de l'Hôtel de Ville.

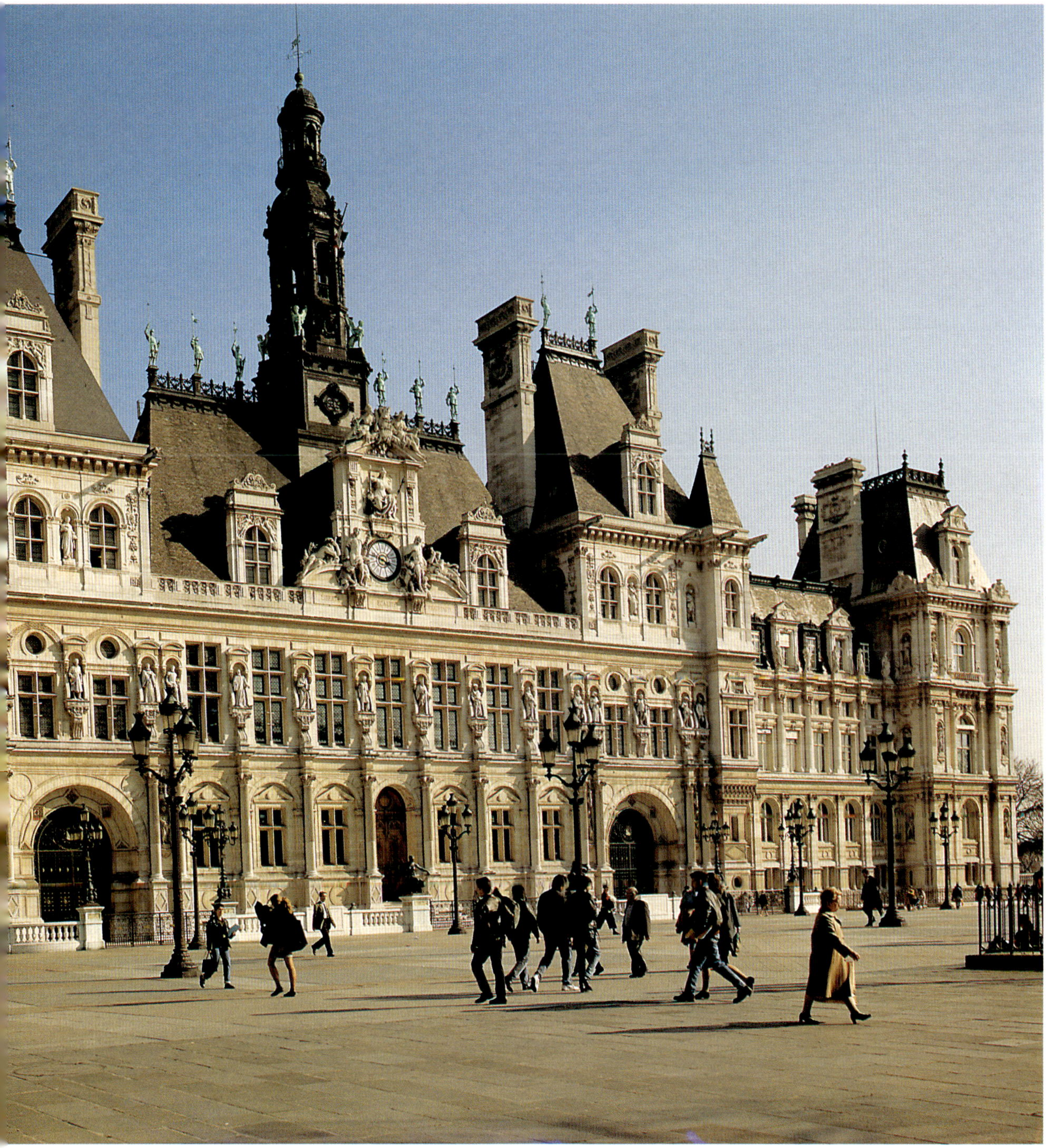

Les quais de la Seine et l'île Saint-Louis (en pages suivantes).

Paris se dote à nouveau d'un maire. En 1945, la Ville de Paris reçoit des mains du général de Gaulle la croix de compagnon de la Libération.

L'actuel Hôtel de Ville, de style **néo-Renaissance**, a été construit de 1874 à 1882 par les architectes Ballu et Deperthes, d'après les plans du XVIe siècle établis par Cortone. 136 statues, représentant des personnages célèbres, dont Etienne Marcel, encadrent l'édifice. L'intérieur est un bel exemple de l'art de la IIIe République.

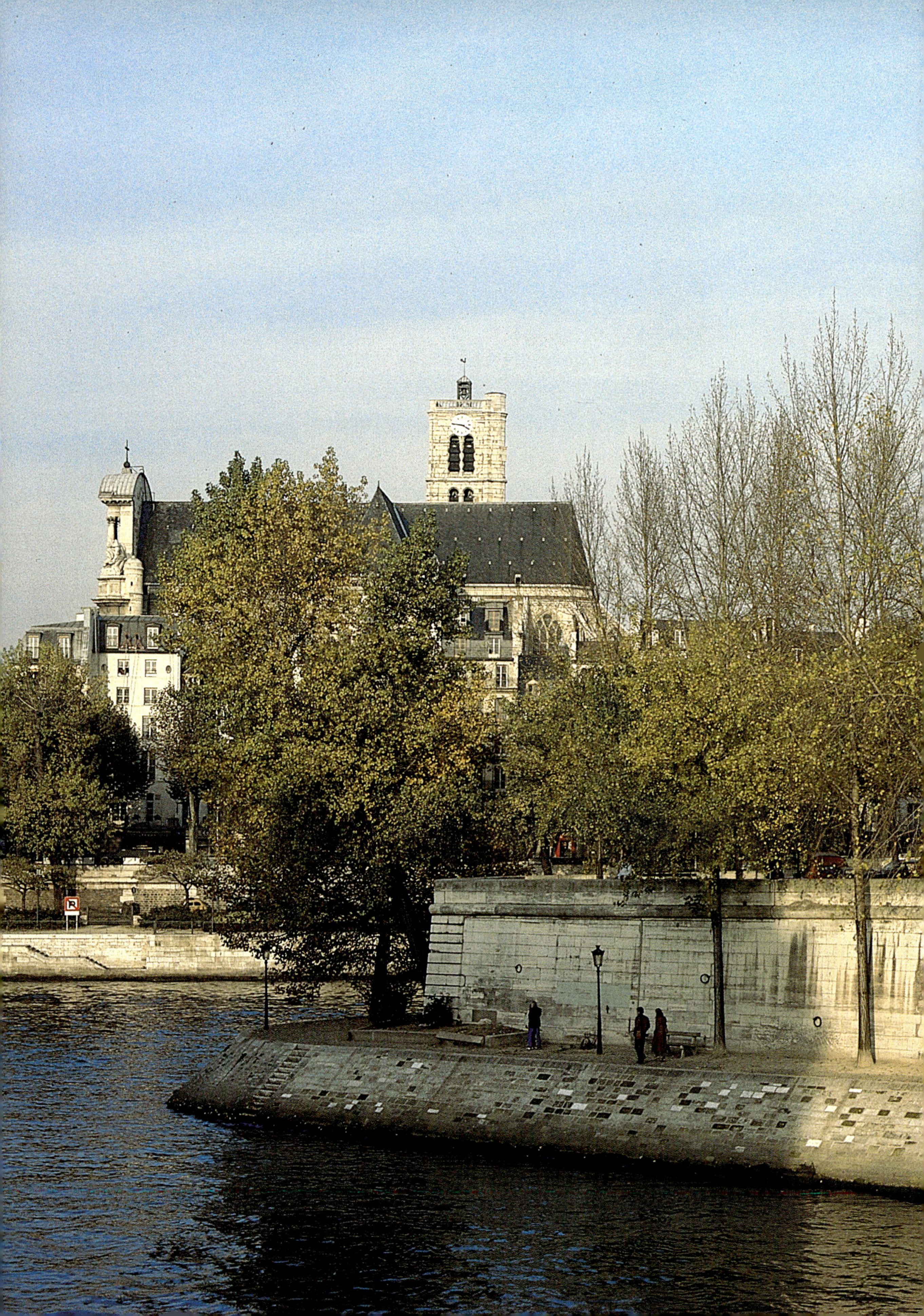

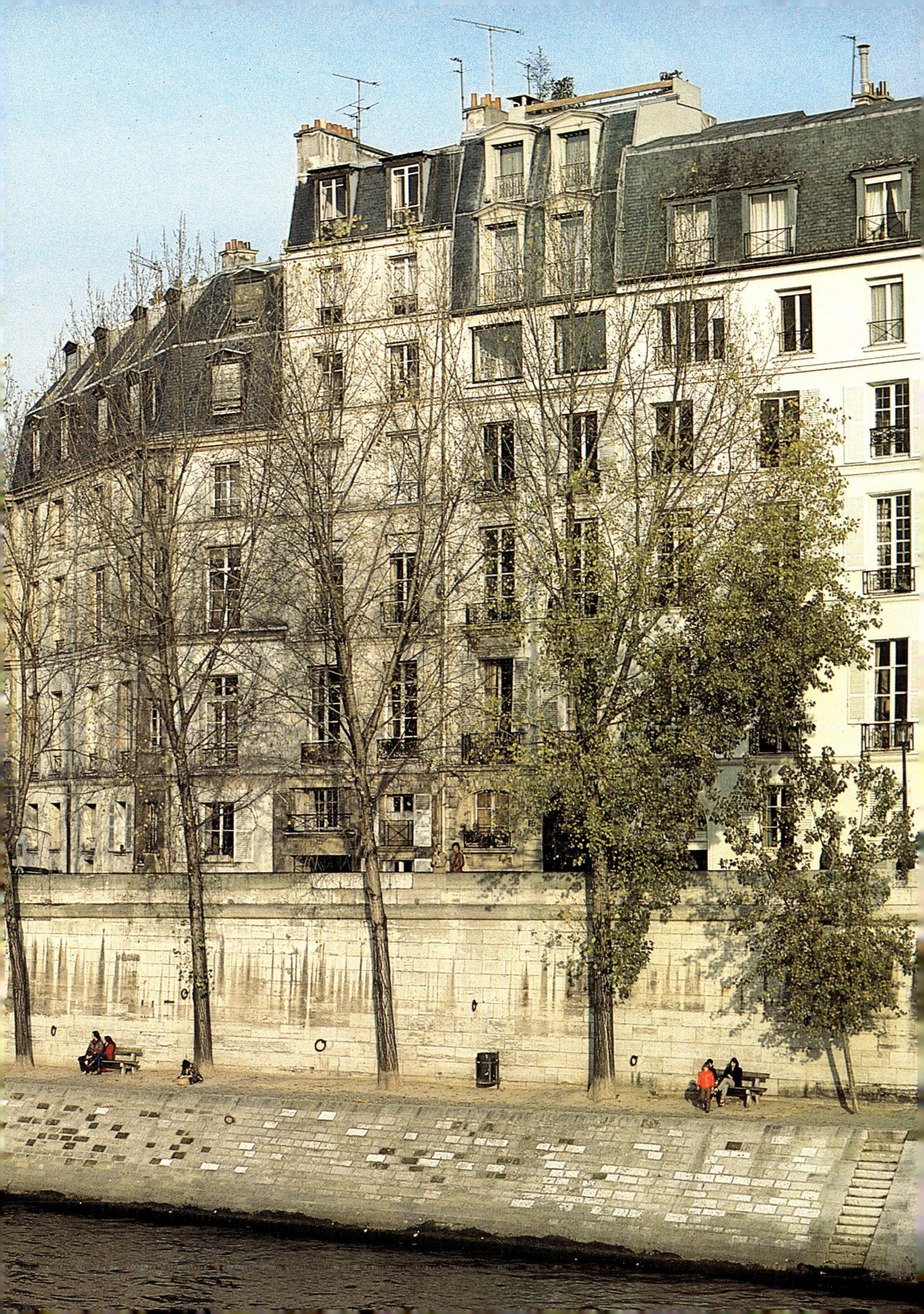

L'ILE SAINT-LOUIS
(Métro Pont-Marie)

Au début du XVIIe siècle, Louis XIII, reprenant un projet d'Henri IV, décidait de rompre l'isolement des deux îlots, l'île Notre-Dame et l'île aux Vaches (où pâturaient les animaux et où se déroulaient, au Moyen Age, tournois et duels), en les reliant à la terre par deux **ponts**. Les travaux, effectués entre 1627 et 1660, dégagèrent un nouveau quartier, creusé de rues sur lesquelles Le Vau édifia de très beaux hôtels pour des hauts fonctionnaires, intendants, financiers et magistrats.

Quelques demeures des XVIIe et XVIIIe subsistent encore, parmi lesquelles l'**hôtel Lauzun**. Construit pour un fournisseur des armées, il accueillit, outre le duc de Lauzun, courtisan de Louis XIV, de prestigieux locataires, tels Théophile Gautier et Charles Baudelaire. Il est aujourd'hui propriété de la Ville de Paris. La décoration intérieure en est remarquable.

L'hôtel Lambert appartenait au XVIIe siècle à un président du Parlement, Lambert de Thorigny. Construit comme le précédent par Le Vau, il a été décoré par Le Sueur et Le Brun. Il hébergea Rousseau et Voltaire.

L'**église Saint-Louis** fut commencée par Le Vau en 1664 et terminée seulement en 1726. Elle se distingue principalement par les objets d'art, sculptures, céramiques et émaux du Moyen Age et de la Renaissance qu'elle a sauvés sous la Révolution ou collectés au XIXe siècle.

L'INSTITUT DE FRANCE
(Métro Pont-Neuf ou Saint-Germain-des-Prés)

A sa mort, Mazarin laissait une très grosse somme destinée à la création d'un collège qui accueillerait soixante élèves issus des provinces nouvellement rattachées à la France : l'Artois, le Piémont, l'Alsace et le Roussillon — d'où son nom de **collège des Quatre-Nations**. Les travaux (1663-1693) furent confiés à

L'Institut de France.

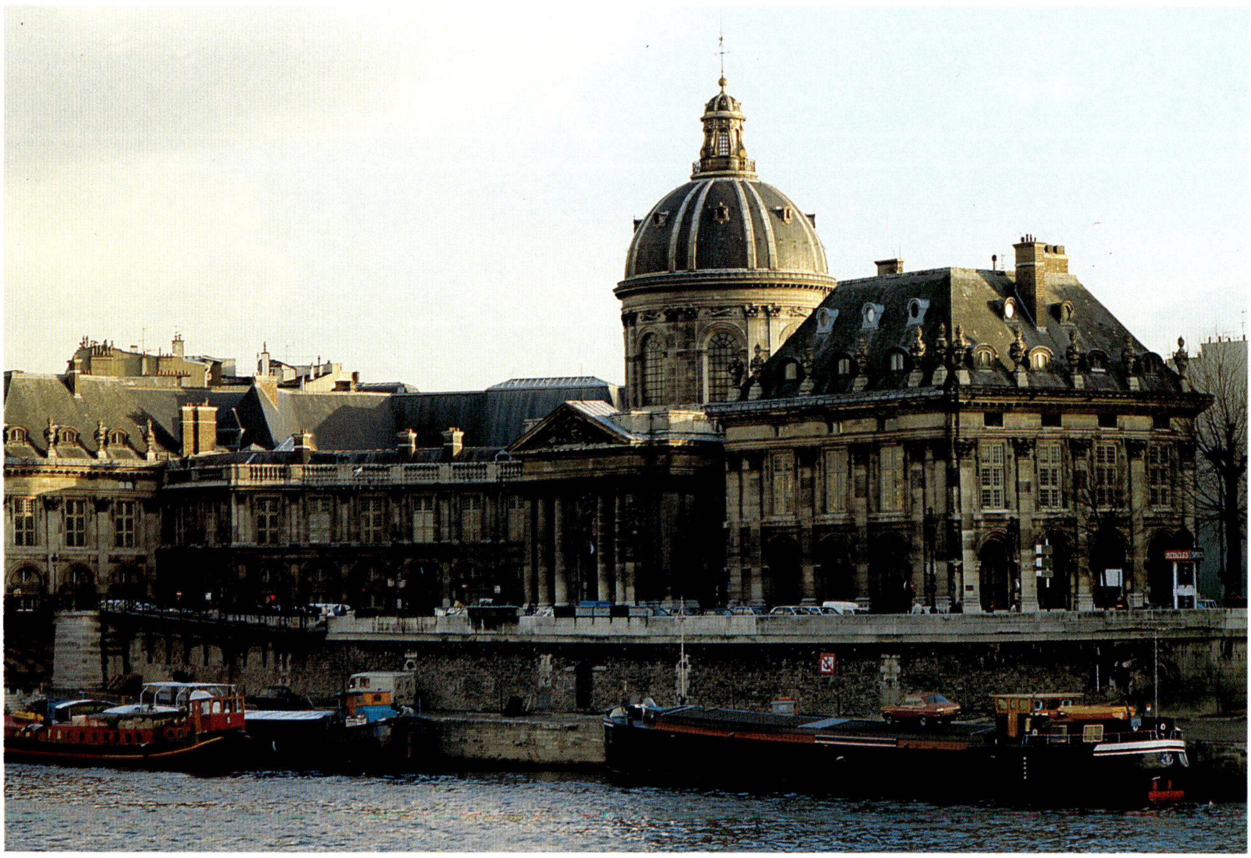

Louis Le Vau, qui travaillait aussi au Louvre. Il détruisit les remparts de Philippe Auguste et la fameuse tour de Nesle — qui avait inspiré bien des légendes — et érigea cette façade incurvée, flanquée de deux pavillons encadrant une chapelle surmontée de la célèbre coupole (les armes du cardinal y sont sculptées).

Dans le vestibule de la chapelle fut placé le somptueux **tombeau de Mazarin**, en marbre blanc et noir, chef-d'œuvre de Coysevox en 1689. Les figures allégoriques, également de bronze, gardent la bouche hermétiquement close, mimant ainsi, dit-on, le silence que le cardinal avait imposé à la Prudence, l'Abondance et la Fidélité, qu'elles représentent. A gauche de la coupole, une porte mène à la cour ; par le portique ouest, on pénètre dans la **bibliothèque Mazarine**, dont le fonds très riche provient en partie de la propre bibliothèque de Mazarin, qu'il légua en même temps que « les tablettes, tables, armoires, bancs et sièges ». La seconde cour, qui était celle des cuisines, a conservé un **vieux puits** orné de fer forgé.

Le collège des Quatre-Nations fut transformé en 1793 en maison d'arrêt, et subit des sorts divers jusqu'à ce que Napoléon y installât l'Institut de France, qui regroupait, depuis 1795, l'Académie française, fondée par Richelieu en 1635, l'Académie des inscriptions et belles-lettres, celle des sciences morales et politiques, celle des beaux-arts et celle des sciences. La chapelle fut alors choisie comme siège des cérémonies de réception des nouveaux membres de l'Académie française. Pour chaque élection, soumise à l'agrément du chef de l'Etat, les Quarante, parmi lesquels on compte une femme, revêtissent le costume d'apparat vert, portent le bicorne, la cape et l'épée. Et chaque semaine, les « Immortels » — la devise de l'Académie est : « A l'immortalité » — collaborent à une réédition du « Dictionnaire de la langue française ». Ce sont en majorité des écrivains, mais on trouve aussi quelques historiens, des ecclésiastiques ou des militaires.

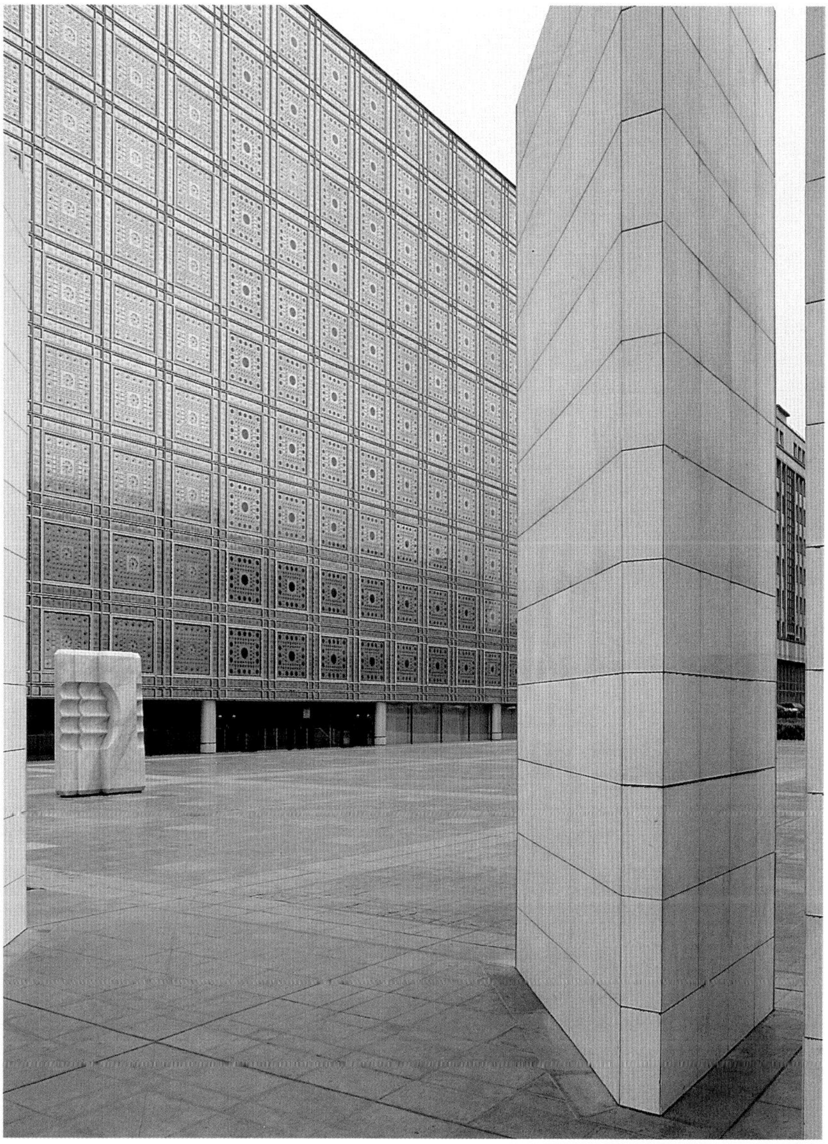

L'Institut du monde arabe.

L'INSTITUT DU MONDE ARABE
(Métro Cardinal-Lemoine)

Envisagée dès 1974, la fondation de l'Institut n'est effective qu'en 1980. Les cosignataires de cet acte de naissance sont la France et une vingtaine de pays arabes qui

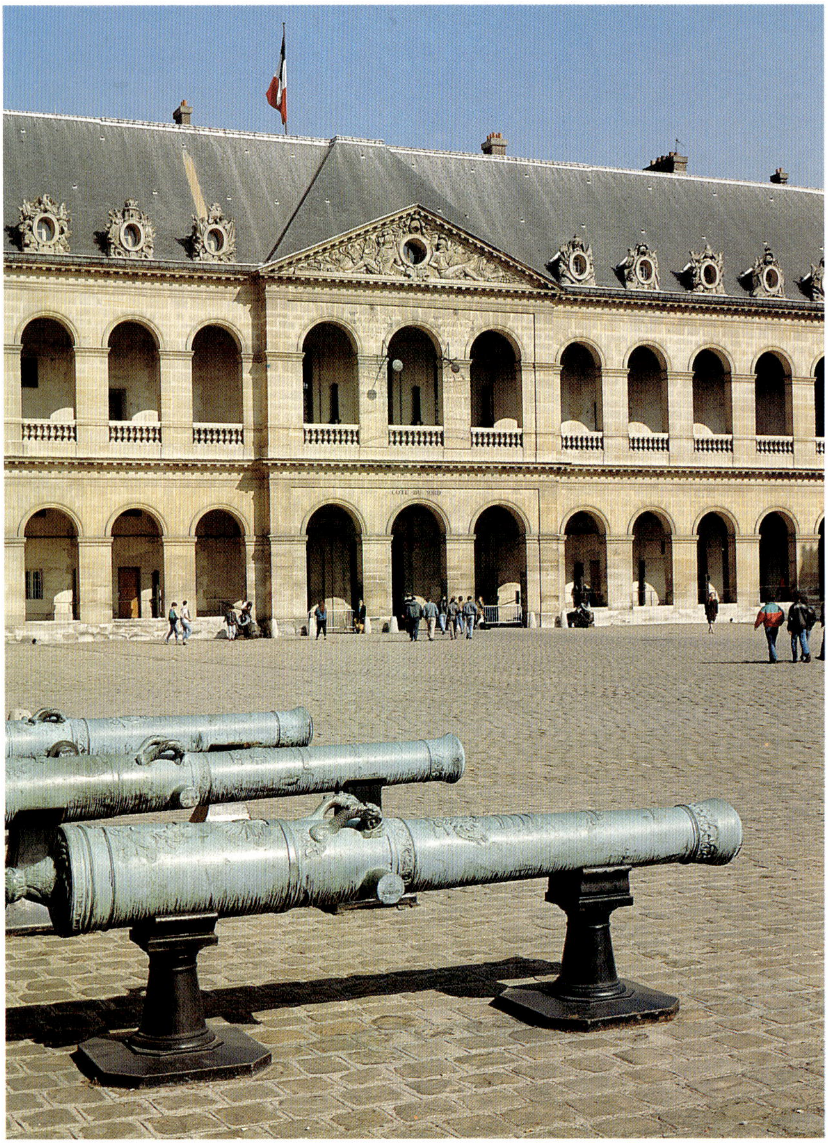

Cour des Invalides (ci-dessus).

Les Invalides (en page suivante).

financent, à parts égales, le projet, destiné à jeter un pont entre les deux cultures occidentale et arabo-musulmane

Construit entre la Seine et la faculté des sciences de Jussieu, l'édifice, haut de neuf étages (26 900 m² de surface), est l'œuvre des lauréats du concours jugé en 1981 : Jean Nouvel, Pierre Soria, Gilbert Lezènes et l'équipe d'Architecture Studio. « Œuvre de verre, de métal et de lumière », l'I.M.A. est achevé en 1987.

A l'ouest, une façade transparente laisse entrevoir les rayonnages, d'où son nom de « tour des livres ». La façade nord reflète, par-delà la Seine, les immeubles XIXᵉ de l'île Saint-Louis. La façade sud, enfin, s'inspire du traditionnel moucharabieh (balcon fermé par un grillage en avant d'une fenêtre) : des milliers de cellules photo-électriques permettent de doser la lumière des baies vitrées.

L'intérieur abrite un musée sur cinq niveaux (les pièces anciennes proviennent du Louvre, mais il y a aussi une section Art contemporain), une bibliothèque, riche de 40 000 livres et de 800 périodiques en arabe, anglais et français, un centre de documentation, une salle d'actualité (où l'on trouve les ouvrages les plus récents) et un espace Image et Son. Au sous-sol, l'auditorium comprend 360 places. Au dernier étage, restaurant avec vue panoramique sur Paris.

L'I.M.A. accueille de nombreuses expositions itinérantes, souvent somptueuses, toujours dignes d'intérêt.

LES INVALIDES

(Métro Invalides)

Sur l'immense **esplanade** (500 m sur 250 m) réalisée par Robert de Cotte entre 1704 et 1720 s'élève le gigantesque et austère ensemble des Invalides. L'**hôtel** avait été construit dès 1671 par Libéral Bruant, sur ordre de Louis XIV, pour recueillir les soldats devenus invalides alors qu'ils servaient leur souverain. Aujourd'hui, des **musées** — de l'Armée, des Plans-reliefs et de l'ordre de la Libération — perpétuent la vocation militaire de ce temple de l'héroïsme qui reçut la dépouille de nombreux combattants. La suppression d'édifices parasites et les travaux de restauration entrepris sous l'impulsion de Malraux ont redonné au monument toute sa majesté.

Dans le **jardin** qui mène à l'hôtel sont exposés des canons en

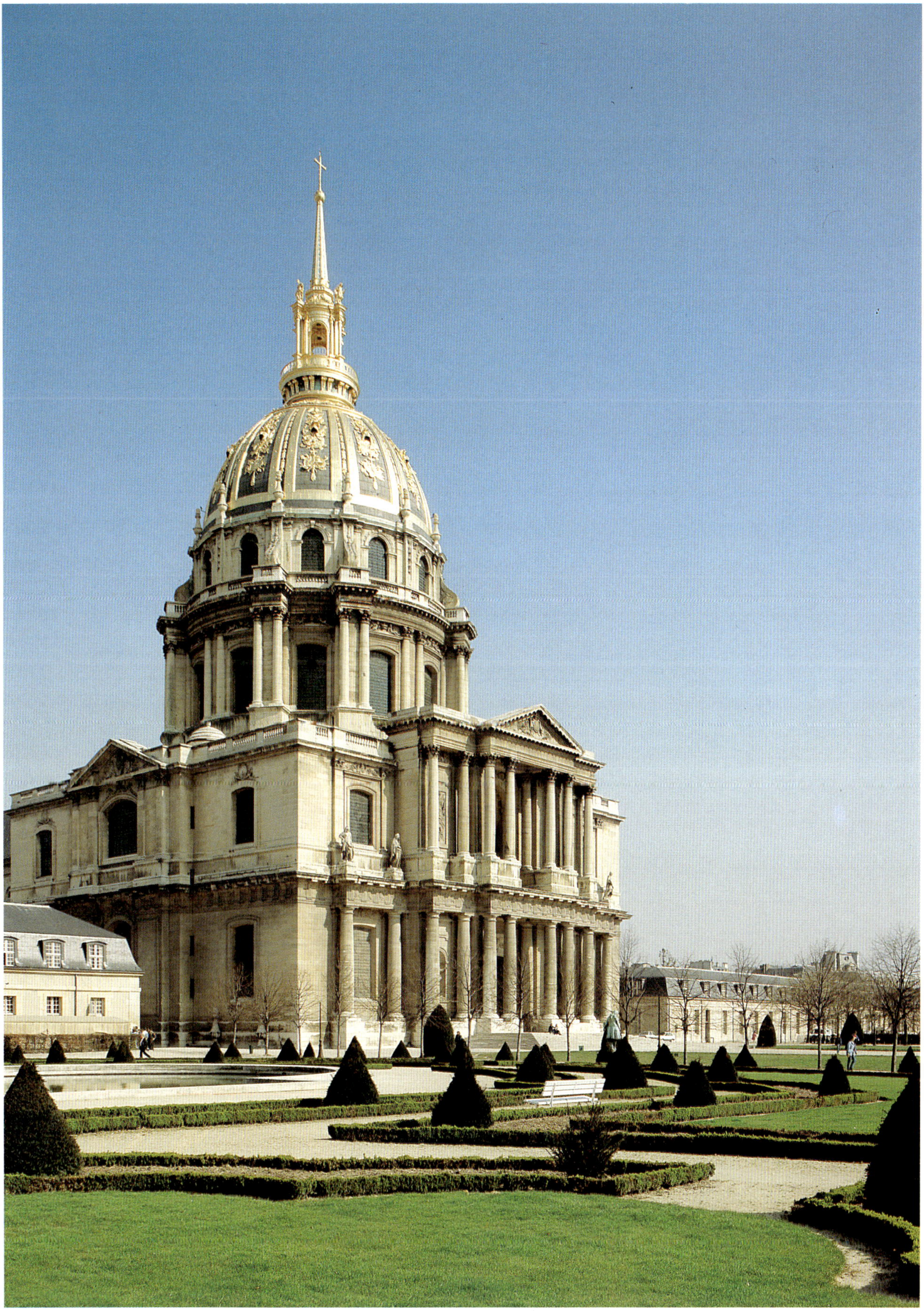

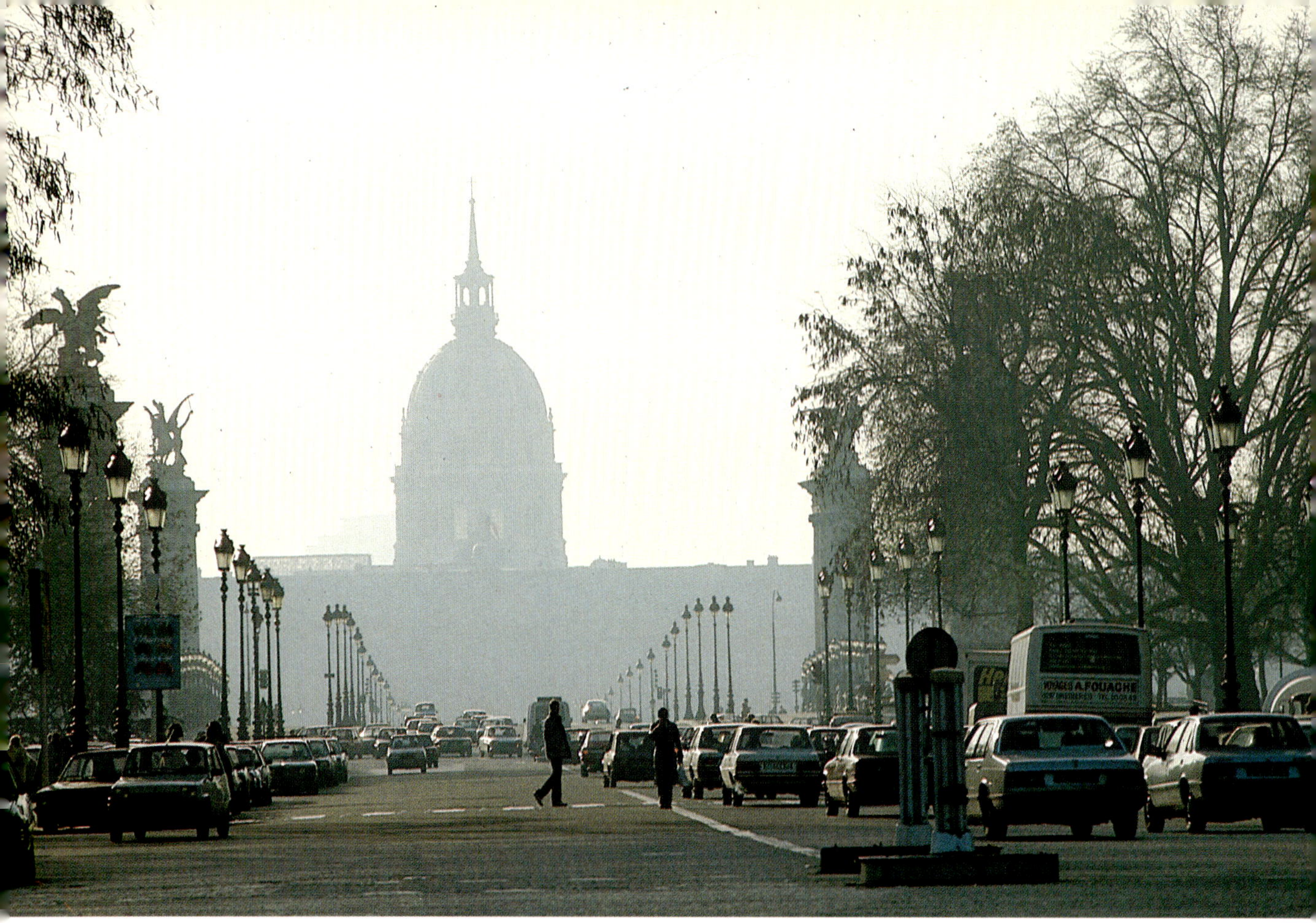

L'église des Invalides ferme la perspective du pont Alexandre-III (ci-dessus).

Les canons des Invalides (ci-dessous).

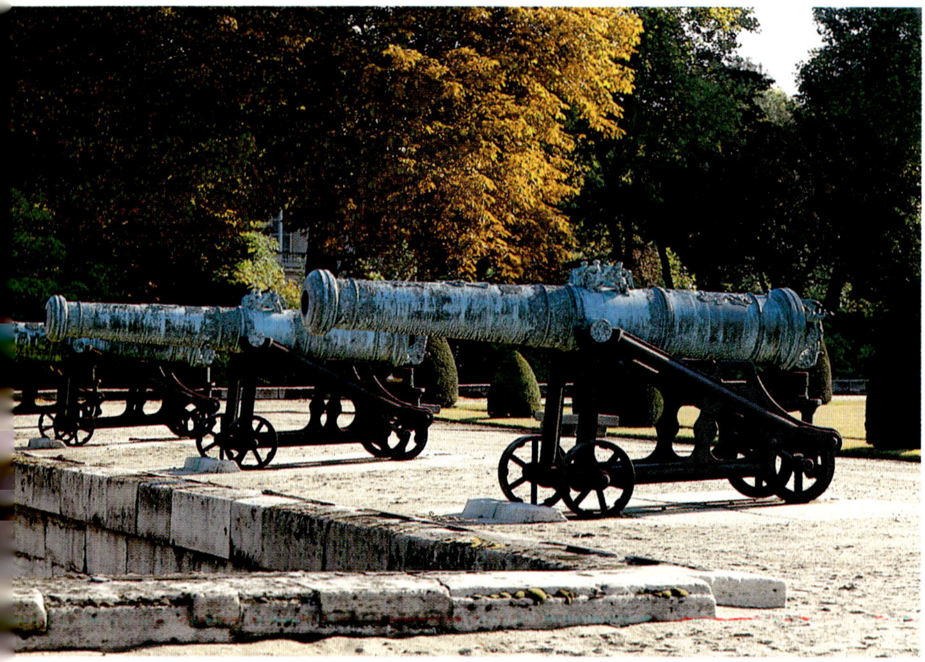

bronze des XVIIe et XVIIIe siècles ; les 18 pièces d'une « **batterie triomphale** » scandent les grandes heures militaires de l'histoire de France.

Coustou avait sculpté en 1735 une statue équestre de Louis XIV (restaurée après la Révolution) et deux statues de Mars et de Minerve, dont on ne voit que les répliques au pied de la longue façade (d'environ 200 m). Une superbe voûte donne accès à la **cour d'honneur** (ou cour Royale) de 102 m sur 63, encadrée par quatre pavillons. Celui situé au sud possède une horloge du XVIIIe (de Lepaute) et une statue de Napoléon en « petit caporal », par Seurre (elle trôna longtemps au sommet de la colonne Vendôme). Les **galeries**, sur deux étages en arcades, renferment une série de canons anciens. Un taxi évoque la célèbre victoire de la Marne en 1914.

Hardouin-Mansart acheva l'**église Saint-Louis** en 1677, d'après les plans de Bruant. Elle était réservée aux soldats mais partageait son autel avec une chapelle Royale (actuellement église du Dôme). Les deux chapelles sont séparées depuis 1873 par une grande baie vitrée. L'orgue, dessiné par Mansart au XVIIe, possède 4 800 tuyaux. A la balustrade pendent des drapeaux, trophées enlevés à l'ennemi. Plusieurs hauts militaires ont été inhumés dans la crypte : Oudinot, Grouchy, Marceau, Kléber, Bugeaud, Mac-Mahon, Leclerc et Juin, des gouverneurs de l'hôtel (la fille de l'un deux, Mlle de Sombreuil, sauva son père de la guillotine pendant la Révolution), le créateur de « la Marseillaise », Rouget de Lisle. Enfin, l'église a gardé le char utilisé pour le transfert des cendres de Napoléon en 1840 et les dalles de son tombeau de Sainte-Hélène.

Le grand orgue de Saint-Louis-des-Invalides.

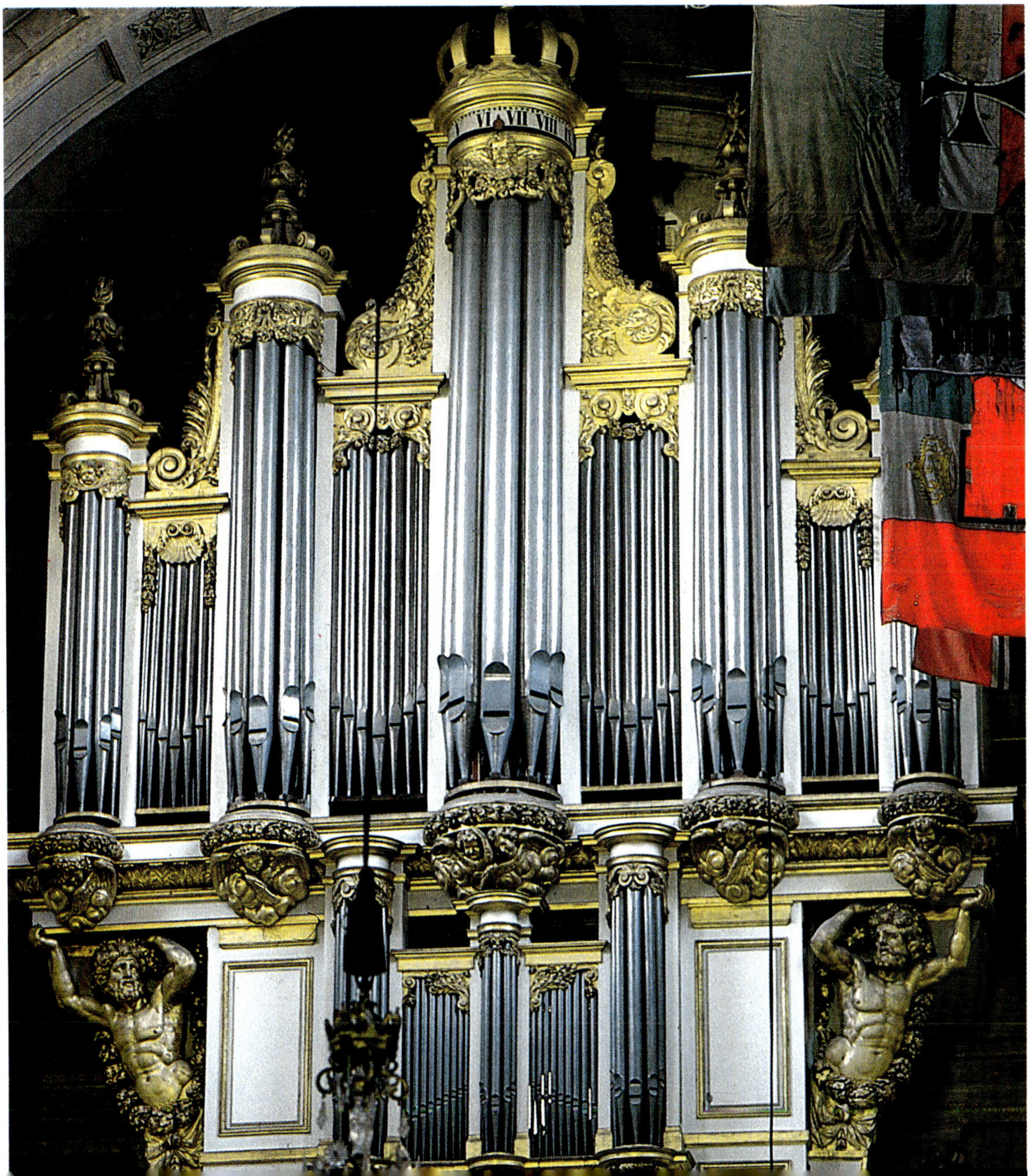

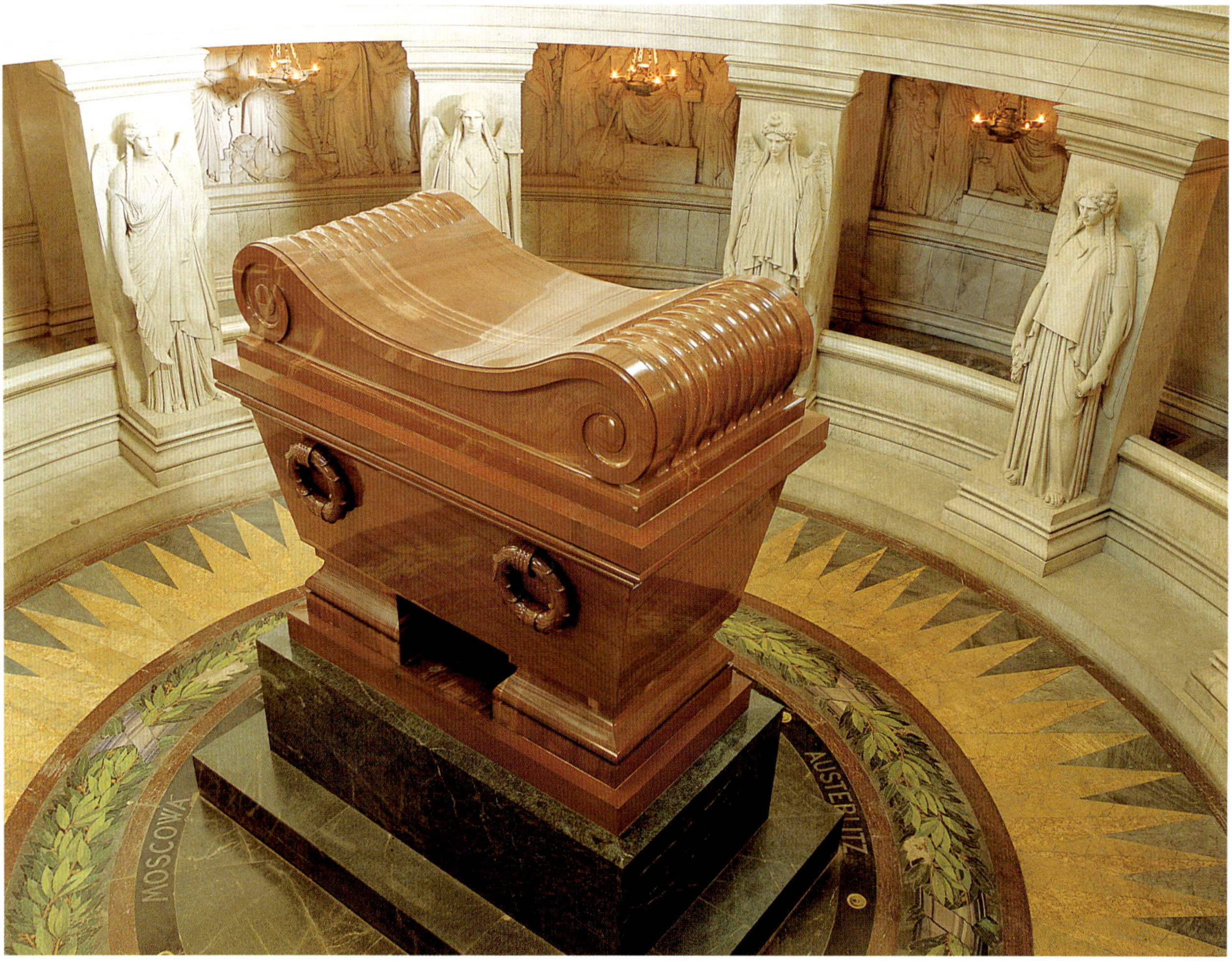

Tombeau de Napoléon Ier aux Invalides.

L'église du Dôme, de construction postérieure, est l'œuvre principalement de Hardouin-Mansart. Robert de Cotte acheva les derniers travaux en 1735. Baroque mais d'une extrême simplicité, c'est un chef-d'œuvre du classicisme du Grand Siècle. De style jésuite, elle superpose, sur une hauteur de 107 m, un perron de 15 marches et une façade aux colonnades doriques et corinthiennes, qui s'ornent des statues de Saint Louis par Coustou et de Charlemagne par Coysevox (qui sculpta aussi le fronton). Le dôme s'achève par un gracieux lanterneau surmonté d'une flèche. Il est décoré de guirlandes, de trophées et de motifs floraux. Depuis 1715, on a plusieurs fois redoré les côtes de plomb de la couverture. Grâce aux fonds débloqués par le secrétariat d'Etat aux Grands Travaux et par le ministère de la Défense, le dôme a retrouvé, pour le 14 juillet 1989, tous ses ors.

L'intérieur, en forme de croix grecque, a été décoré par les plus grands peintres de Louis XIV (qui ont participé aussi à l'embellissement de Versailles) tels Coypel pour la voûte, Visconti pour le maître-autel à baldaquin inspiré de Saint-Pierre de Rome, Etex pour le monument de Vauban. Les représentations de Charles de La Fosse glorifient Saint Louis, les douze apôtres et les quatre évangélistes.

Dans une large **crypte** circulaire, deux statues de bronze veillent sur un sarcophage de porphyre rouge de Carélie, qui repose sur un soubassement de granit vert des Vosges. C'est le **tombeau de Napoléon**, qui fut rapporté en France sous Louis-Philippe et séjourna dans la chapelle Saint-Jérôme jusqu'à ce que Visconti eût achevé la crypte (en 1861).

Six cercueils de matériau différent (fer blanc, plomb, acajou, ébène, et chêne) protègent la dépouille mortelle de l'Empereur, auquel Pradier a rendu hommage en sculptant les douze figures qui symbolisent les victoires napoléoniennes. Les urnes d'argent contiennent son cœur et ses entrailles. Depuis 1969, le corps du duc de Reichstadt, roi de Rome, fils de l'Empereur et de Marie-Louise, mort en 1832 (à l'âge de 21 ans), repose sous une dalle proche. Plusieurs cryptes alentour abritent les sépulcres des frères Bonaparte, Jérôme, roi de Westphalie et Joseph, roi d'Espagne, de Foch, du maréchal Lyautey, pacificateur du Maroc et ministre de la Guerre en 1916, de Turenne et de Vauban, maréchaux de Louis XIV.

LE LOUVRE

(Métro Palais-Royal)

Une œuvre de sept siècles...

Depuis la date de sa première édification en 1200, jusqu'à celle de son apothéose sous le second Empire, peu de temps d'ailleurs avant sa destruction, en passant par la période révolutionnaire, le Louvre apparaît comme un révélateur de l'histoire d'un pouvoir, le plus souvent monarchique, qui chercha à assurer tantôt sa sécurité, tantôt son éclat, tantôt enfin sa simple existence.

Tour à tour rois et architectes, Philippe Auguste, Louis IX, Charles V, François Ier et Pierre Lescot, Henri II et Jean Goujon, Catherine de Médicis, Philibert Delorme et Jean Bullant, Henri IV, Métezeau et Androuet Du Cerceau, Marie de Médicis, Louis XIII et Jacques Lemercier, Anne d'Autriche, Louis XIV et Le Vau, Colbert, le Bernin, Claude Perrault et Le Brun, Louis XVI, l'empereur Napoléon Ier, Percier et Fontaine, Napoléon III, Haussmann, Visconti et Lefuel, et, plus près de nous, Malraux et Braque ont construit, rasé, restauré ou transformé ce palais, réalisant en sept siècles le « Grand Dessein du Louvre ».

... honorée ou saccagée

Au XIIIe siècle, en l'absence du roi parti aux croisades, le Louvre est une **forteresse** qui protège les voies d'accès à la capitale. Il se

David : « Sacre de Napoléon ».

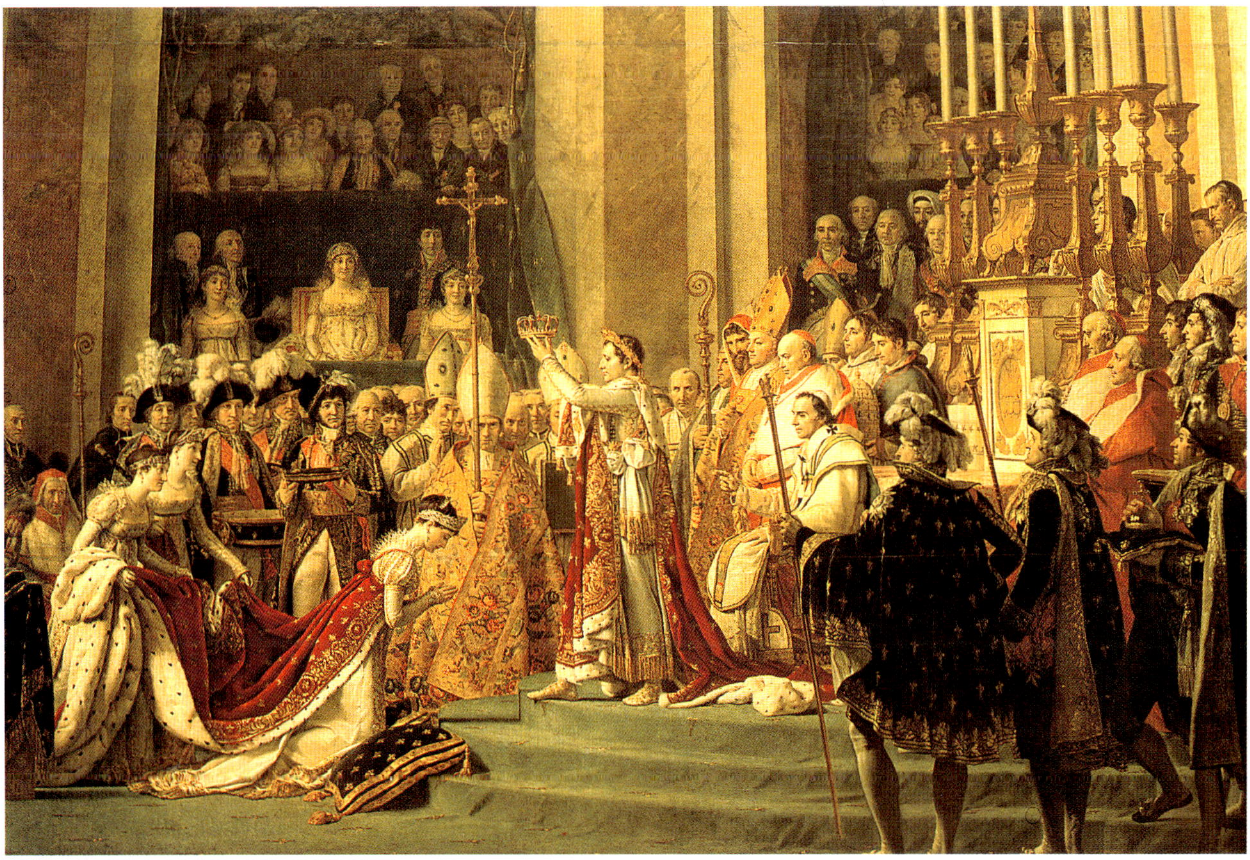

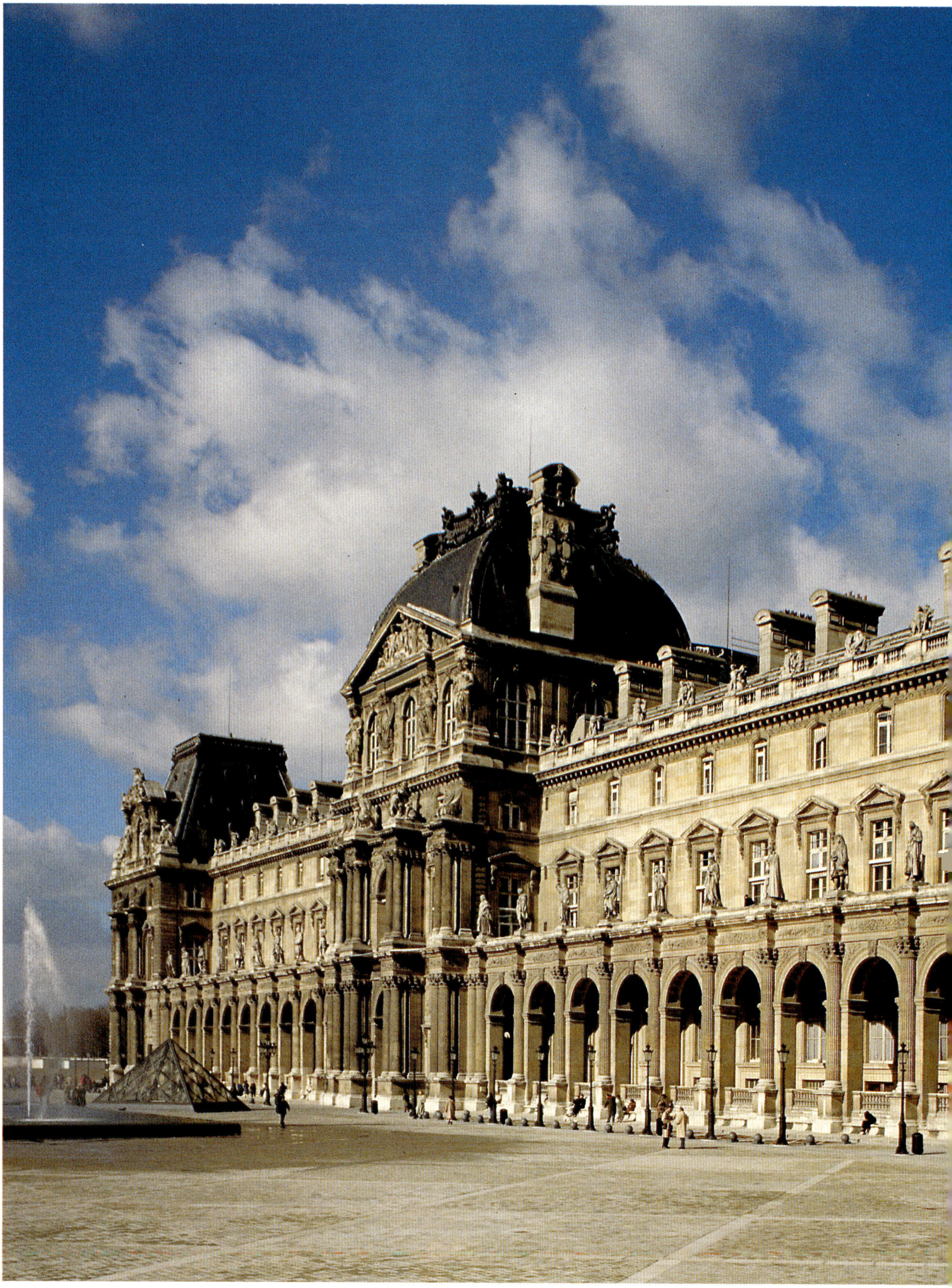

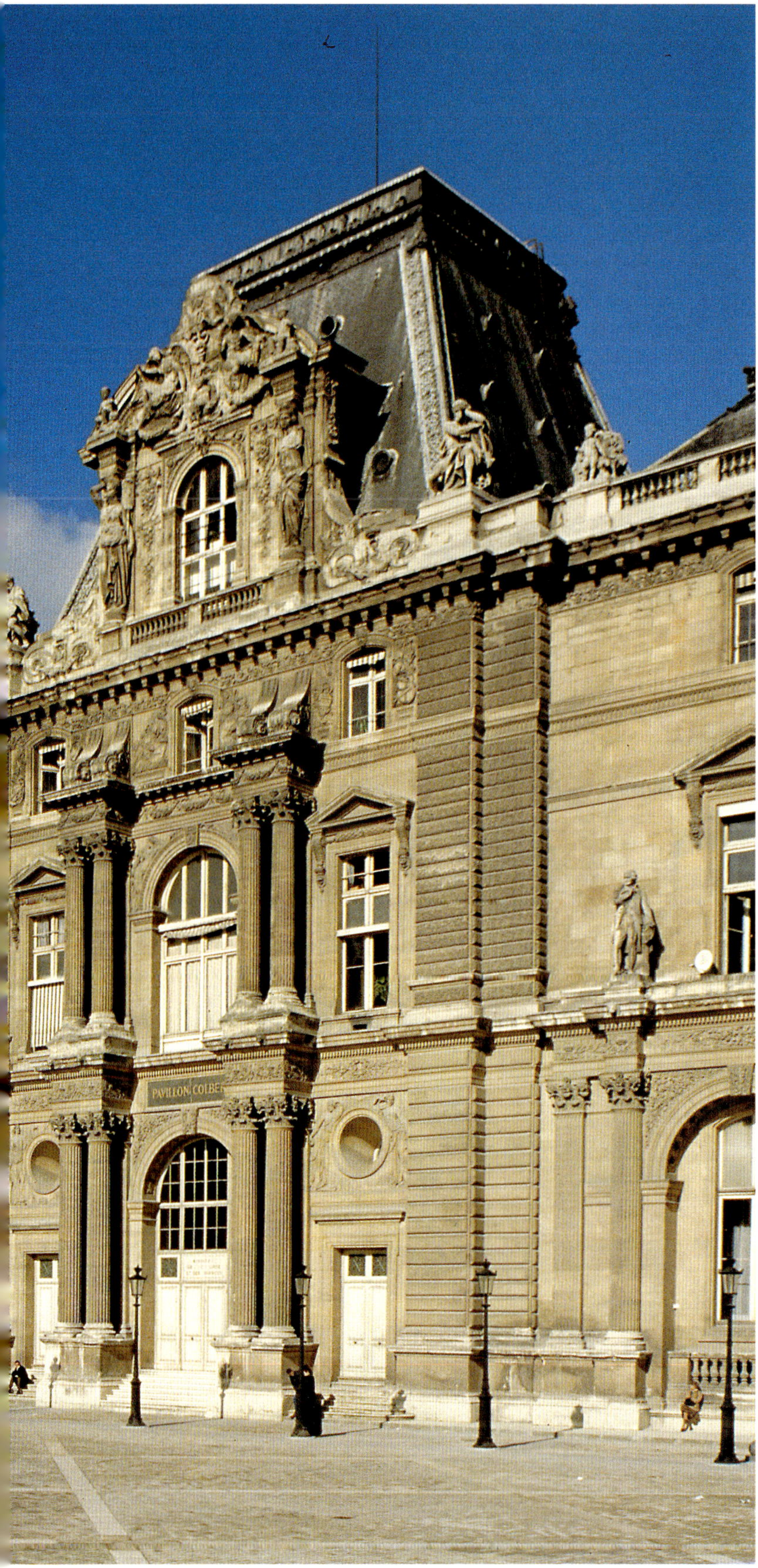

« civilise » au XIVe siècle, lorsque Charles V, le Sage, installe sa fameuse **librairie**, lui donnant sa plus ancienne vocation artistique et culturelle. Mais il est délaissé pendant plusieurs décennies par des souverains qui lui préfèrent l'hôtel Saint-Paul ou les Tournelles. L'arrivée de François Ier marque, pour le palais, le passage de l'architecture gothique à celle de la Renaissance, qui fleurit alors en Italie où le roi a mené campagne. En 1563, Catherine de Médicis, qui a fait détruire les Tournelles où Henri II a trouvé la mort, décide la construction d'un second palais, celui des **Tuileries**, qui communique avec le Louvre par **deux galeries.**

Le palais et la cour Carrée sont agrandis au XVIIe siècle. C'est alors la résidence royale : Louis XIV y donne des fêtes brillantes et reçoit les courtisans, selon un rite resté célèbre. A partir de 1678, date à laquelle la famille royale part pour Versailles, le Louvre sombre dans un « état honteux », comme l'écrit Voltaire. S'il abrite quelques Académies ou l'Opéra, il est également envahi par toutes sortes de personnages indésirables et de commerces peu reluisants. En 1789, Louis XVI est ramené de force aux Tuileries, et, à sa mort, les révolutionnaires s'en emparent. Napoléon et Joséphine s'y installent en 1800 et aménagent la place du **Carrousel**. L'ensemble des restaurations est terminé vers le milieu du siècle. Un incendie ravage une bonne partie des Tuileries pendant la Commune. On décide alors de sa démolition. La IIIe République fait relever les deux **pavillons de Marsan** et **de Flore**, du XVIIe siècle.

Le Louvre

Une tradition artistique

Charles V avait donné l'impulsion avec sa bibliothèque. François Ier collecte les **premiers tableaux** de maîtres qui ont nom Titien, Raphaël et Léonard de Vinci... Henri IV prend l'initiative d'entretenir des artistes au Louvre. Sous Louis XIII, on dénombre déjà 200 tableaux, 2 500 sous Louis XIV, qui fait exposer régulièrement des peintures et des sculptures. Les grands idéaux révolutionnaires suggèrent l'idée d'un musée, finalement ouvert au public en 1793. Avec les combats victorieux de la République en Belgique et en Italie, puis les conquêtes napoléoniennes, le Louvre s'enrichit encore. Les artistes résidents se voient contraints de quitter le palais pour la Sorbonne. Ils sont remplacés par.... des cariatides.

Depuis la pyramide du Louvre.

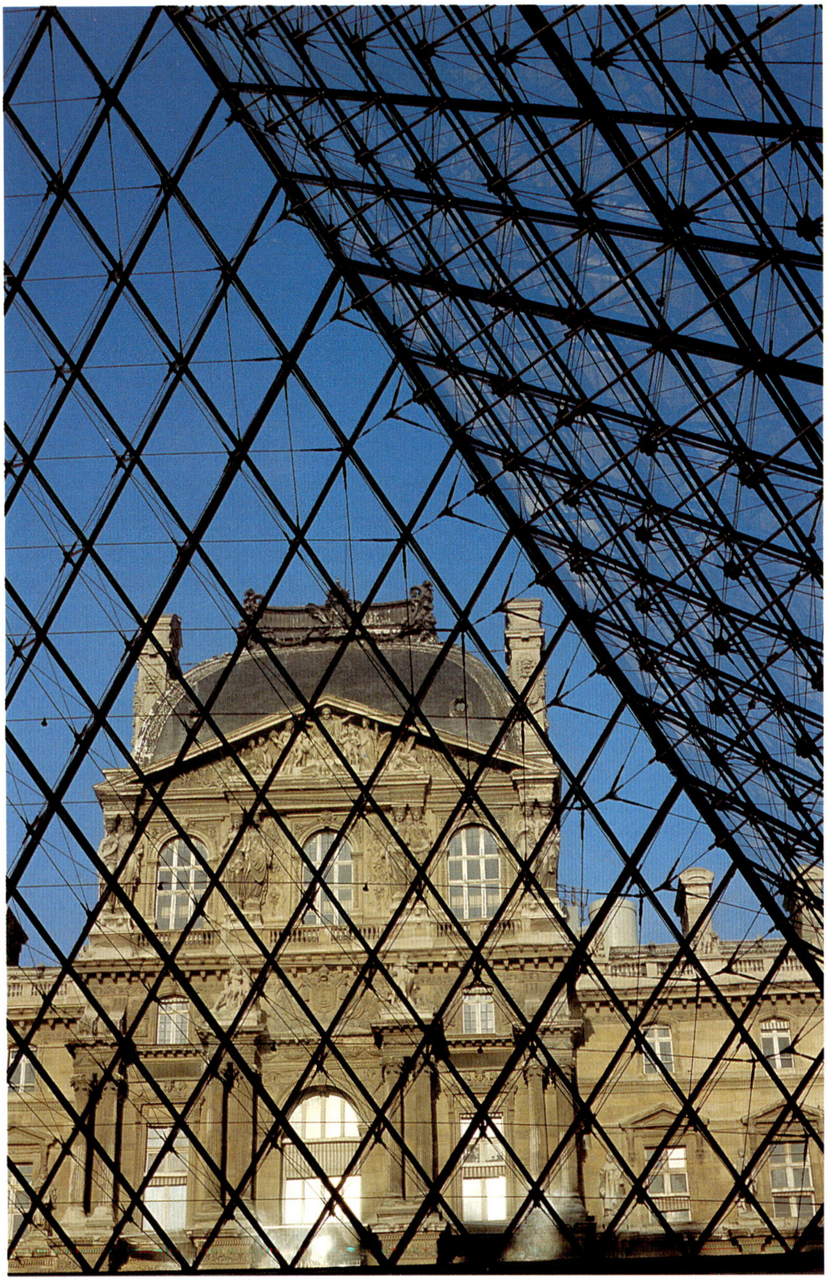

Lorsque surviennent les défaites militaires, le Louvre est passablement dépossédé, mais il acquiert sous Louis XVIII et Charles X, des antiquités égyptiennes, que rejoignent bientôt des collections grecques, assyriennes et romaines. Les acquisitions ne cessent alors d'augmenter et de se diversifier, jusqu'à faire du musée l'un des plus riches du monde, avec quelque **400 000 pièces** répertoriées dans le catalogue (mais tout n'est pas exposé).

« Le plus grand musée du monde »

C'est l'ambition annoncée par François Mitterrand en 1981 pour le Louvre. Le 24 septembre de cette année-là, le président de la République annonce le départ du ministère des Finances pour Bercy, ce qui libérera l'aile Richelieu. En mars 83, l'architecte américain d'origine chinoise Ieoh Ming Pei est désigné pour réaliser le musée moderne. Son souci est architectural : il érige une pyramide de verre à la fois très sophistiquée et très épurée. Mais Pei se soucie également d'urbanisme : « Il fallait faire naître le Louvre à la vie, car si le Louvre dort, c'est Paris qui sommeille. » Le musée doit donc réconcilier les rives droite et gauche.

En mars 1989, la pyramide est ouverte au public, et la première vague de travaux terminée. En

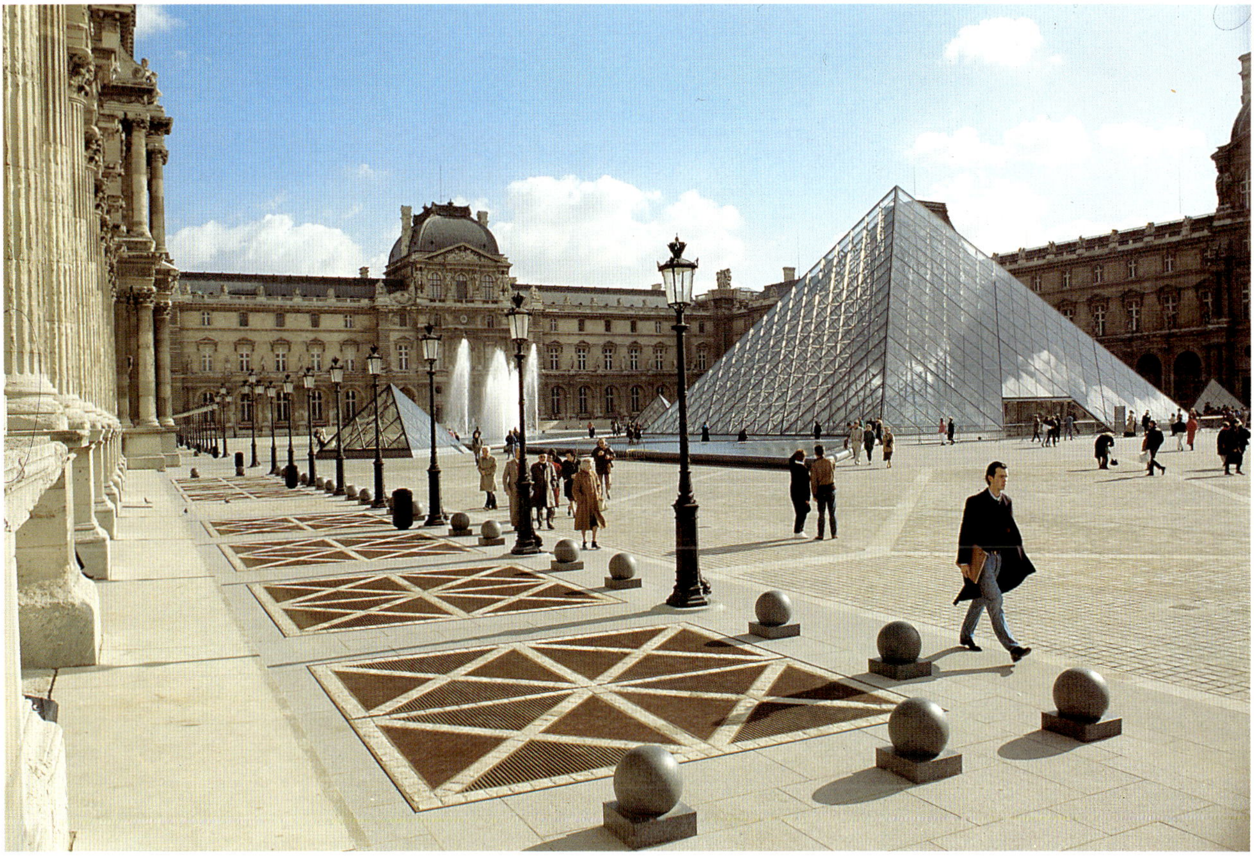

Le Louvre.

novembre 1993, alors que le musée du Louvre fête son bicentenaire, le nouvel « Etablissement public du Grand Louvre » ouvre au public l'aile Richelieu, complètement réaménagée par Pei. Les surfaces d'exposition ont doublé (avec un redéploiement des collections sur 60 000 mètres carrés). Les espaces d'accueil ont été multipliés par dix. Les surfaces nouvelles créées en sous-sol sont dorénavant aussi vastes que celles du palais. Le Louvre est bien maintenant le plus grand musée du monde.

Les pyramides

Haute de 21 m, large de 34, lourde de 200 tonnes, la grande pyramide est constituée de 70 triangles et 623 losanges (égaux) de verre « blanc de blanc », de 20 mm d'épaisseur, traité par les ateliers de Saint-Gobain. Elle repose sur une structure d'aluminium et d'acier inoxydable. C'est le résultat de trois années de construction, de sept mois d'études sur ordinateur, du travail de l'architecte Pei mais aussi de cabinets d'études spécialisés... et de la collaboration d'alpinistes chargés du nettoyage ! Son concepteur dit d'elle : « Elle s'impose par son absence de style. »

Pour la réalisation de certains espaces, Ieoh Ming Pei s'est adjoint les services de deux architectes-décorateurs de renom : Richard Peduzzi (salles d'histoire) et J.-M. Willmotte (librairie, boutique de chalcographie, restaurants et salle d'expositions temporaires).

Le verre de la pyramide se transforme en miroir pour refléter l'eau des sept bassins de granit bleu foncé environnants, ainsi que les pavillons de la cour Napoléon, érigés par Lefuel sous Napoléon III. Les trois petites pyramides placées en direction des pavillons de Sully, Richelieu et Denon signalent les trois accès aux circuits de visite, et apportent la lumière aux salles souterraines.

Un chef-d'œuvre de l'architecture gothique : la colonnade

Construite au XVIIe siècle à l'instigation de Claude Perrault, le frère du conteur, elle est longue

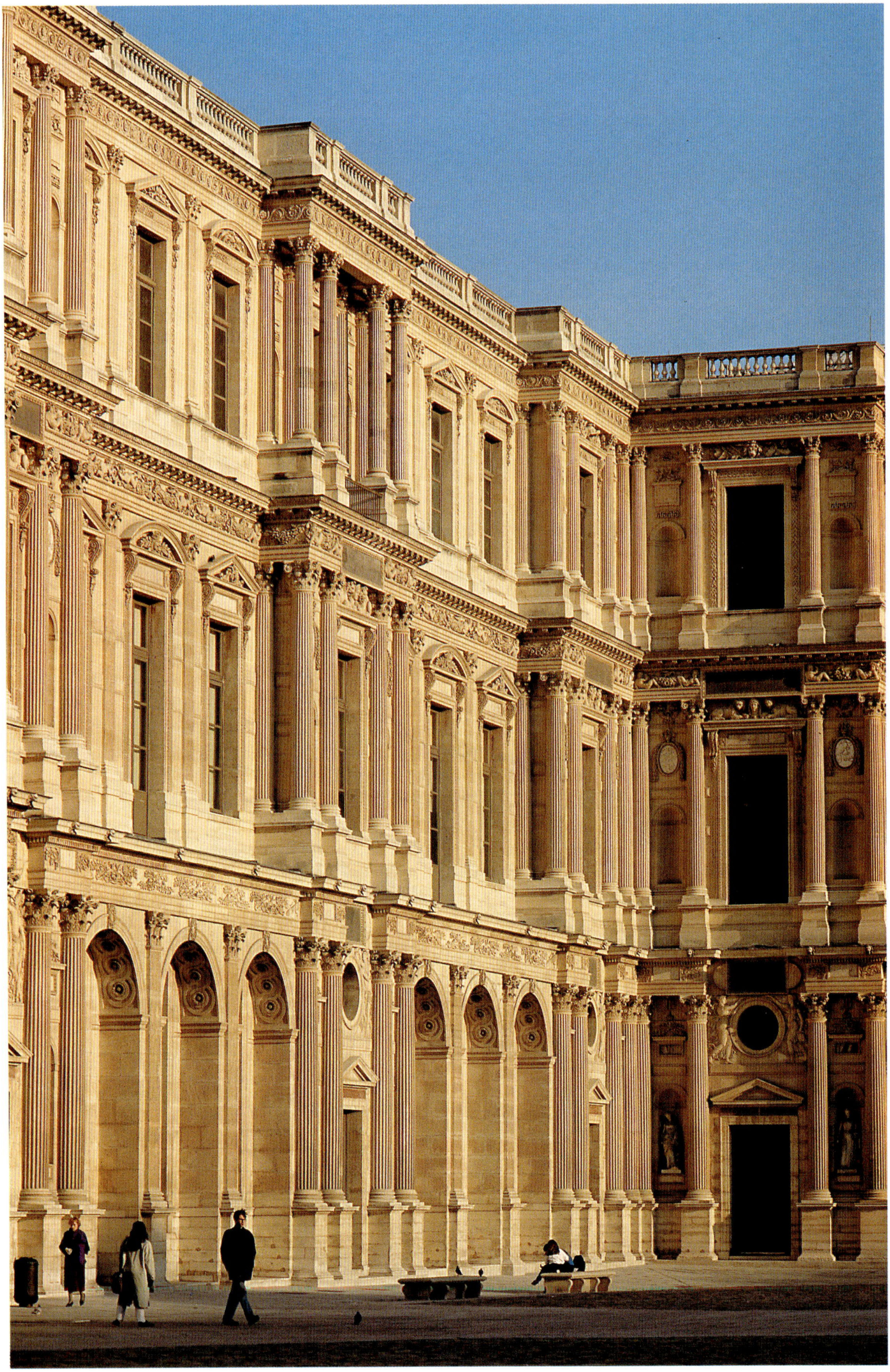

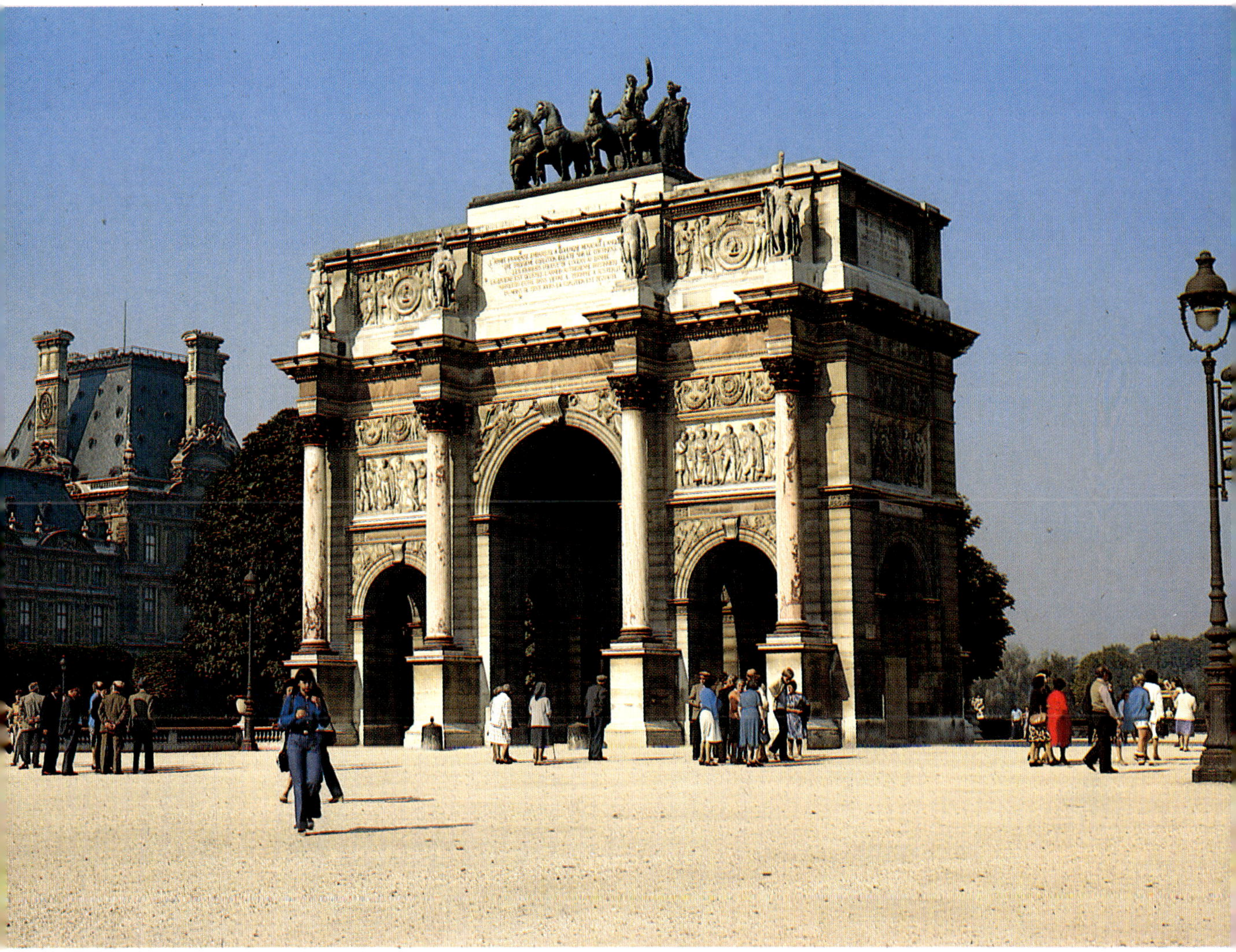

L'arc de triomphe du Carrousel.

La cour Carrée du Louvre (ci-contre).

de 175 m et s'appuie sur une armature de fer (selon un procédé qui sera fréquemment utilisé deux siècles plus tard). Les deux « L » opposés représentent le chiffre de Louis XIV. Le fronton de Lemot (1808) a troqué sous la Restauration son buste originel de Napoléon protégé par une Minerve contre la statue de Louis XIV. Une Victoire ailée sculptée par Cartelier en 1807 veille à l'entrée. Les travaux de creusement des fossés, effectués en 1965 et inspirés des plans inutilisés du XVIIe, achèvent de donner à l'ensemble une parfaite cohérence classique. Un portique monumental court le long de la façade et assure la continuité avec la cour Carrée.

Une prestigieuse cour Carrée

C'est la partie la plus ancienne du Louvre, celle où fut construit le premier château-forteresse du début du XIIIe. Chacune des **ailes**, longue d'environ 120 m, se distingue par sa régularité et sa grandeur. A l'ouest, le pavillon de Pierre Lescot est un très bel exemple de l'architecture de la Renaissance. Jean Goujon et ses condisciples y ont sculpté de très beaux motifs allégoriques. Au centre, le **pavillon de l'Horloge** est l'œuvre de Lemercier en 1624. L'horloge, installée sous la Restauration, est surmontée de cariatides réalisées par Guérin, Poissant et Buyster. Un dôme couronne l'ensemble.

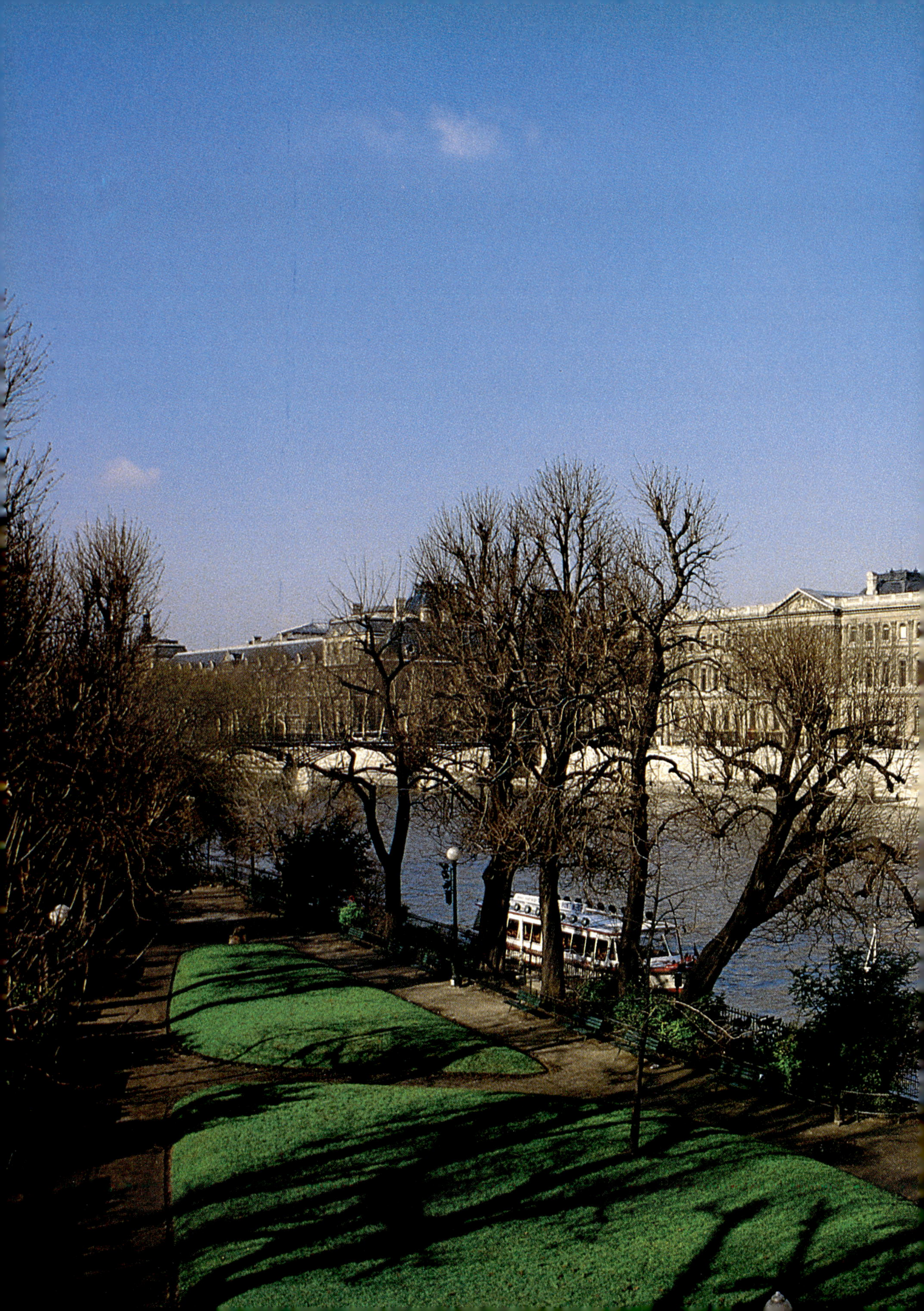

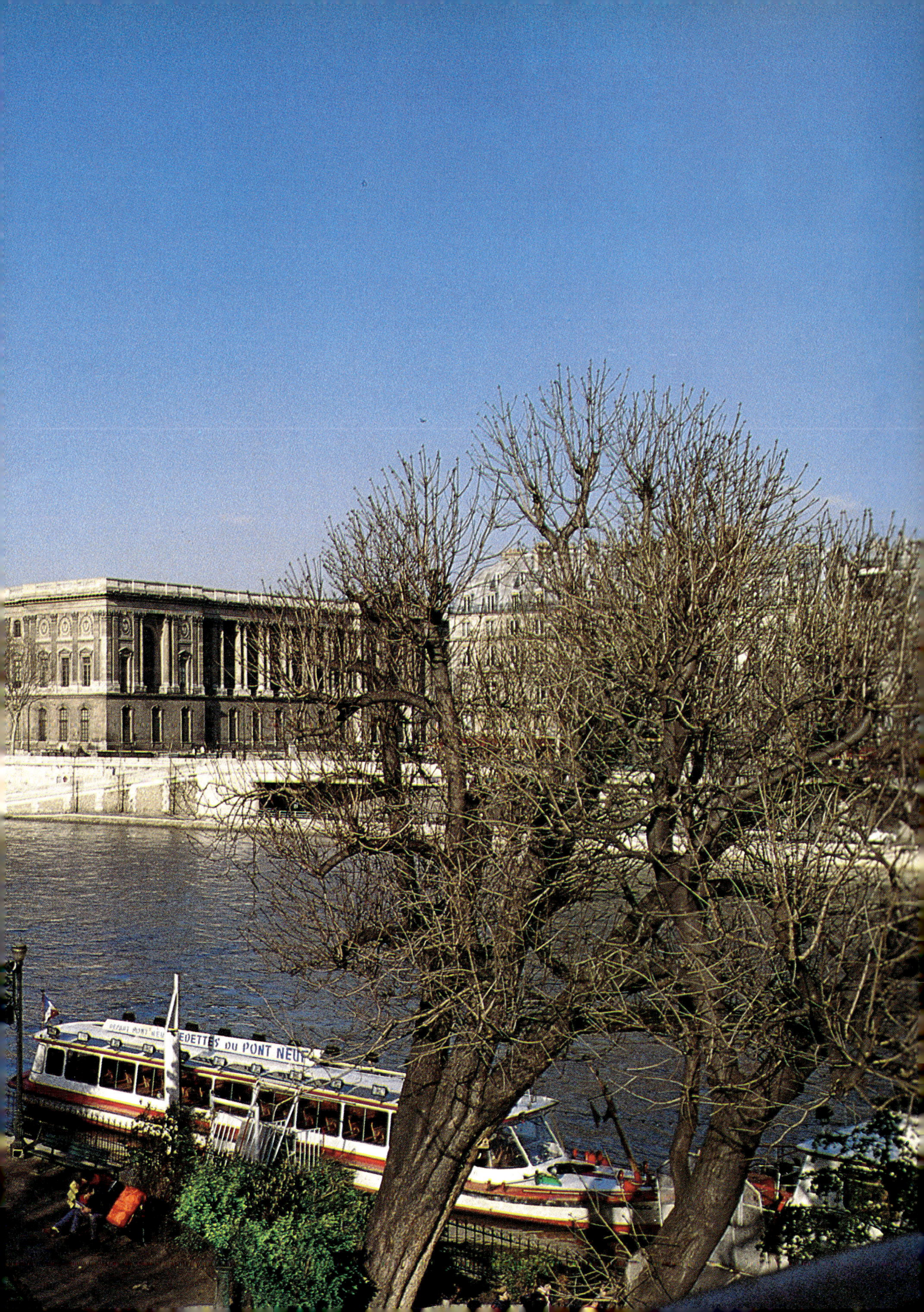
VEDETTES DU PONT NEUF

Les trois autres ailes sont d'inspiration classique. Le Vau a édifié au XVIIe les deux étages, auxquels Percier et Fontaine ont ajouté, sous le premier Empire, un troisième niveau destiné à mettre les ailes sur le même plan que la colonnade. Guillaume Coustou a sculpté en 1758 le fronton est, Claude Ramey celui du nord, en 1811, et J.-P. Sueur celui du sud, à la même époque. Les monogrammes inscrits sur les façades sont ceux des souverains qui ont marqué de leur empreinte les constructions. Le pavage restitue le contour de l'ancien palais du Louvre, avec son donjon qui dépassait les 30 m, et les dix tours de son enceinte. En longeant, sur les quais, la **galerie d'Apollon** et celle du **Bord-de-l'Eau**, on atteint les deux pavillons de Flore et de Marsan, qui encadrent les parterres du Carrousel, à l'emplacement de l'ancien palais des Tuileries.

Les récentes fouilles menées dans le cadre du réaménagement du musée ont permis de dégager les restes du Louvre médiéval (donjon et douves de la forteresse de Philippe Auguste et substructions des ailes nord et est du château de Charles V qui le remplaça). La mise en place des cryptes archéologiques, bientôt ouvertes au public, s'est accompagnée d'une restauration des bâtiments de la cour et de la pose d'un dallage en béton.

Le Carrousel

En 1662, Louis XIV participait à l'une de ces parades équestres si prisées au XVIIe siècle, dans la cour du palais des Tuileries, qui prit alors le nom de Carrousel. En 1806, Napoléon, qui fêtait ses victoires européennes, demanda à Denon de réaliser l'arc conçu par Percier et Fontaine à partir de celui de Septime-Sévère à Rome. Ainsi naquit cet **arc de triomphe** de 14 m de haut et de 20 m de large, plus petit que celui de l'Etoile mais sans doute plus réussi. Le Château-Vieux de Meudon fournit les huit colonnes, de marbre rouge et blanc, qui soutiennent les statues de soldats en uniforme impérial. Les bas-reliefs sculptés célèbrent, au-dessus des arcades, les victoires de l'Empire. Les quatre chevaux de bronze qui

Le Louvre vu depuis le square du Vert-Galant (en pages précédentes).

Au jardin des Tuileries.

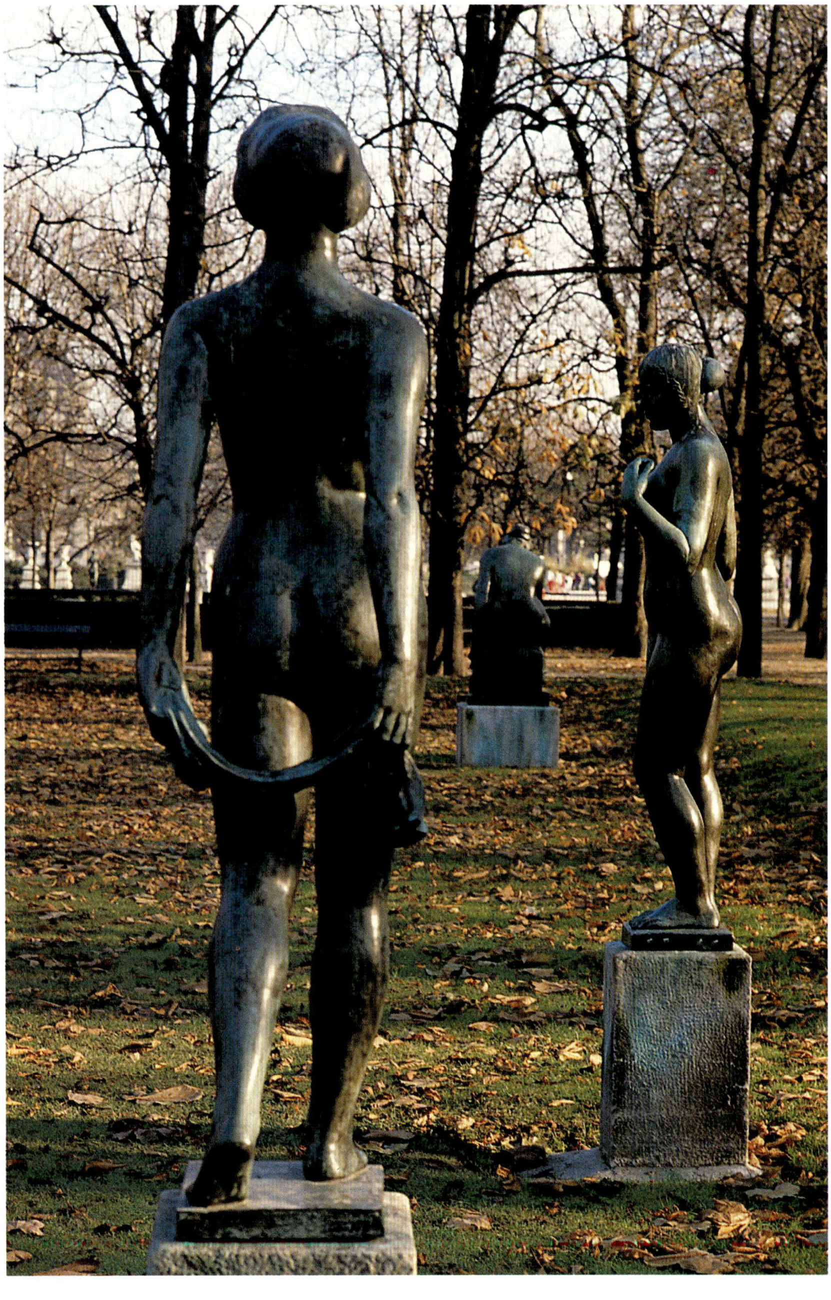

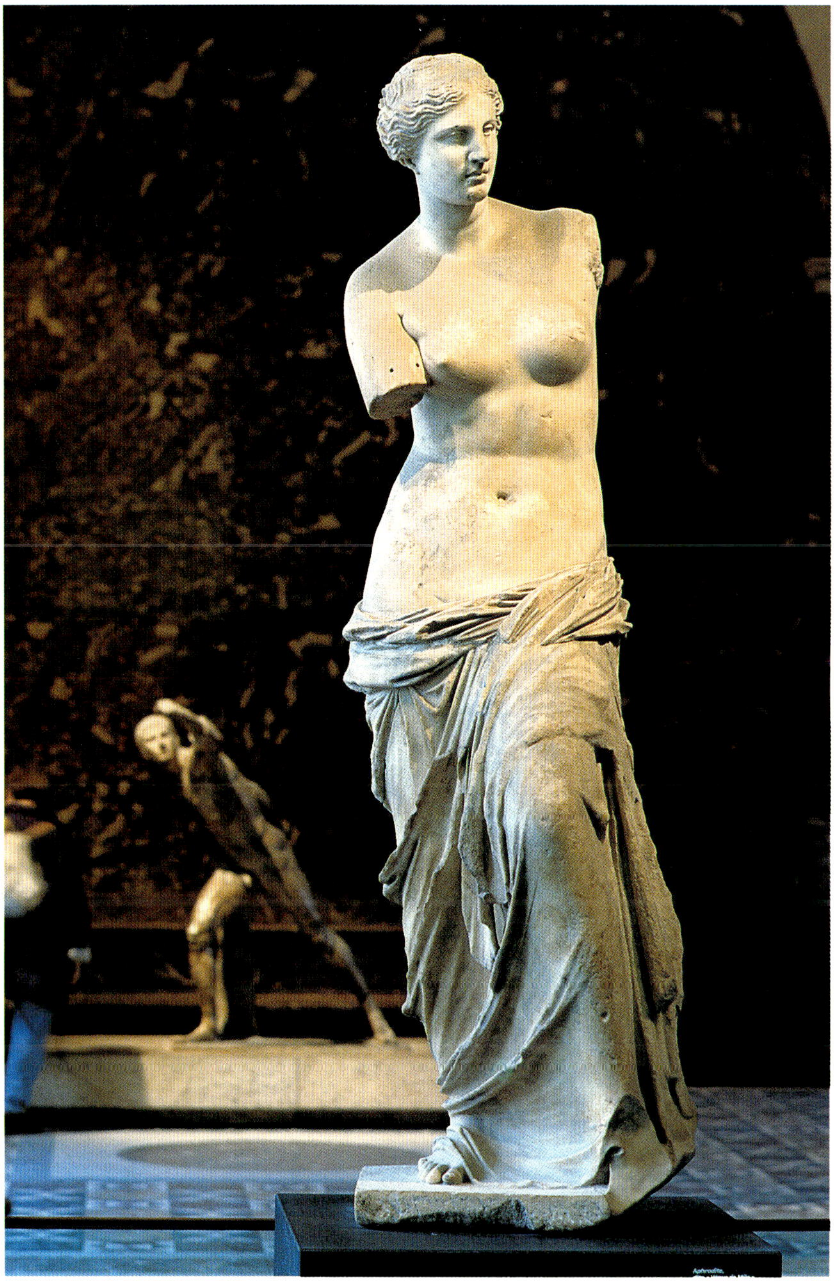

Louvre, la Vénus de Milo.

trônent tout en haut de l'arc sont des répliques de ceux que Napoléon avait rapportés d'Italie, et que la basilique Saint-Marc a récupérés dès 1815. C'est Bosio qui sculpta sous la Restauration la statue de la Paix du quadrige.

Dans le jardin, aménagé en 1909, on admirera les **sculptures de Maillol**, aux formes amples et aux lignes souples.

Les fouilles opérées dans la cour Napoléon et dans le jardin du Carrousel ont permis la découverte de tout un quartier ancien, qui connut son apogée au XVIIe siècle. On a ainsi retrouvé l'atelier de Bernard de Palissy, l'artiste-céramiste protégé par Catherine de Médicis (plusieurs milliers de pièces d'époque ont été recueillies).

Le jardin des Tuileries

Les souverains qui se succédèrent au palais apportèrent un soin particulier à l'embellissement du jardin. Pour Catherine de Médicis, Jean le Nôtre aménage un parc à l'italienne, agréable lieu de promenade pour la petite société des courtisans. Sous Louis XIV, André Le Nôtre, petit-fils du premier, donne au parc ses lignes classiques et construit les deux **terrasses des Feuillants** et **du Bord-de-L'Eau** (la première abritait la salle du Manège où se réunit l'Assemblée nationale en 1789). Le jardin est alors public. Au XVIIIe, on peut même s'asseoir sur des chaises de location et assister aux premières expériences d'aérostat. Coustou, Van Clève et Coysevox y ont laissé de magnifiques statues.

Le **pavillon de l'Orangerie** a été édifié en 1853. C'est aujourd'hui un musée qui expose de superbes toiles de Claude Monet.

Le musée du Louvre

Achats, legs, fouilles, mécénat royal ou conquêtes ont permis la richesse et l'étonnante diversité du musée qui expose ses pièces dans un superbe décor. La « Vénus de Milo », la « Victoire de Samothrace », la « Joconde » (de Vinci), la « Mort de Sardanaple » (de Delacroix), le « Gilles » (de Watteau), la « Pietà d'Avignon », « l'Adoration » (de Georges de La Tour) sont quelques-uns des joyaux du musée.

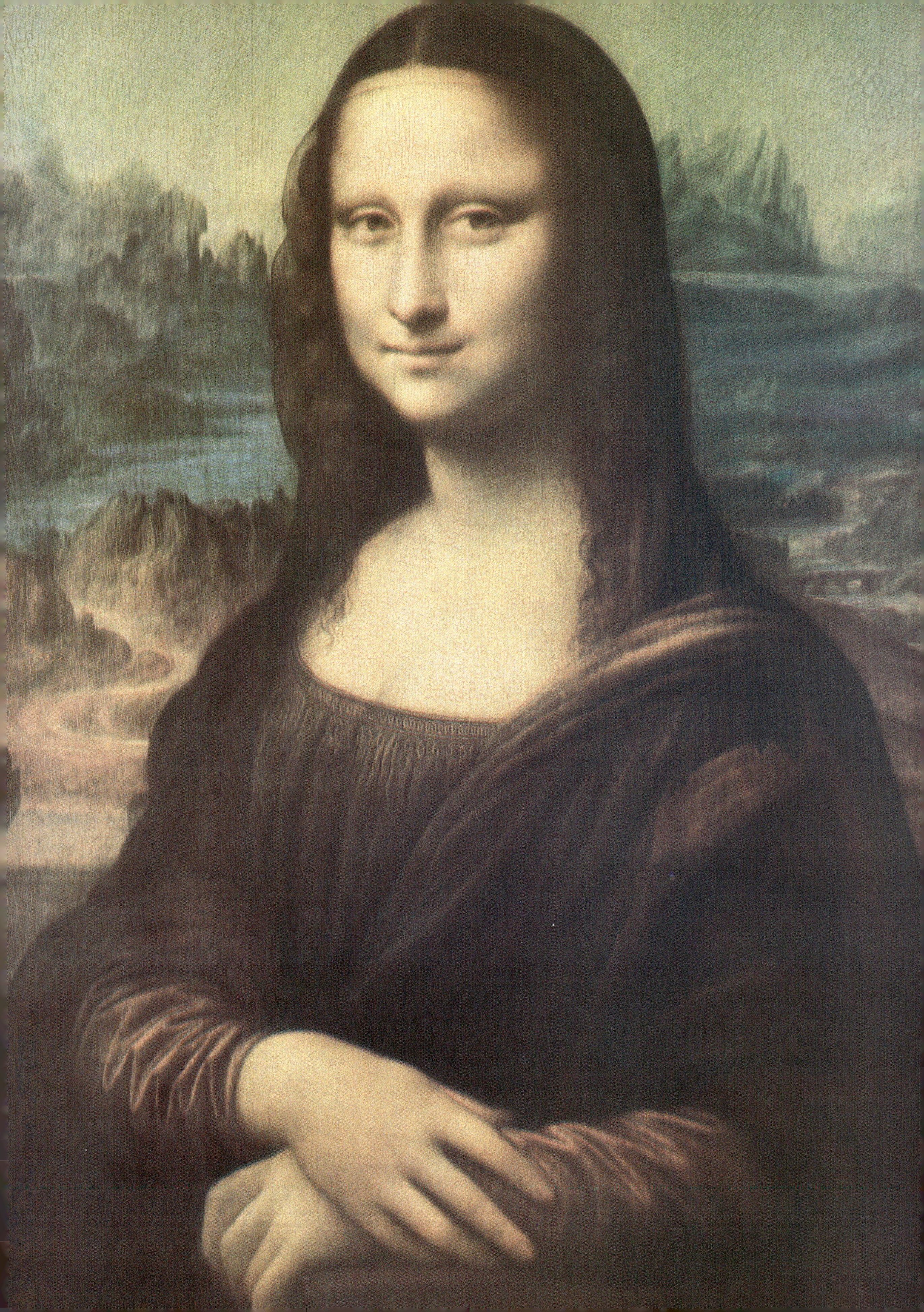

L'effort d'aménagement entrepris depuis 1932 et soutenu par André Malraux, par l'écrivain et professeur d'art René Huygue et par l'archéologue André Parrot est aujourd'hui prolongé et modifié par la restructuration du musée. L'entrée se fait, cour Napoléon, par la pyramide. Le hall Napoléon, souterrain (auditorium, librairie, restaurant, salle d'expositions temporaires et bureau de poste), accueille les 15 à 20 000 visiteurs journaliers, et les oriente vers les trois grandes directions de visite : Sully, Richelieu et Denon. A signaler, le très bel escalier hélicoïdal et l'ascenseur à piston.

Sur trois étages se répartissent les salles des Antiquités orientales, grecques, étrusques et romaines, celles des Antiquités égyptiennes, les objets d'art, les sculptures et les peintures. Parmi les « salles nouvelles », celles consacrées à l'histoire du Louvre sont les plus spectaculaires.

Le musée accueille aussi quelques **expositions temporaires**, où sont présentés des dessins, des gravures, des aquarelles et des pastels qui ne sauraient supporter une exposition permanente, les nouvelles acquisitions et les « Dossiers du département des Peintures ».

Le **pavillon de Marsan**, reconstruit sous la troisième République, abrite le **musée des Arts et de la Mode** et un **musée** très « pratique » **des Arts décoratifs**, riche de 50 000 pièces qui retracent l'évolution artistique de plusieurs civilisations, à des époques et dans des domaines différents.

La « Joconde ».

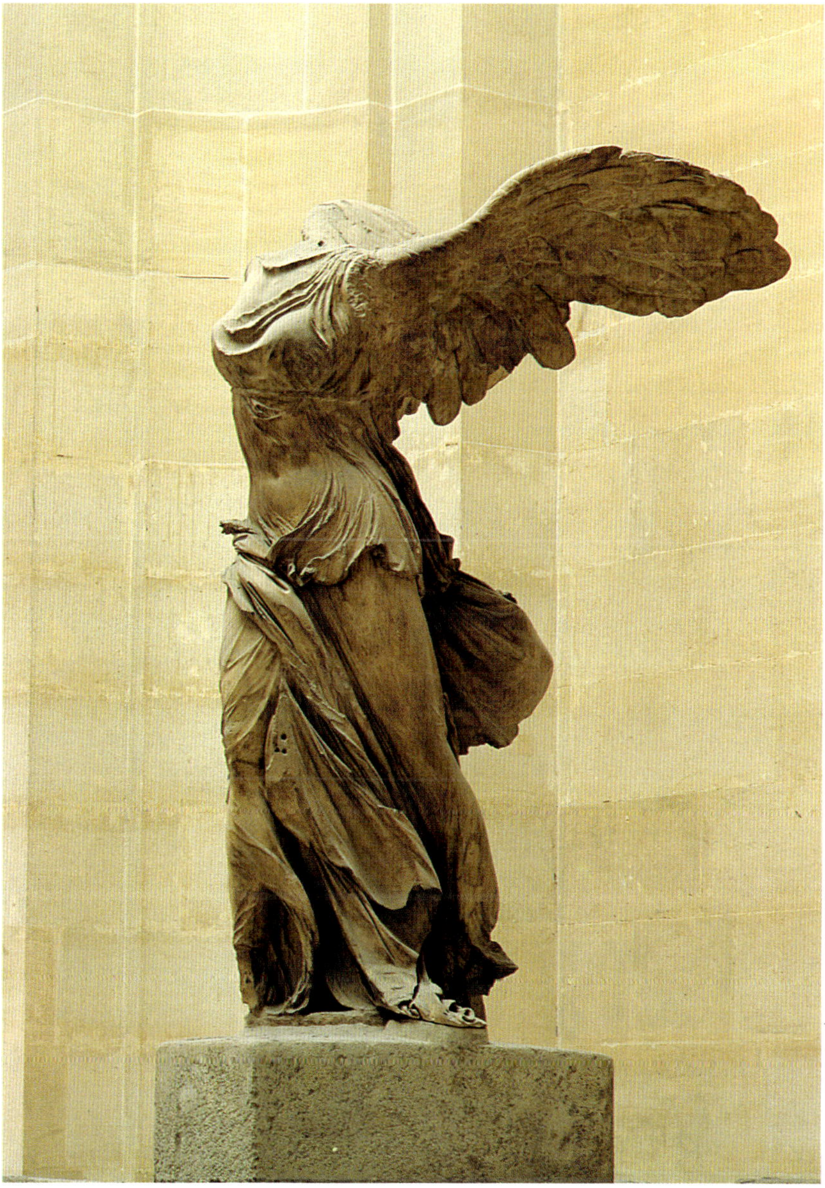

Le Louvre, la victoire de Samothrace (ci-dessus).

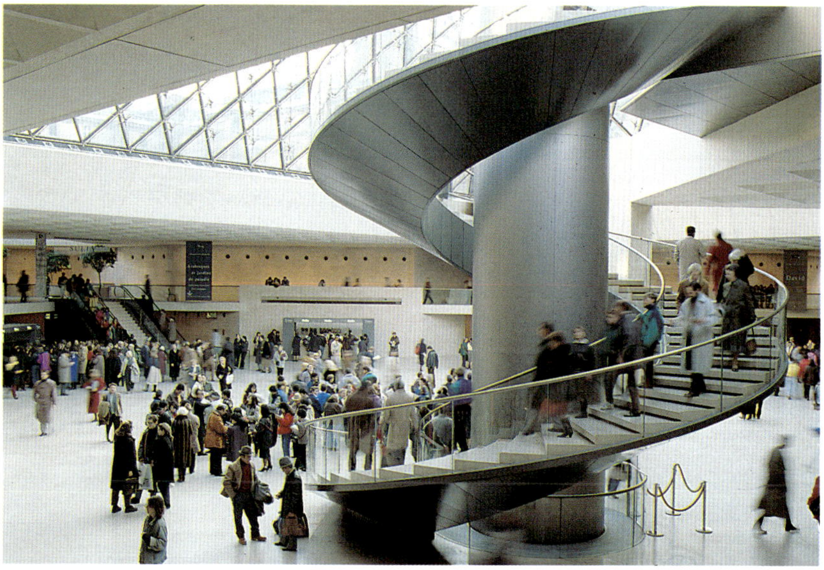

Le nouvel espace du musée du Louvre (ci-dessous).

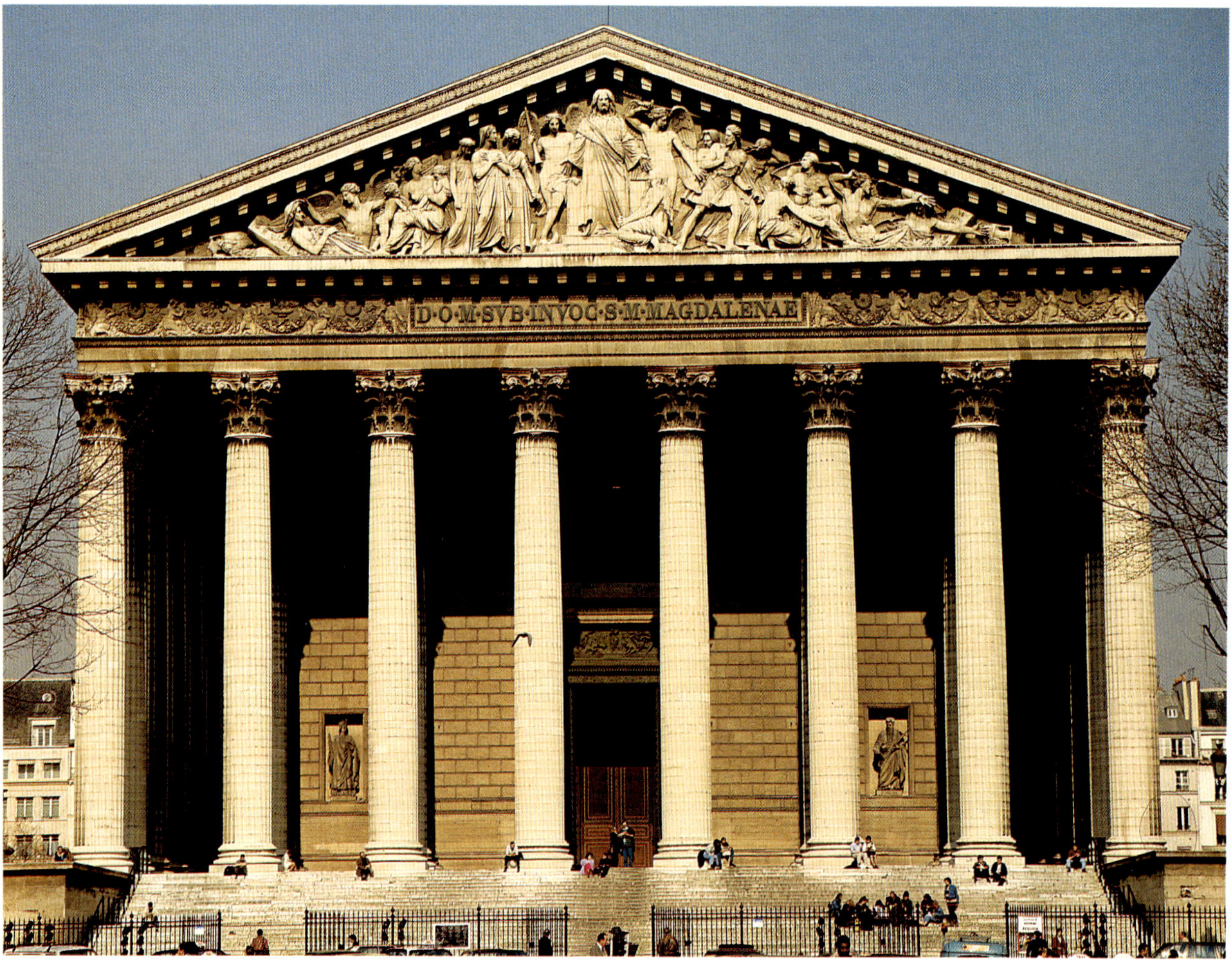

La Madeleine.

LA MADELEINE
(Métro Madeleine)

« Un temple de la Gloire dédié à la Grande Armée » : tel était le vœu formulé par Napoléon en 1806 lors de la reprise des travaux de construction de la **chapelle** commencée sous Louis XV. A son arrivée au pouvoir, Louis XVIII avait renoué avec le projet initial de 1764 et fait aménager l'édifice en église, consacrée à sainte Marie-Madeleine. Elle ne sera achevée qu'en **1842**. Son aspect extérieur est celui d'un **temple gréco-romain** : les 52 colonnes corinthiennes, hautes de 20 m, sont rehaussées d'un **fronton** de 10 m sur lequel Lemaire a sculpté une scène du Jugement dernier. Un perron de 28 marches donne accès, au-delà de la porte de bronze, à un intérieur peu classique pour une église : l'unique nef se déploie à la lumière de trois coupoles ; il n'y a ni transept, ni bas-côtés. Le chœur est semi-circulaire. La Madeleine ne possède pas de clocher et ne porte pas de croix. Orientée nord-sud, elle s'ouvre sur la luxueuse **rue Royale**, temple de la grande cuisine. On s'attardera au marché aux Fleurs qui borde le côté gauche de l'église.

LE MARAIS
(Métro Saint-Paul)

Le nom de Lutetia, qui est celui de Paris à l'époque gallo-romaine, évoque la présence des nombreux **marécages** qui recouvraient certains endroits de la ville, autour de la Seine, et qui ne furent asséchés qu'au Moyen Age. Au XIIIe siècle, une vie religieuse s'y développe, marquée notamment par l'ordre des Templiers — dont la rue du Temple rappelle l'existence. Philippe Auguste fait protéger le quartier à l'intérieur de remparts et Charles V choisit l'**hôtel Saint-Paul** (rasé au XVIe) comme résidence royale, attirant dans son sillage des hauts dignitaires et des notables qui font élever des demeures aristocratiques autour de la **place Royale** (actuelle place des Vosges) aménagée par Henri IV. Au XVIIIe siècle cependant, nobles et financiers désertent le Marais pour Saint-Germain ou le faubourg Saint-Honoré, et abandonnent leurs résidences à des commerçants et des artisans.

Les travaux de démolition entrepris au XIXe ont épargné certains hôtels, restaurés et protégés par une décision du gouvernement de

La façade du musée Carnavalet, dans le quartier du Marais.

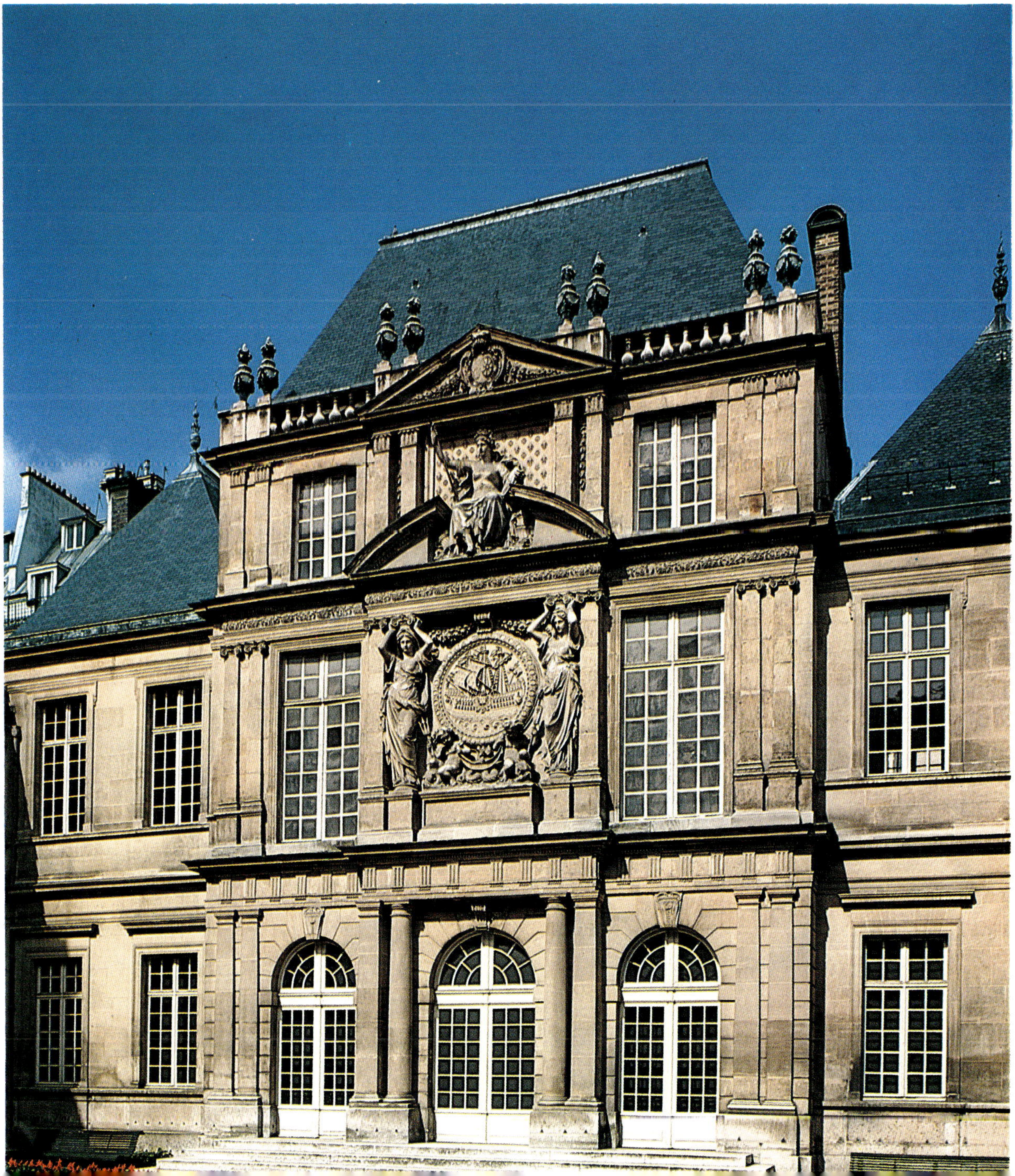

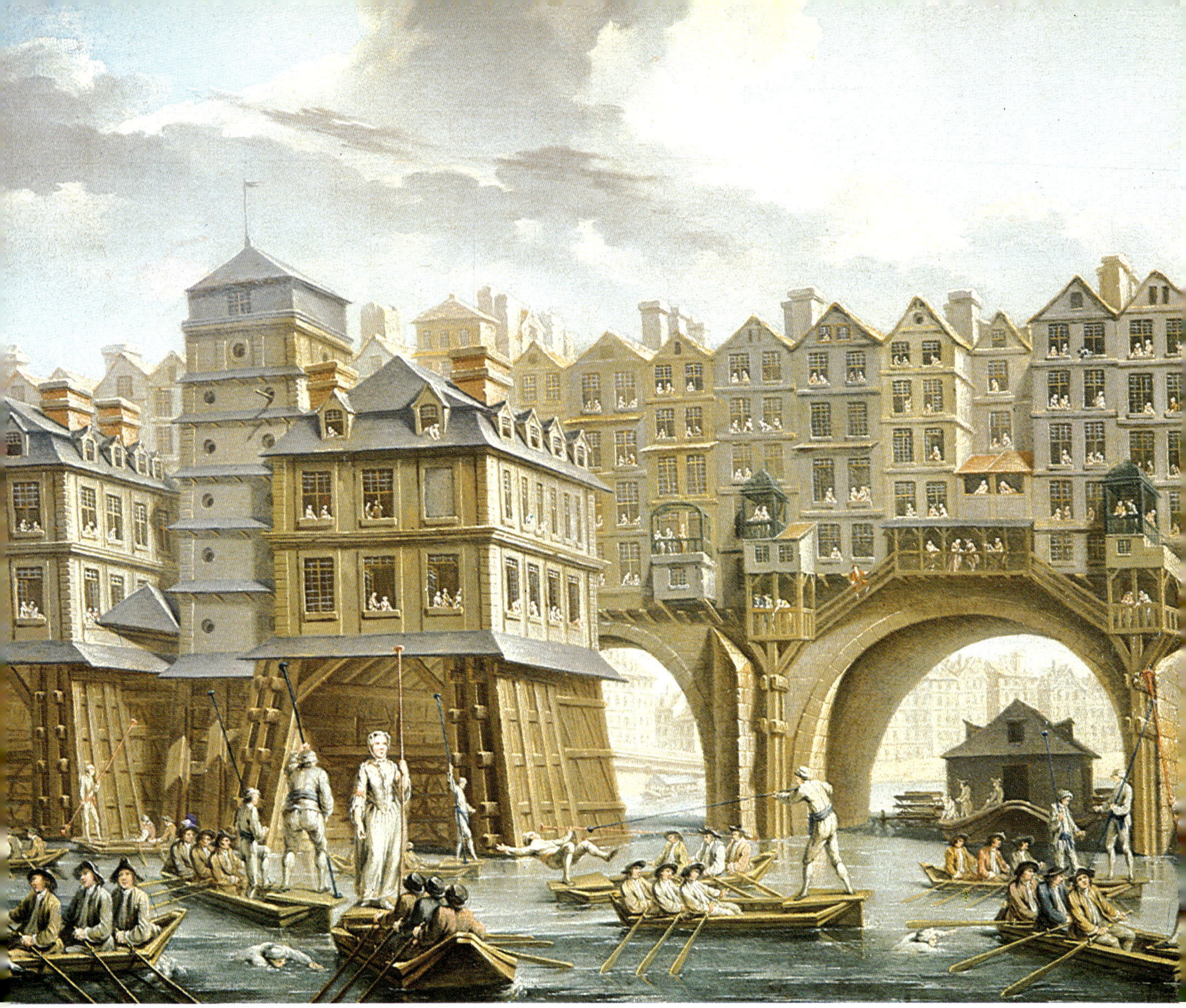

« Joute sous le pont Notre-Dame », peinture de Jean-Baptiste Raguenet, musée Carnavalet.

1962 veillant à la sauvegarde des sites historiques.

L'hôtel Carnavalet

Il a été élevé sous la Renaissance, vraisemblablement par Pierre Lescot et Jean Goujon, pour un président du Parlement. C'est le nom de la deuxième propriétaire, Mme de Kernevenoy, transformé en « Carnavalet », qui reste attaché au lieu. Au XVIIe siècle, Androuet Du Cerceau puis François Mansart lui donnent son aspect actuel. Il héberge à partir de 1676 la marquise de Sévigné. Agrandi en 1866 par la Ville de Paris qui en est propriétaire, il abrite un **musée** retraçant les étapes de l'histoire de la capitale, de la préhistoire à nos jours, d'après ce qui a été exhumé lors de fouilles, grâce à des œuvres d'art et aux objets ayant appartenu aux hôtes du palais.

L'hôtel de Sens

Il date de la fin du Moyen Age et joue des deux styles gothique et Renaissance. Primitivement, il est la **demeure des évêques de Sens** dont dépendent ceux de Paris. En 1605, Marguerite de Valois, la reine Margot, répudiée par Henri IV, s'y installe. Puis les évêques le mettent en location. Lorsque les travaux de restauration commencent au début de ce siècle, l'hôtel a déjà beaucoup souffert. La **bibliothèque Forney** qui l'occupe aujourd'hui est consacrée aux arts décoratifs, beaux-arts, sciences et techniques de l'industrie.

L'hôtel de Soubise

En 1705, le prince de Rohan-Soubise fait construire à la place de l'ancienne demeure du XIVe, élevée pour le connétable de France Olivier de Clisson, un hôtel dont il confie la réalisation à l'architecte Delamair.

Le **portail gothique** que l'on peut voir aujourd'hui était celui de l'hôtel de Clisson. **Boffrand** fut chargé en 1730 de la décoration intérieure. Aidé de Boucher, Natoire et Van Loo, il a aménagé les somptueux appartements du prince et de la princesse de Soubise.

Depuis 1808, le palais accueille les **Archives nationales** créées en 1789. Un **musée de l'Histoire de France** réunit, dans un décor du XVIIIe, au milieu d'œuvres d'art et de sculptures anciennes, des documents historiques authentiques (dont l'édit de Nantes).

En face, Delamair a construit à la même époque pour l'archevêque de Strasbourg, cardinal et grand aumônier de France, l'**hôtel de Rohan-Strasbourg**.

Sully, ancien ministre d'Henri IV, fit élever par Jean Androuet Du Cerceau en 1634 l'**hôtel** qui porte son nom. L'Etat, qui le racheta, a dégagé les bâtiments parasites qui l'encombraient au XVIIIe et a restitué son aspect originel.

L'**hôtel Lamoignon**, de la fin du XVIe, était celui de Diane de France, fille naturelle d'Henri II. Au XVIIe siècle, Lamoignon, premier président du parlement de Paris, y recevait d'illustres visiteurs : Racine, Boileau, Mme de Sévigné, Regnard. Le flambeau littéraire est repris un siècle plus tard par le nouvel habitant du palais, Alphonse Daudet. L'hôtel abrite depuis 1969 la **Bibliothèque historique de la Ville de Paris**.

La place des Vosges

La restauration décidée en 1965 nous restitue la place dans toute sa magnificence. C'est un carré de 108 m de côté, dont les galeries en arcades soutiennent 36 pa-

La place des Vosges.

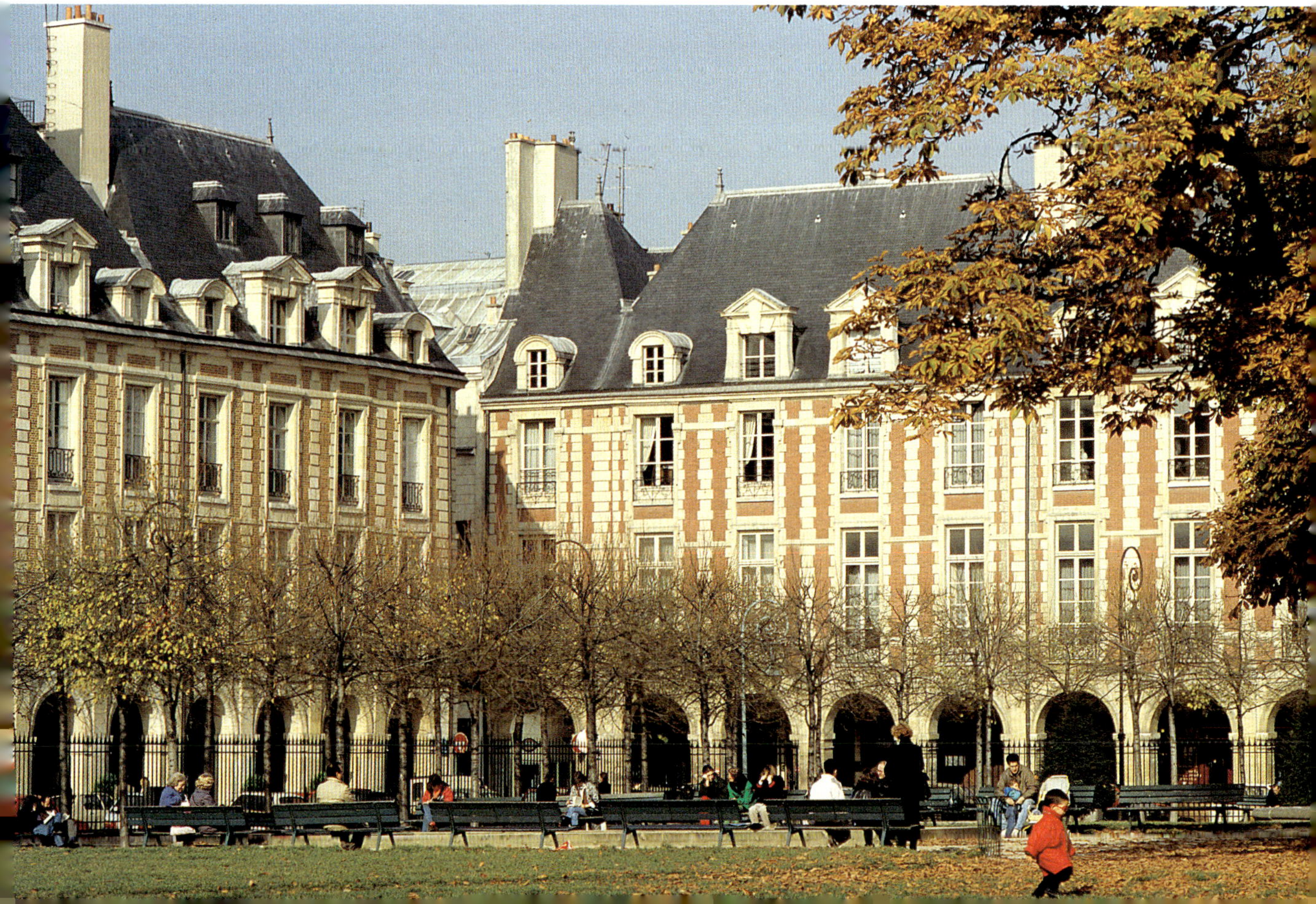

villons de brique, de pierre et d'ardoise dans une harmonie de rose, de blanc et de gris. Au centre, le square ceint de grilles (du XVIIe siècle) et d'arbres bicentenaires est dominé par la **statue équestre de Louis XIII**, qui, ayant subi la fonte inévitable de la Révolution, fut refaite en 1825.

Au XVe siècle, sur l'ancien marais, s'élevait l'**hôtel des Tournelles**, dont Catherine de Médicis se débarrassa après que son mari y eut trouvé la mort dans un tournoi. C'est en 1607 qu'Henri IV entreprend la construction d'une place parfaitement ordonnée et symétrique, dont les bâtiments sont indivis. Il fait élever deux **pavillons** en vis-à-vis, celui **du roi** et celui **de la reine**. La place Royale attire jusqu'à la fin du XVIIIe une société élégante qui y donne des fêtes... ou des duels. Elle prend son nom de place des Vosges en 1800, en l'honneur du département qui fut le premier à acquitter ses redevances. On pourra s'attarder devant le n° 1 *bis*, l'ancien hôtel de Coulanges, où la marquise de Sévigné naquit en 1626, et au n° 6, où vécut **Victor Hugo** ; c'est aujourd'hui un **musée** où l'on peut entrevoir, à travers divers documents, manuscrits, lettres, dessins ou meubles qu'il sculpta lui-même, des aspects moins connus de la personnalité du poète. Le n° 11 conserve la mémoire de Marion Delorme, le n° 17 celle de Bossuet et le n° 21 celle de Richelieu.

Le ministère des Finances.

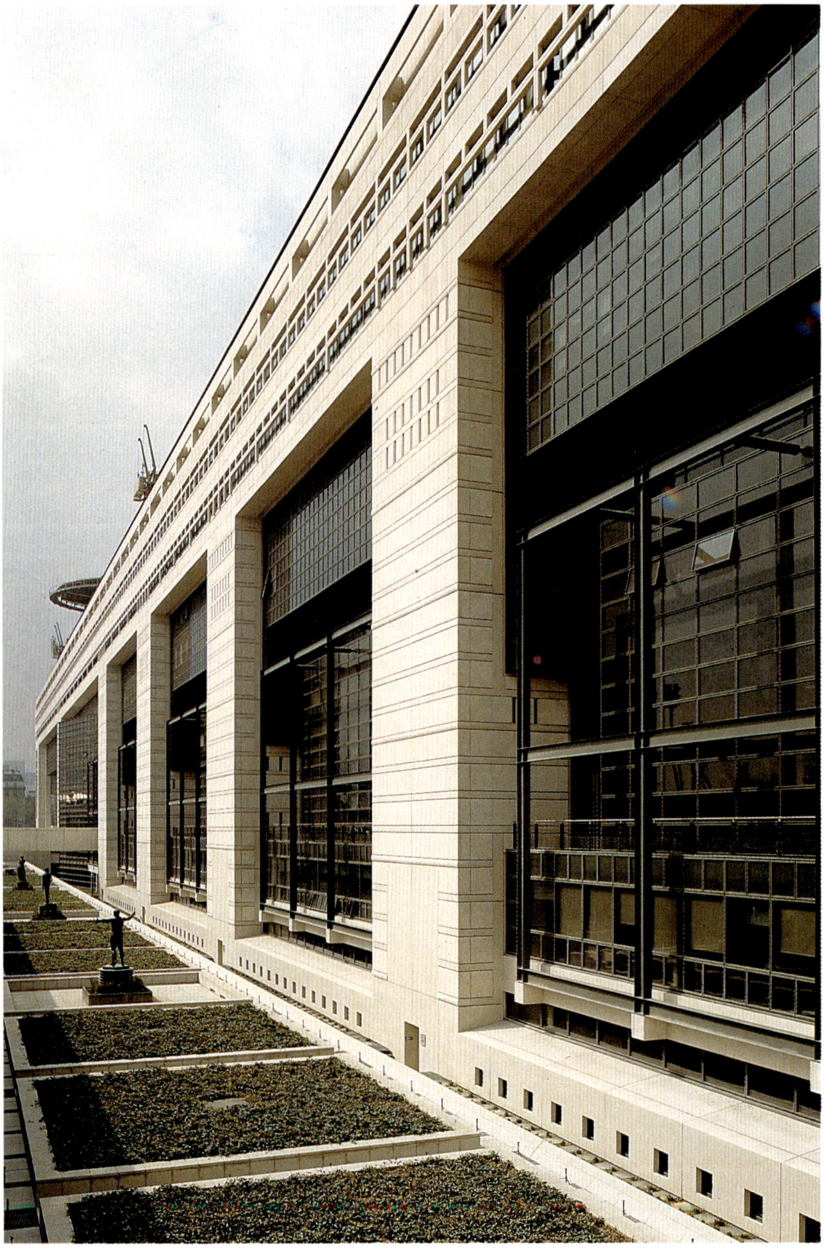

LE MINISTERE DES FINANCES
(Métro Bercy)

Lorsqu'en septembre 1981, François Mitterrand annonce sa volonté de « rendre le Louvre à l'histoire de France », il annonce en même temps le départ du ministère des Finances, installé depuis 110 ans dans l'aile Richelieu.

Son transfert dans les **bâtiments de Bercy**, effectif en juin 89, répond à une double volonté :

– marquer l'urbanisme de l'Est parisien, en le rééquilibrant par rapport à l'Ouest (Défense et Porte Maillot) ;

– recentrer une grande partie des services autour du ministre et moderniser le ministère.

Sur un terrain de cinq hectares sont construits, pour un prix d'un milliard et demi de francs (lourds), cinq bâtiments, répartis sur 260 000 m² et capables d'accueillir 6 000 agents. Les bâtiments A, B et C sont l'œuvre de Huidobro et Chemetov, les deux derniers (D et E, de verre et d'acier) constituent un projet connexe, confié à Arretche et Karasinsky.

Conçu « à l'horizontale », sorte de viaduc faisant face au palais omnisport de Paris-Bercy, l'ensemble monumental se distingue par l'aspect du **bâtiment A**, espèce de barre transversale, longue de 900 m, qui enjambe les quais, parallèlement au boulevard de Bercy et perpendiculairement au quai de la Rapée. Il abrite quatre ministres (ou secrétaires d'Etat), leurs logements de fonction, des bureaux, des salles de conférences, de réception et d'accueil.

Pour atténuer la rigueur de ses formes et de ses matériaux, le ministère intègre dans les surfaces laissées libres par la construction, un ensemble d'espaces verts particulièrement travaillés (douves, terrasses plantées, allées privatives, patios).

Bureaux et structures particulières s'ordonnent autour de la cour d'honneur, dans la pile en Seine et au-dessus du quai de la Rapée (conception : I. Hebey et A. Putman).

Par ailleurs, une démarche expérimentale a permis aux architectes de privilégier, dans les bureaux, les meilleures solutions en matière de mobilier, de distribution électrique, d'éclairage, d'acoustique et de flexibilité de l'espace.

Les bâtiments de Bercy sont des « immeubles intelligents », c'est-à-dire entièrement précâblés. Les différents postes de travail peuvent communiquer entre eux et avec des serveurs extérieurs.

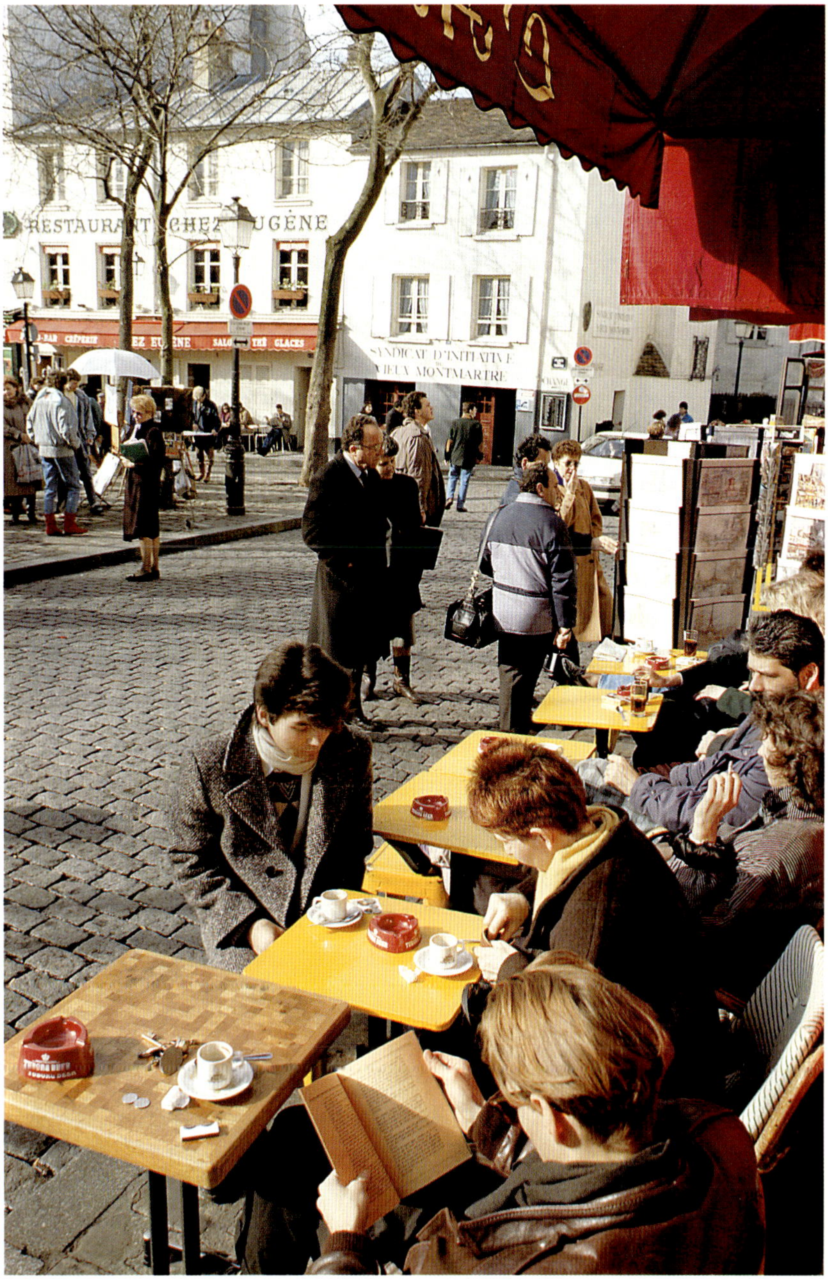

La place du Tertre.

Enfin, dans le cadre du « 1 % artistique », les nouveaux locaux accueillent des œuvres de créateurs contemporains ou des prêts de musées (peintures, sculptures, tapisseries, mosaïque murale, bancs décoratifs...).

MONTMARTRE

(Métro Abbesses ou Anvers)

Ancien village de banlieue, annexé tardivement à Paris (sous Napoléon III), Montmartre juxtapose des quartiers

la capitale. Les nombreux touristes qui grimpent les escaliers ou empruntent le funiculaire ajoutent encore au pittoresque.

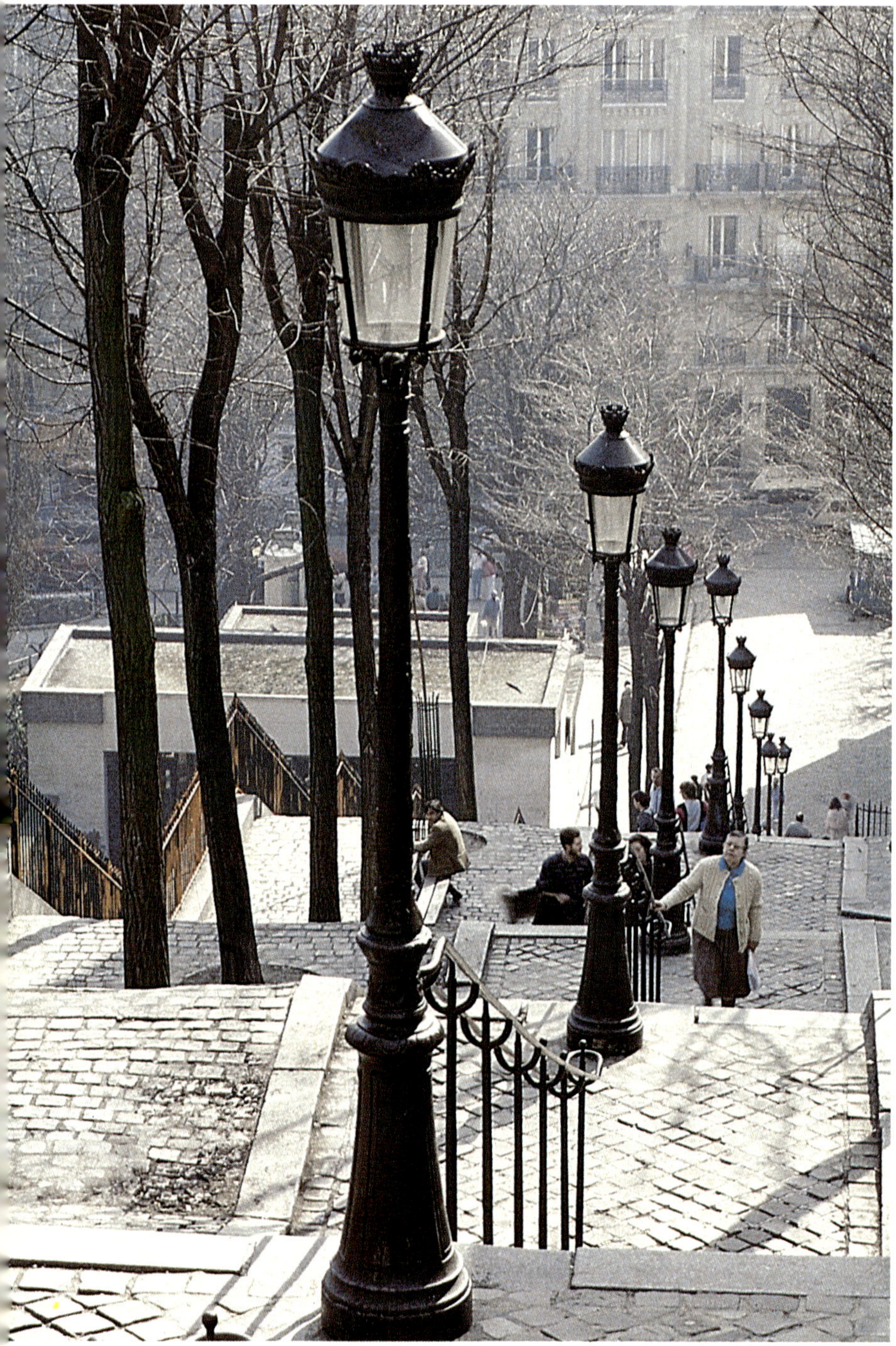

Les escaliers de Montmartre.

quasi campagnards, qui ont conservé les traces des anciens vignobles, à des lieux de fêtes nocturnes souvent hauts en couleur.

Un foisonnement artistique et un passé d'indépendance, qu'explique en partie une situation originale (à 130 m d'altitude), achèvent de faire de la butte un lieu privilégié de

Mercure ou saint Denis ?

L'étymologie du nom reste incertaine. D'aucuns font de Montmartre le « mons Mercuris », **mont de Mercure**, dieu romain du Commerce et des Voyageurs, à qui un autel était dédié dès les premières années de notre ère. D'autres évoquent la légende du **mont des Martyrs**, en mémoire de saint Denis, premier évêque de Paris, et de ses compagnons, Rustique et Eleuthère. Venus évangéliser au IIIe siècle le Lutèce romain et païen, ils furent torturés dans la Cité avant d'être conduits sur la butte et décapités. Selon la légende, saint Denis aurait alors pris dans ses mains sa tête ensanglantée, s'arrêtant pour la laver à la fontaine qui lui est consacrée, avant de continuer sa route vers l'endroit de la butte qui a pris son nom. Ce « chemin de croix » sans doute fantaisiste, scelle néanmoins la vocation religieuse du village. Le sacrifice de saint Denis n'est d'ailleurs pas resté vain puisque les temples romains furent remplacés par une **église**. Ancêtre de la chapelle Saint-Pierre, elle servit de sanctuaire à l'**abbaye** créée à la même époque par les bénédictines qui y demeurèrent jusqu'à la Révolution. Le monastère abritait un cimetière, le **martyrium**, lieu de pèlerinage qui décida de la fondation de plusieurs ordres religieux : le Carmel, l'Oratoire, la Visitation et surtout la Société de Jésus, futur ordre des Jésuites, d'Ignace de Loyola. Montmartre se présente alors comme un **centre rural** : on y cultive la vigne et on fait tourner les moulins.

Une résistance historique

C'est Henri IV qui, le premier, trouble la paix montmartroise, lors du **siège de Paris en 1590**. Le glas semble avoir sonné pour l'abbaye qui sort meurtrie et a perdu le soutien des Parisiens. Mais la découverte, en 1611, d'un caveau attribué à saint Denis relance l'intérêt pour le monastère qui va s'agrandir « en bas », sur l'actuelle place des Abbesses, d'un nouveau couvent. Les « Dames de Montmartre » y resteront jusqu'à leur disparition en 1794, lorsque Mme de Montmorency-Laval, la dernière des 46 abbesses qui se sont succédé, est décapitée. En 1871, des événements sanglants agitent la butte. Les Montmartrois se soulèvent contre le pouvoir qui capitule devant les Prussiens. La rébellion contre l'armée régulière du gouvernement Thiers dure deux mois. Deux ans plus tard, l'Assemblée nationale décide la construction du **Sacré-Cœur**. Le projet correspond au vœu d'une religieuse de Paray-le-Monial, à qui le Christ, apparu au XVIIe siècle, aurait demandé l'édification d'une église consacrée au Cœur Sacré. Mais la décision, intervenant après les terribles défaites face à la Prusse, est aussi un moyen de faire barrage à la progression des idées développées par les anticléricaux. Le Sacré-Cœur est l'appel symbolique « sur la France [de] la protection et la bonté divines ».

La muse de la Belle Epoque

Le XIXe siècle voit aussi l'**éclosion artistique** d'un Montmartre resté rustique et pittoresque, très loin des embarras parisiens. C'est une oasis de liberté et de bohème, même famélique, pour des artistes qui vivent pour l'art, s'ils ne vivent pas encore de l'art. Sur la place Emile-Goudeau, au « **Bateau-Lavoir** », incendié en 1970, s'épanouissent les talents des

Place du Tertre.

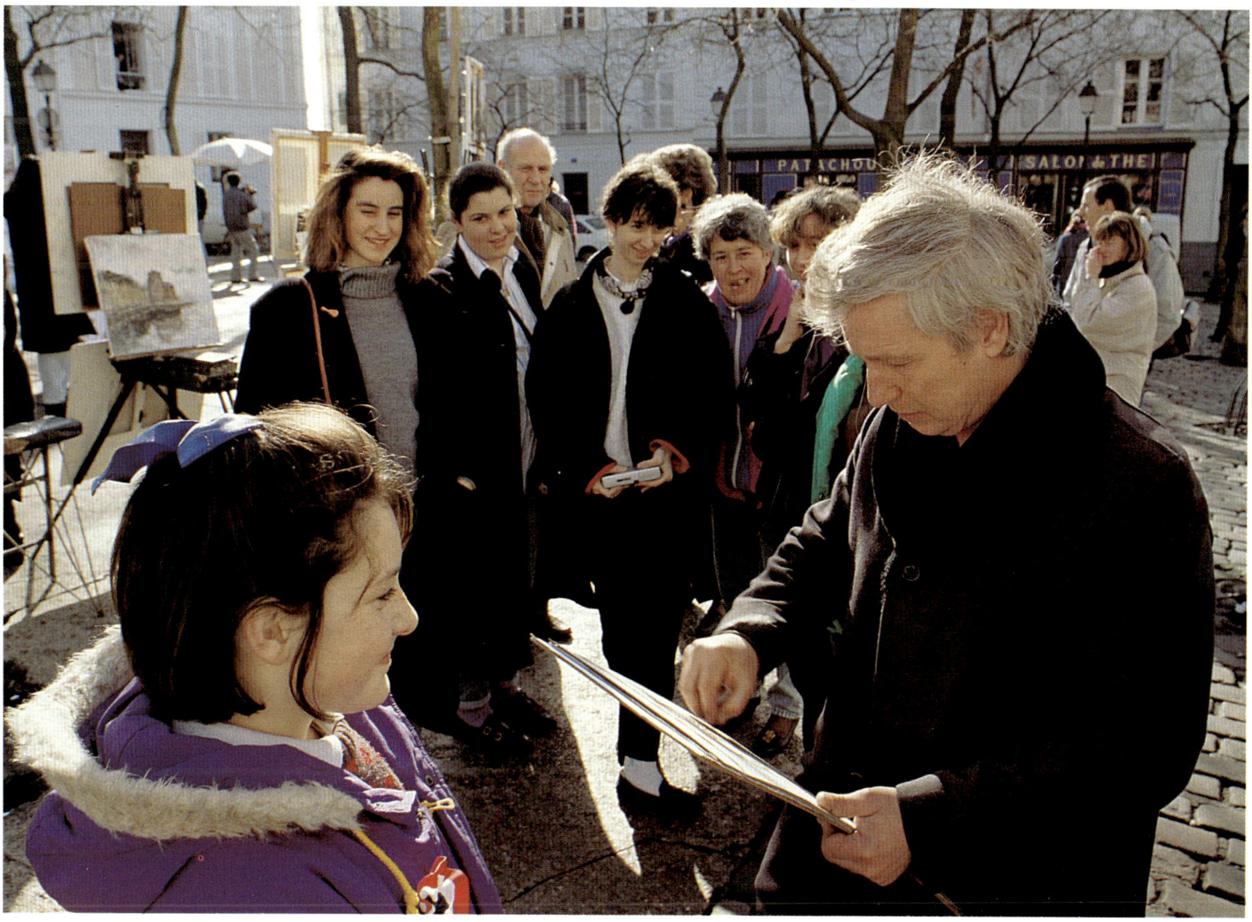

peintres : Picasso, Van Dongen, le précurseur du fauvisme, Braque, le promoteur du cubisme, Derain, Matisse, Degas, Poulbot, Suzanne Valadon et son fils Utrillo, Modigliani, et les impressionnistes Van Gogh et Corot. « Demeure des poètes », la vieille bâtisse de bois accueille aussi Reverdy, Mac Orlan, Apollinaire, Max Jacob (qui eut l'idée de ce surnom à cause du linge qui pendait aux fenêtres), l'Américaine Gertrude Stein, Dorgelès, Charles Dullin qui assura le succès du théâtre de l'Atelier... et Paul Doumer, avant qu'il ne devienne président de la République.

Au « **Lapin Agile** », un cabaret de la rue des Saules, est attaché le souvenir du peintre André Gill qui croqua la guinguette en 1880 ; celui de l'écrivain Francis Carco et du chansonnier Aristide Bruant, qui lança la vogue satirique et réaliste. La vie nocturne s'étend aussi sur la place Blanche au « **Moulin Rouge** », qui n'est qu'un bal lors de son ouverture en 1889. C'est là qu'est créé le « french cancan » et qu'officient Valentin le Désossé, la Goulue, Nini Patte-en-l'Air et le Pétomane, pour le plus grand plaisir des Parisiens de la Belle Epoque et des riches touristes. Offenbach y trouve l'inspiration pour ses opérettes et **Toulouse-Lautrec** fixe sur ses affiches le souvenir des joyeuses fêtes et de leurs vedettes éphémères. Un autre bal attire les couche-tard au « **Moulin de la Galette** », qui suggère à Renoir son célèbre tableau. Le peintre habite non loin d'ici, dans un pavillon blanc de l'**allée des Brouillards**, dont le **château**, une « folie » du XVIIIe, est occupé en 1846 par le poète Gérard de Nerval.

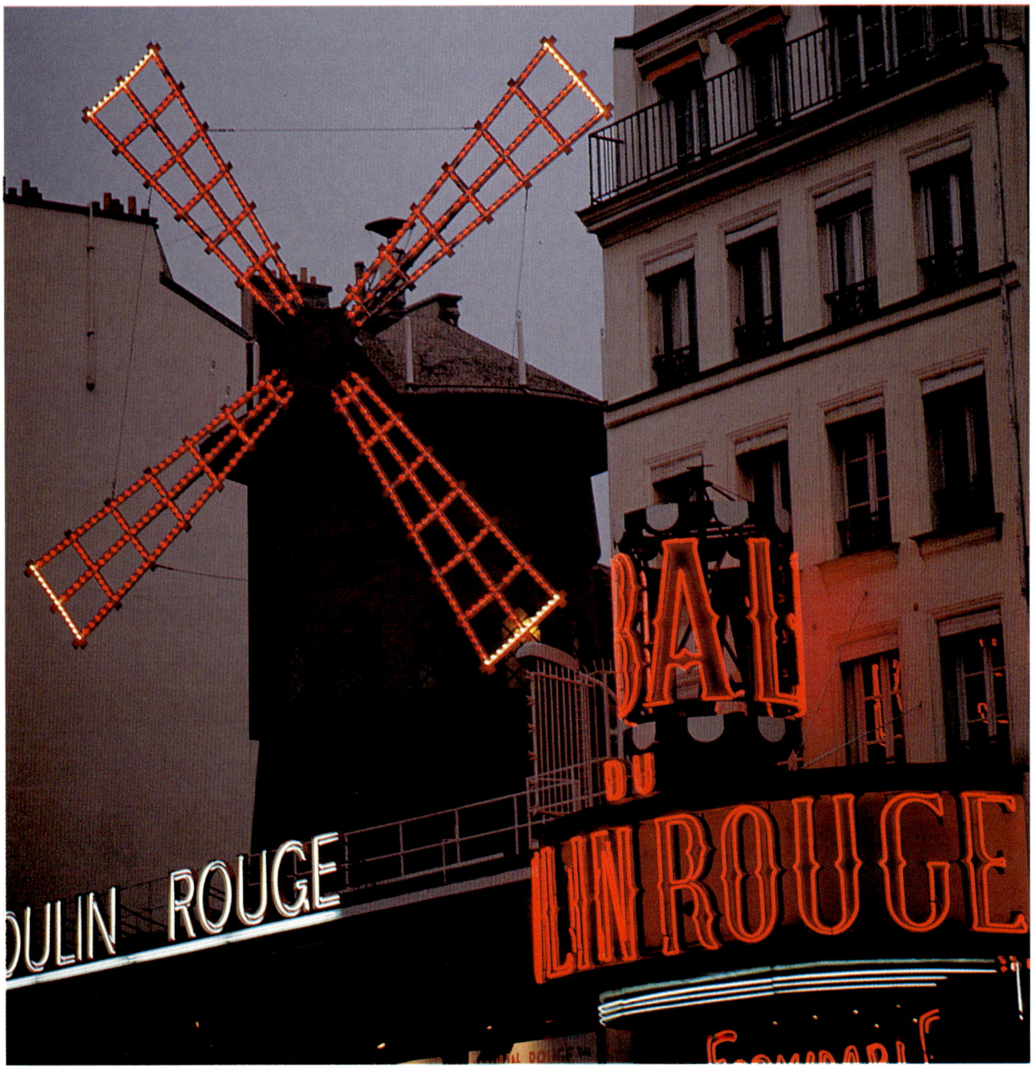

Le Moulin Rouge.

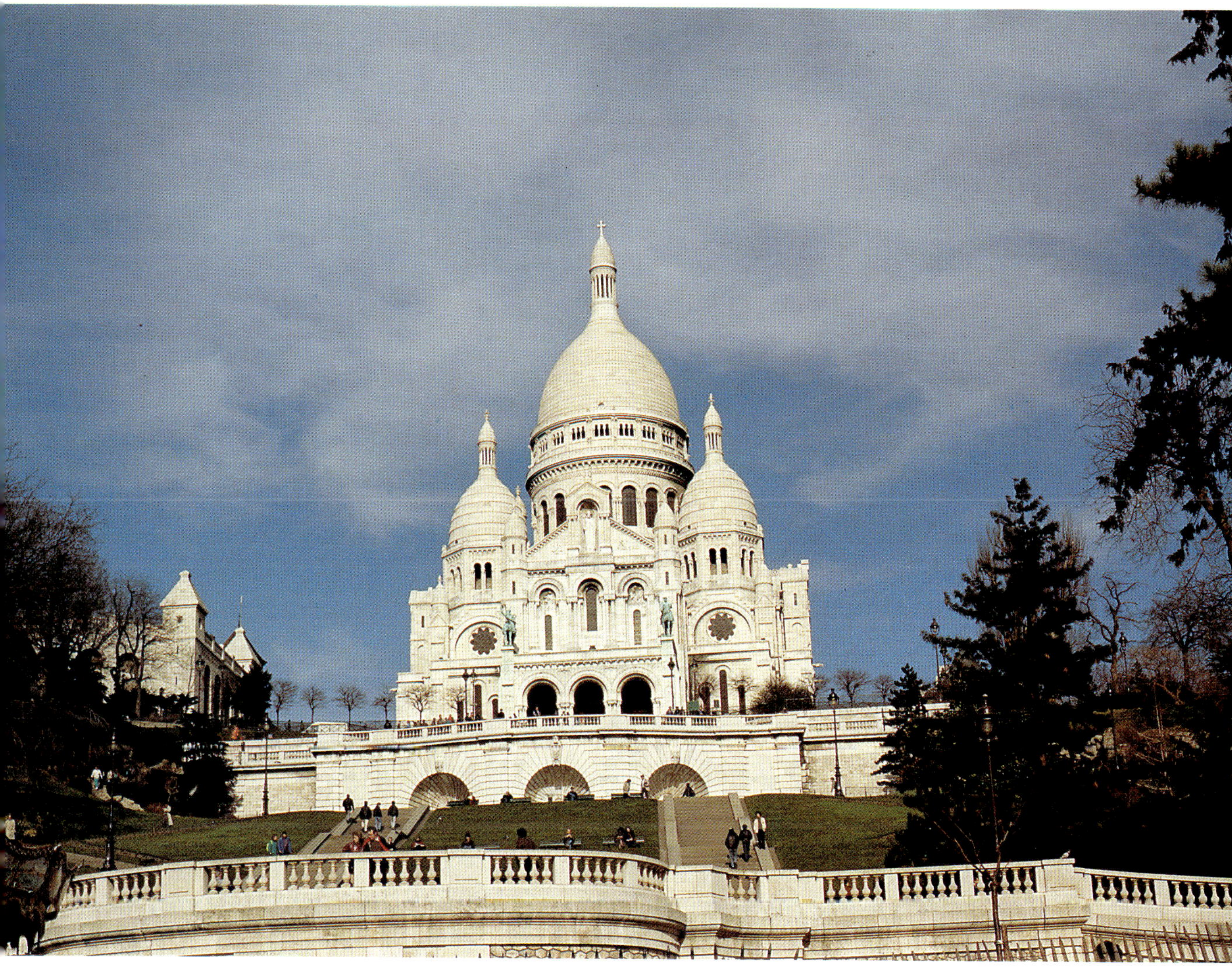

La basilique du Sacré-Cœur.

Un nouveau pittoresque

On pourrait, enfin, évoquer, pêle-mêle, les cabarets du « Chat Noir » et de la « Bonne Franquette », la faune des petits métiers, des chiffonniers et des brocanteurs, le vin que l'on dégustait en attendant « le Temps des cerises » ou par « Plaisir d'amour »... Mais l'enthousiasme artistique et littéraire se tarit à l'aube de la Première Guerre mondiale. Il renaîtra à Montparnasse, laissant ici les spectacles mercantiles de la nuit, une véritable industrie du plaisir qui, de Pigalle à Rochechouart, échappe à la nostalgie. Sur la **place du Tertre**, l'ancienne place publique du village, parmi les derniers vestiges des constructions du XVIIIe — dont la mairie au n° 3 — et au milieu des cabarets et des restaurants assaillis par les visiteurs, des apprentis-peintres et caricaturistes s'efforcent de recréer l'ancienne alchimie de Montmartre.

L'église Saint-Pierre

Ce fut la chapelle des bénédictines de l'abbaye « d'en haut ». Consacrée par le pape Eugène III au XIIe siècle, elle est aujourd'hui l'une des plus anciennes de Paris. Elle porte encore partiellement la marque d'une architecture romane. Lors des restaurations du XVe siècle, on a substitué des voûtes à l'ancien plafond de bois. Celles du XVIIIe siècle touchèrent la façade ouest. Au début de ce siècle, l'église fut sauvée du délabrement amorcé sous la Révolution (où elle était un temple de la Raison) et aggravé par l'occupation russe de 1814.

Le Sacré-Cœur

Les travaux commencent avec l'accord de l'Assemblée nationale dès **1876. Abadie,** qui les dirige, rencontre les premières difficultés dès le creusement des fondations. Le terrain meuble doit être consolidé par des puits de 38 m de profondeur. Une souscription nationale est lancée, et des chapelles particulières rendent hommage à l'aide apportée par des grands corps : la Marine, l'Armée, la Médecine, ou les Beaux-Arts. La construction s'étend sur près de quarante ans, sourde aux polémiques qu'elle déclenche. La basilique a su faire accepter les excès de son architecture et domine aujourd'hui le décor parisien de ses hautes tours d'un blanc lumineux, de son dôme élevé et de son campanile carré de 83 m, qui abrite l'une des plus grosses cloches existantes, la « **Savoyarde** ». Elle pèse 19 t et possède un battant de 850 kg. C'est un don du clergé savoyard à la fin du XIXe. D'aspect oriental, le monument procède plus d'un goût de pastiche, mêlant les styles roman et byzantin, que d'une réelle inspiration religieuse. Les magnifiques portes de bronze sont l'œuvre d'Hippolyte Lefèvre. Les mosaïques et les statues de l'intérieur ne présentent qu'un intérêt relatif ; on remarquera cependant la statue du Sacré-Cœur en argent massif, et celle de sainte Geneviève, souvent à l'honneur dans les églises comme patronne de Paris. Le trésor est caché dans la crypte.

En sortant sur le **square Willette**, on découvre le superbe et vaste panorama d'un Paris qui, ici, n'a pas toujours été regardé « du bon œil » (sous la Commune).

Dans le **cimetière Montmartre** de la rue Caulaincourt, de nombreuses personnalités ont été inhumées : Fragonard, Greuze, Ampère, Stendhal, Vigny, Mme Récamier, Théophile Gautier, Léo Delibes, Offenbach, Degas, Poulbot, A. Dumas fils, Berlioz, Heine, les frères Goncourt, Labiche, Giraudoux, Charcot, Louis Jouvet, Sacha Guitry et son père...

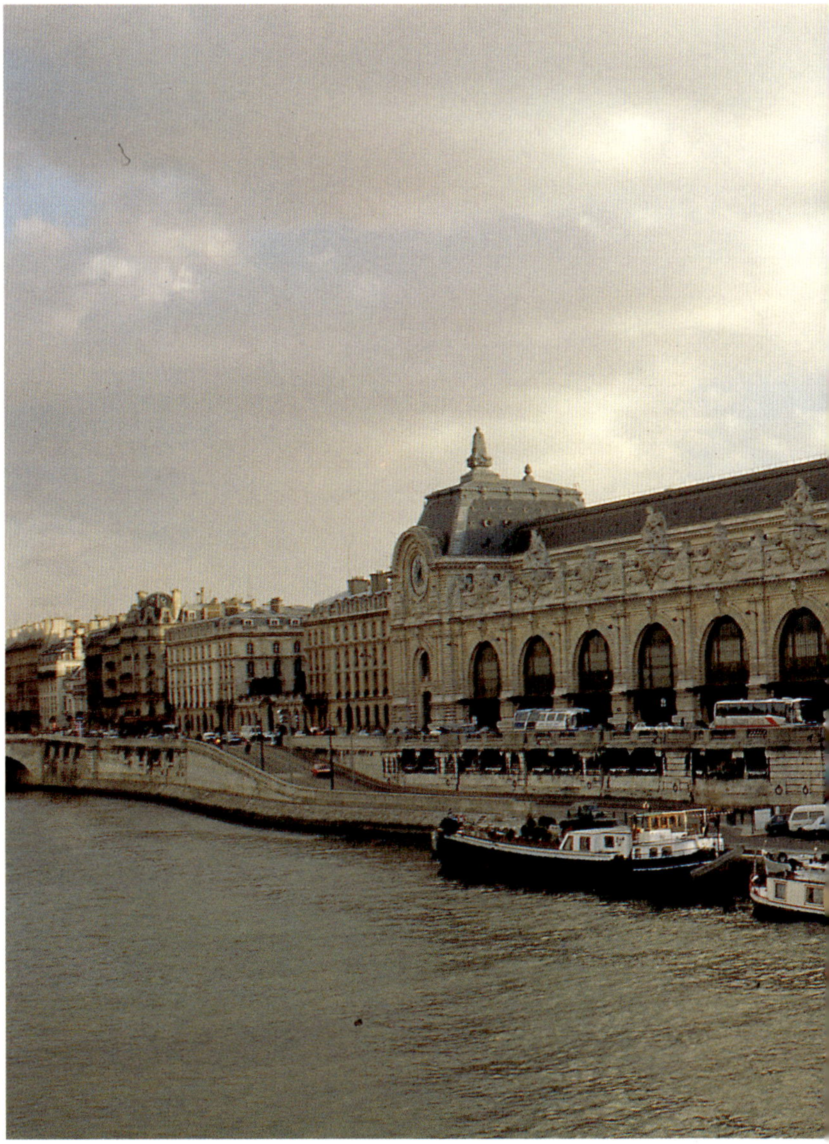

Le musée d'Orsay.

LE MUSEE D'ORSAY
(R.E.R. Musée-d'Orsay)

C'est l'agence A.C.T. Architecture (Bardon, Colboc et Philippon) qui releva, à la fin des années 80, le défi : transformer la gare d'Orsay, construite à la fin du XIXe par Victor Laloux (également responsable des halles de Baltard), désaffectée dès 1939 pour cause d'étroitesse et classée monument historique en 1978, en

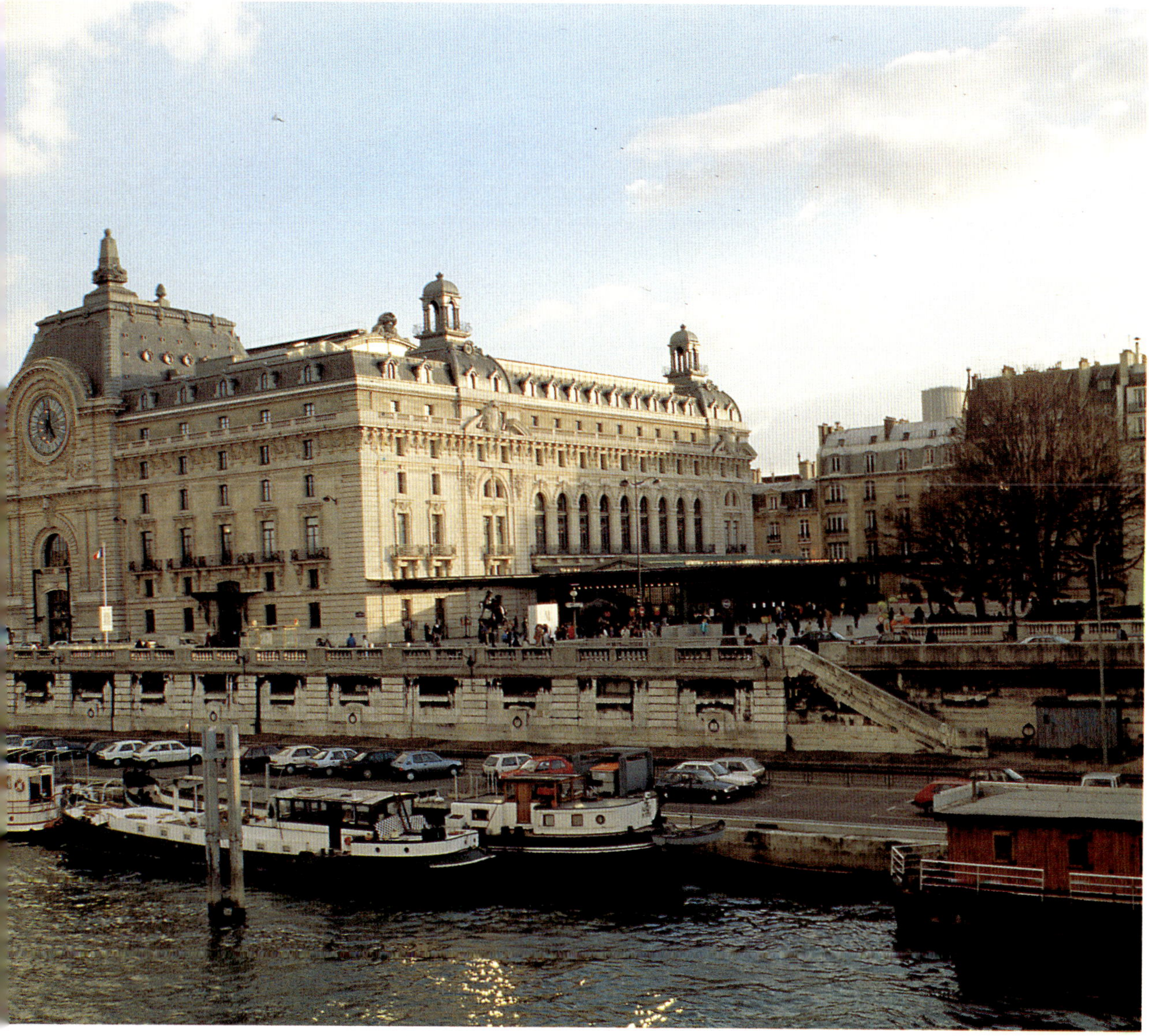

un **musée moderne**, entièrement consacré à l'art de la seconde moitié du **XIXe** (1848-1914).

En 1986, les premiers visteurs entrent dans une nef gigantesque, l'ancien hall de gare, que Gae Aulenti, architecte d'intérieur italienne, a revêtu d'un calcaire aux tons ocre. De part et d'autre de cet axe central s'égaillent des sculptures de marbre et de bronze (remarquer le plâtre original de Jean-Baptiste Carpeaux : « Les quatre parties du monde soutenant la sphère céleste », 1867-1872). Le relief « la Danse » (1869), du même Carpeaux, est l'original de la sculpture qui orne la façade de l'Opéra.

Les **collections** du musée proviennent du Louvre et du Jeu de Paume, ainsi que du palais de Tokyo (ce sont les œuvres qui n'avaient pu trouver place au Centre Pompidou en 1976). S'y ajoutent legs et donations.

Le musée réunit des œuvres d'art et techniques diverses : peintures, pastels, sculptures, photographies, objets d'art, architecture (dessins et maquettes), associés très étroitement à l'histoire de la littérature et de la musique, à travers des expositions-dossiers, des conférences et des concerts.

Outre les sculptures citées plus haut, le rez-de-chaussée accueille des peintures : à droite, éclectiques et académiques ; à gauche,

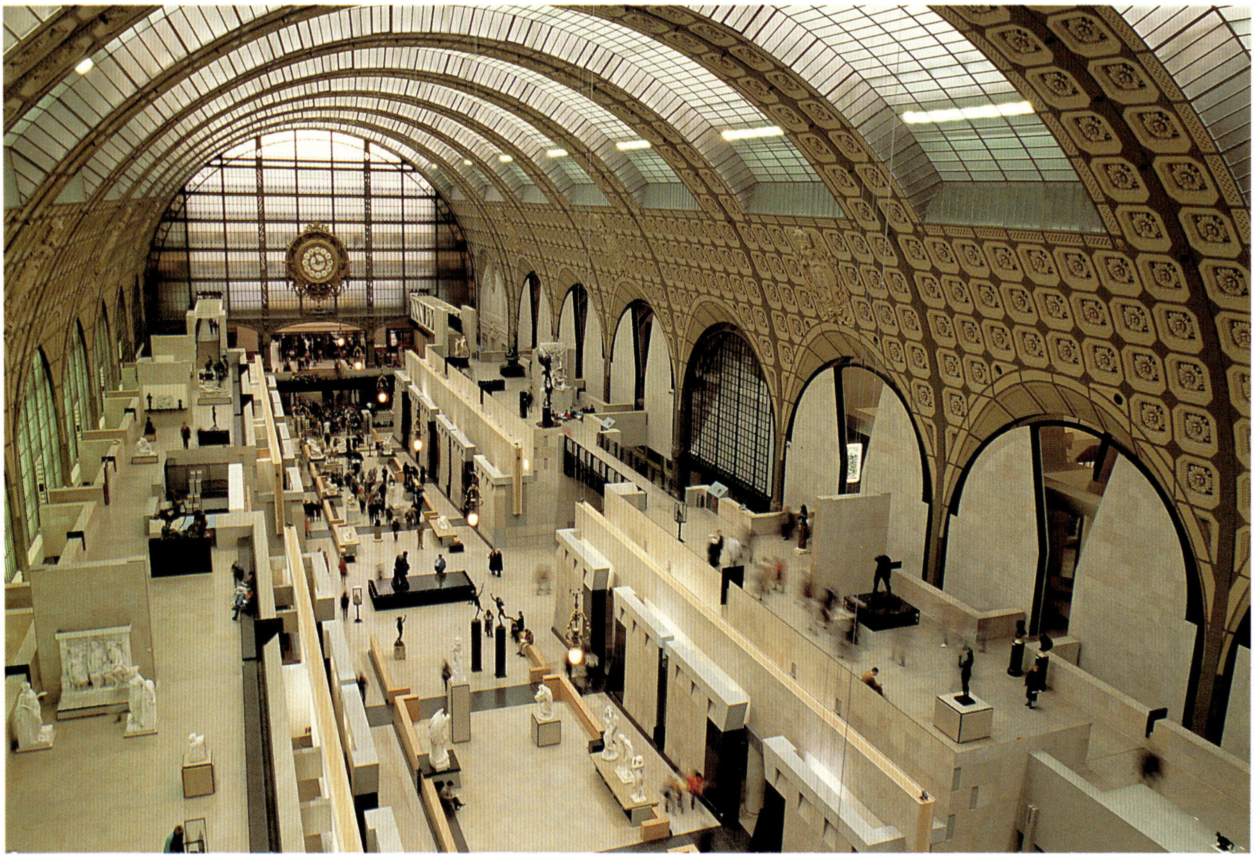

Le musée d'Orsay.

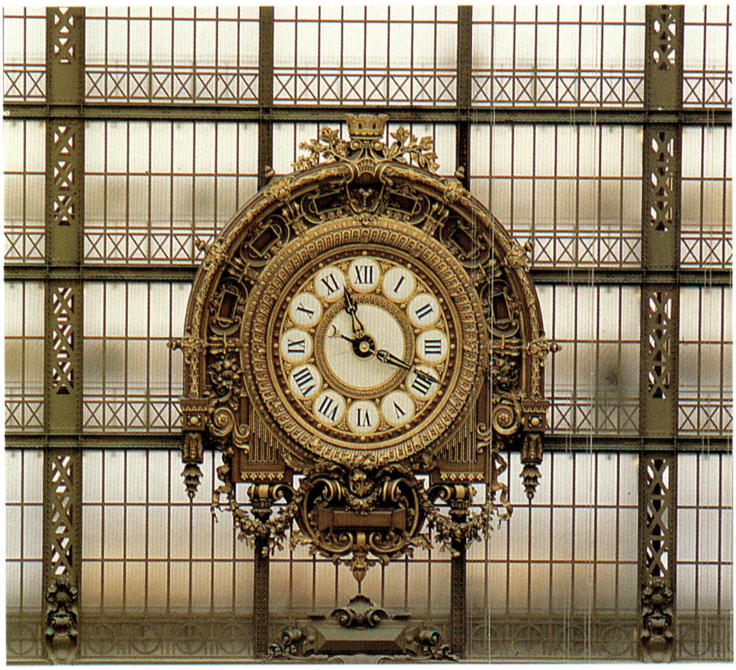

issues de mouvements indépendants, réalistes, paysagistes ou pré-impressionnistes.

Un escalator conduit aux **salles impressionnistes** et post-impressionnistes (Van Gogh, Seurat, Gauguin...). A voir aussi les Nabis (Bonnard, Vuillard, Valloton), le Douanier Rousseau et l'école de Pont-Aven. Du café, très belle vue sur la Seine.

Au niveau intermédiaire, dans les salles à coupole ouvrant sur la Seine, on découvre les peintres officiels de la troisième République, les écoles étrangères et les symbolistes, Rodin, l'Art nouveau international et la naissance du cinéma.

C'est aussi l'étage des expositions-dossiers qui illustrent un thème ou un événement dans un esprit pluridisciplinaire. Voir enfin le restaurant et la salle de bal de l'ancien hôtel de la gare.

En redescendant, on s'arrêtera à la librairie-carterie du rez-de-chaussée, avant de rejoindre le parvis (d'accueil) Bellechasse, où trônent des bronzes exécutés à l'occasion de l'Exposition universelle de 1878. Sur la façade du quai, statues de Bordeaux, Toulouse et Nantes par Hugues, Marqueste et Injalbert.

NOTRE-DAME
(Métro Cité)

La tradition culturelle du lieu est très ancienne, puisque dès le 1er siècle de notre ère se dresse un temple romain à la gloire de Jupiter, remplacé au VIe siècle par la première église chrétienne de Paris, élevée par Childebert, le fils de Clovis.

Sur les ruines des édifices religieux, Maurice de Sully, évêque de la capitale au XIIe siècle, forme le projet de bâtir une magnifique cathédrale. Il reçoit des subsides du clergé, de la royauté, de la noblesse et même du petit peuple qui fournit, par ailleurs, les ouvriers. La construction est dirigée à partir de **1163** par une première vague d'architectes anonymes, qui réalisent en 75 ans le chœur, les nefs et la façade. Jean de Chelles et Pierre de Montreuil — auquel on doit aussi la Sainte-Chapelle — organisent la deuxième partie des travaux qui concernent principalement les chapelles, le jubé, les façades du transept et l'abside. On en situe la fin en 1345.

Van Gogh, musée d'Orsay.

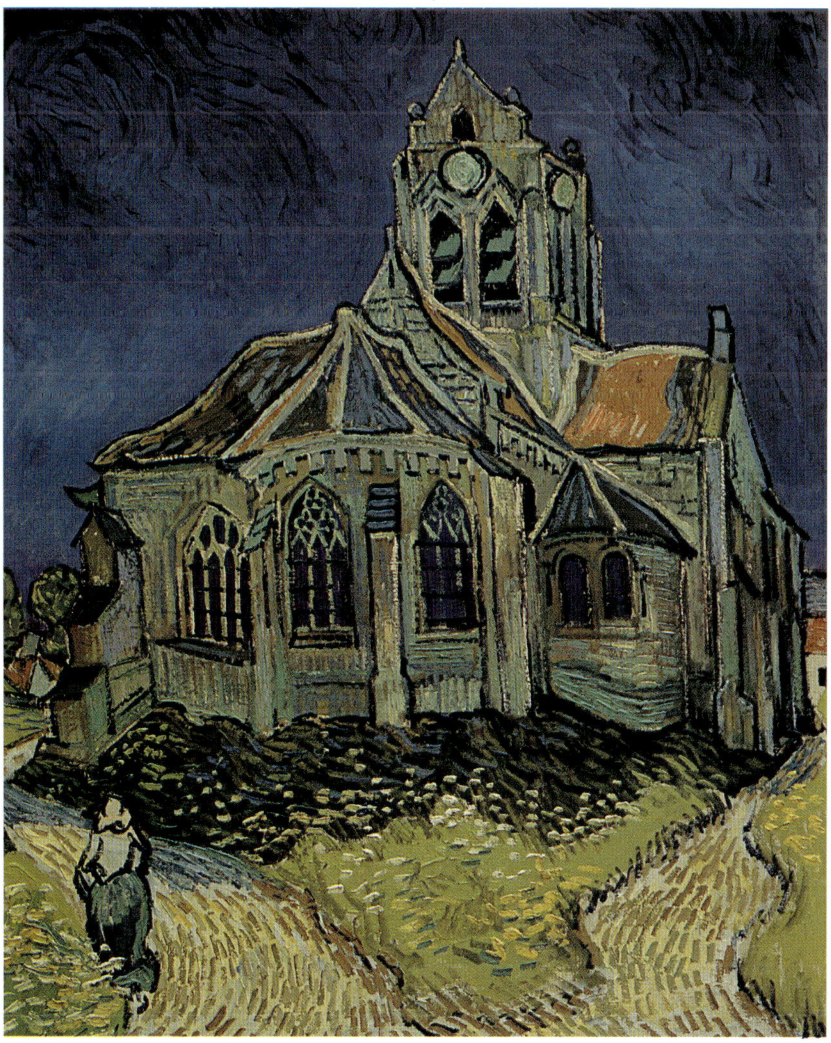

Parallèlement, Notre-Dame reçoit divers hommages politiques et religieux. En 1239, Saint Louis vient, pieds nus, y déposer les saintes reliques, qui seront transférées plus tard à la Sainte-Chapelle. Ramené de Tunis où il a succombé à la peste, le roi reçoit en 1270 les derniers honneurs à la cathédrale. En 1302, à la veille des premiers états généraux, Philippe le Bel vient s'y mettre sous la protection de la Vierge. Le roi d'Angleterre Henri VI y est sacré roi de France en 1430, et en 1594, Henri IV, le protestant, décidant que « Paris vaut bien une messe », se convertit au catholicisme. C'est à Notre-Dame qu'est célébré aussi le mariage de Louis XIV, en 1660, et que se déroulent les obsèques de Condé, en 1687, au cours desquelles Bossuet prononce une oraison funèbre.

Mais les dégradations atteignent l'édifice dès le XVIIIe siècle, lorsque Louis XIV, pour répondre à un vœu de son père, impose une nouvelle et désastreuse décoration. Dans la foulée, les superbes vitraux du XIIe siècle qui ornent la nef sont remplacés par du verre blanc, les murs sont peints, le jubé est supprimé et certaines sculptures de la façade sont dé-

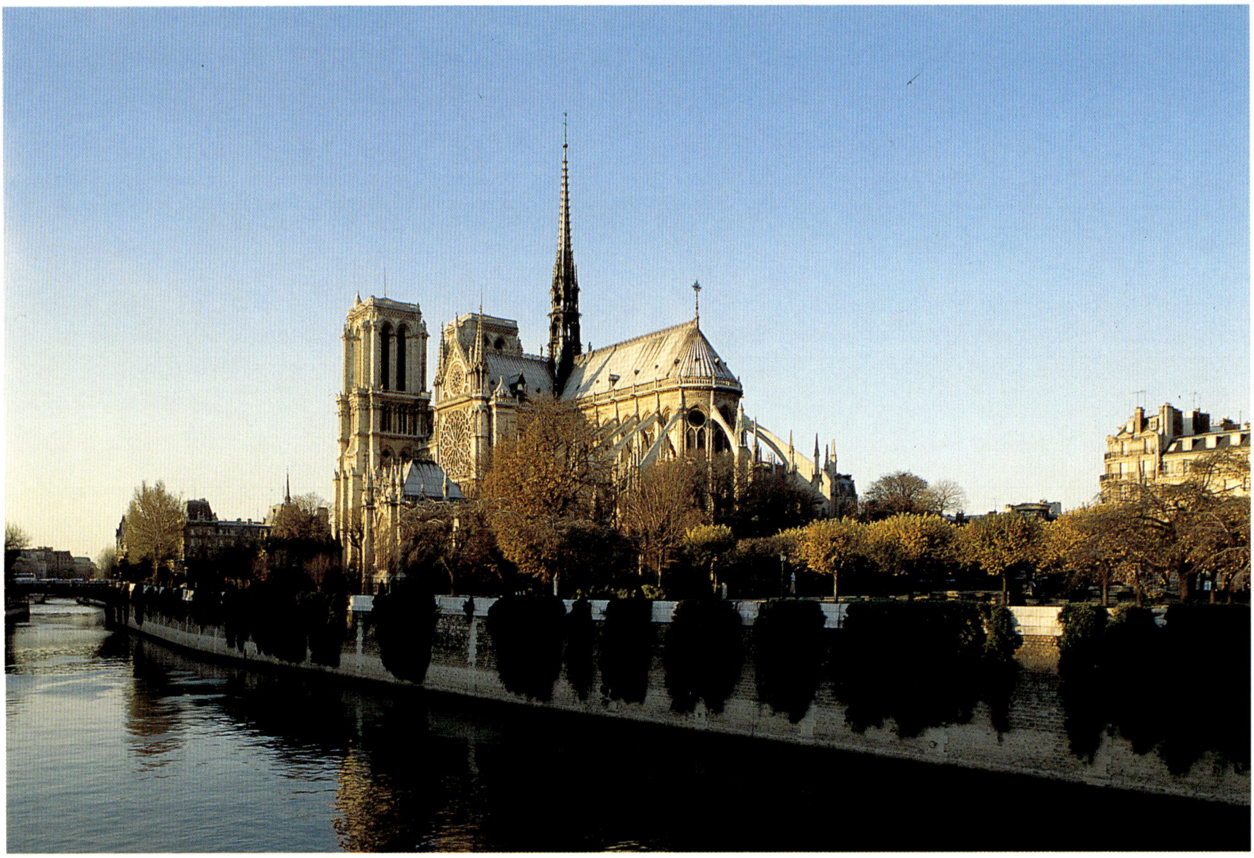

Chevet de Notre-Dame.

La façade de Notre-Dame de Paris.

truites. Quelques années plus tard, les révolutionnaires s'attaquent aux statues des rois de Juda, qu'ils prennent pour des représentations des rois de France. Les saccages sont interrompus lorsque Robespierre décrète la vénération de la déesse Raison dans une cathédrale transformée en temple. Elle n'est rendue au culte catholique qu'en 1802 ; elle panse encore ses blessures lors du sacre de Napoléon Ier par Pie VII deux ans plus tard. Mais c'est la parution du livre de Victor Hugo « Notre-Dame de Paris » qui, en 1831, relance l'intérêt pour le monument et attire des crédits parlementaires permettant sa restauration. Celle-ci est l'œuvre de Viollet-le-Duc. Il y travaille pendant plus de vingt ans (jusqu'en 1864), s'attachant à respecter l'esprit original du XIVe siècle. En 1870, Notre-Dame réussit à échapper à la destruction ; elle sort également intacte des bombardements de 1944. En 1970, un requiem y est donné pour célébrer la mémoire du général de Gaulle.

L'EXTERIEUR

De l'immense parvis dont Haussmann fit quadrupler la surface au siècle dernier, on regarde la façade gothique s'élever harmonieusement dans le ciel. Les piliers délimitent trois axes verticaux, que coupent à l'horizontale des galeries, donnant à l'ensemble son parfait équilibre et sa somptueuse légèreté.

Comme souvent au Moyen Age, les trois portails ne sont pas identiques. Celui du centre surpasse les deux autres, et celui de gauche se distingue par son gâble. Tous possèdent de superbes vantaux ornés de fer forgé. Les sculptures datent pour la plupart du XIIIe siècle, mais elles ont parfois été refaites lors des travaux de restauration du XIXe siècle. Elles restituent généralement l'iconographie chère aux artistes médiévaux.

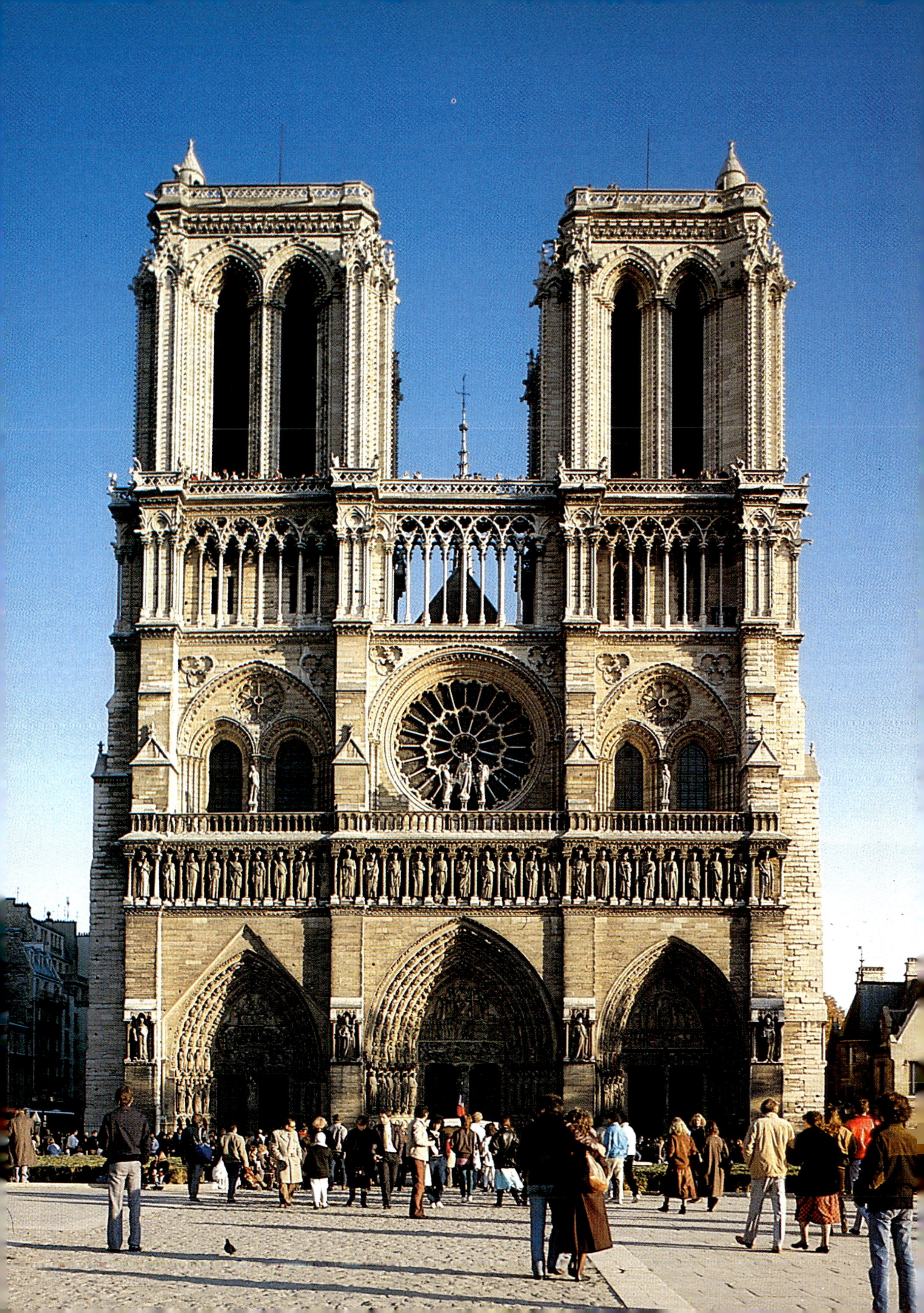

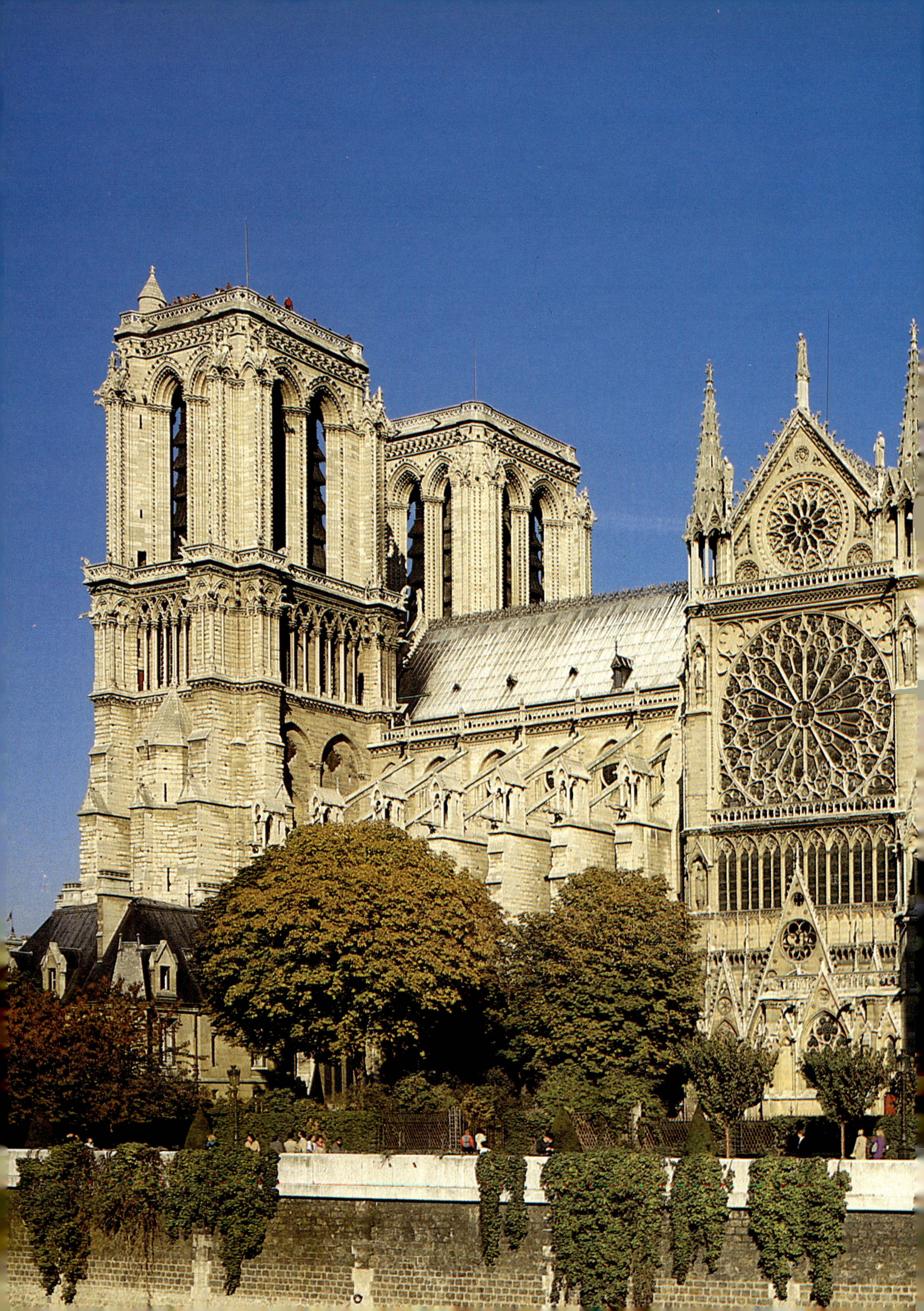

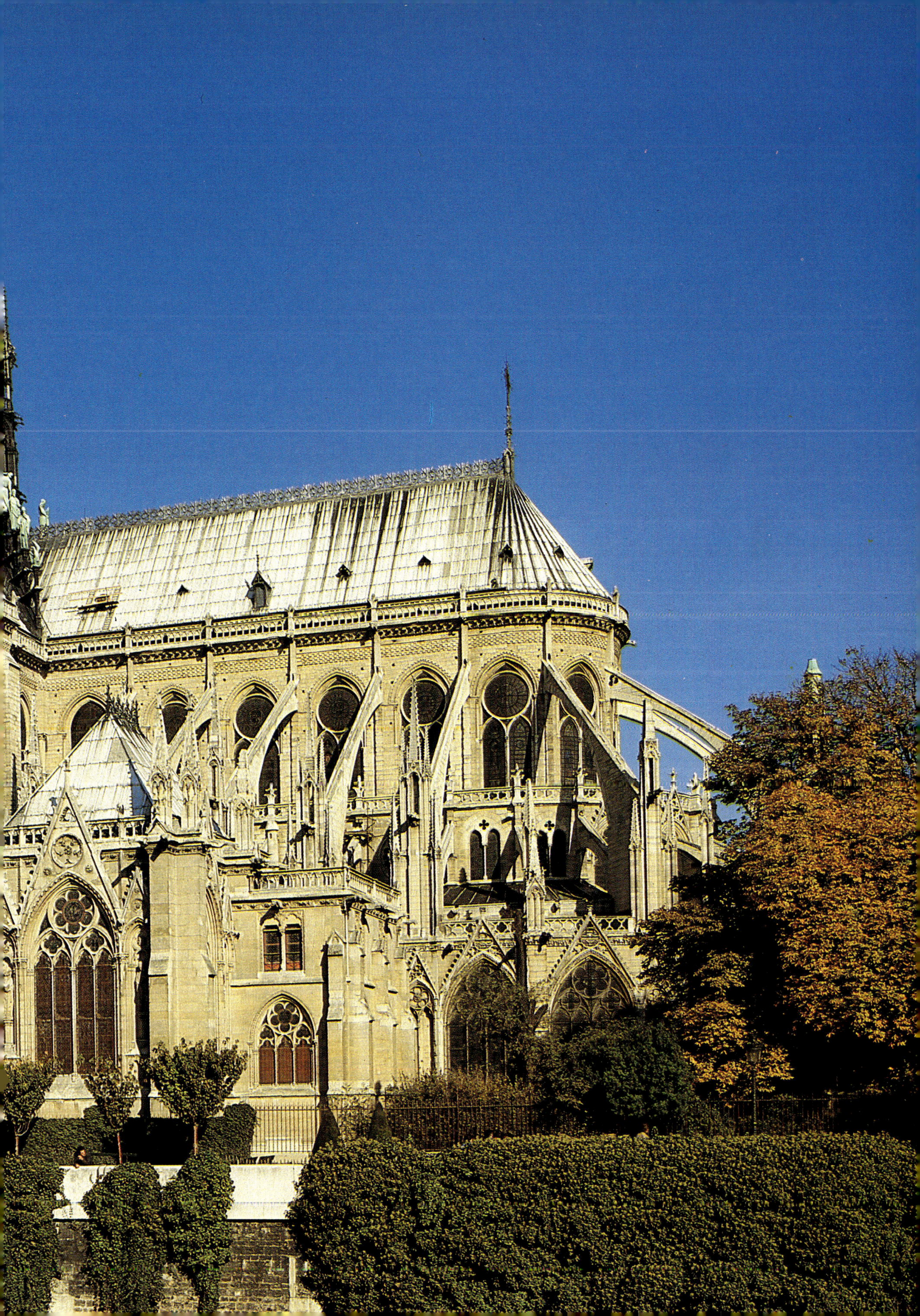

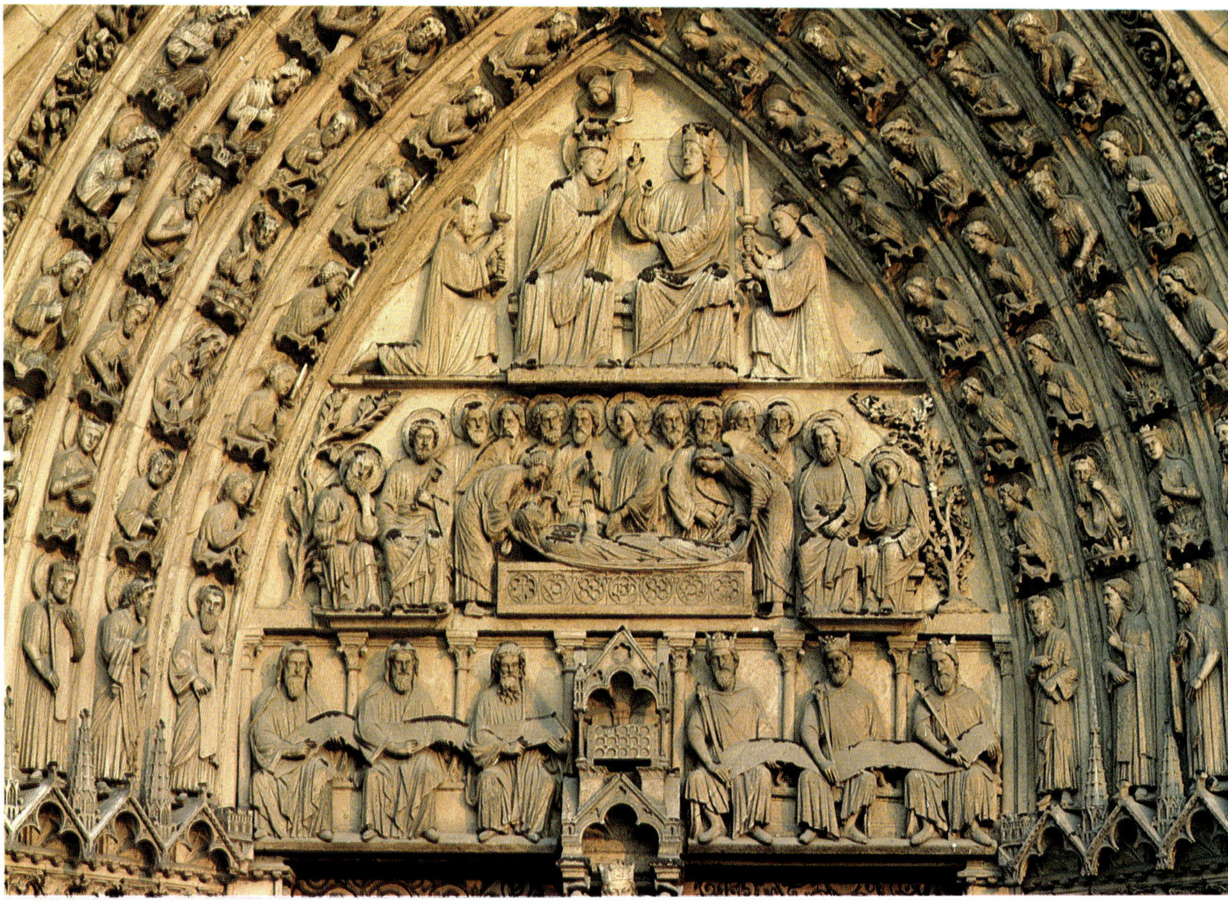

Le tympan du couronnement de la Vierge.

La face sud de la cathédrale (en pages précédentes).

Le portail de la Vierge, à gauche, porte sur son pilier central une copie moderne de la statue de la Vierge à l'Enfant. Le tympan évoque la Mort, le Couronnement et l'Assomption de Marie, qui trône au milieu de prophètes et de rois. Les bas-reliefs représentent, de chaque côté des portes, les travaux des saisons dont le rythme est ponctué par les signes du zodiaque.

Au centre, sur le **portail du Jugement dernier**, altéré au XVIIIe siècle mais restauré par Viollet-le-Duc, le Christ (au tympan), entouré de la Vierge et de saint Jean qui portent les symboles de la Passion, préside aux cérémonies de la Résurrection (en bas) et de la Pesée des âmes (au centre). Abraham reçoit au paradis celles qui ont été sauvées (à gauche), les autres rejoignent les démons en enfer (à droite). A la statue du Christ au pilier central, on adjoignit, au XIXe siècle, sur les deux côtés, les allégories des Vices et des Vertus, et les statues des Douze apôtres.

Le portail de droite, ou **portail de sainte Anne**, porte les sculptures les plus anciennes de la cathédrale (1170). La Vierge, à qui l'église est dédiée, est représentée avec l'Enfant Jésus, deux anges, l'évêque Maurice de Sully et Louis VII, et avec sainte Anne et saint Joachim, ses parents. Sur le pilier du centre, saint Marcel, évêque de la ville au Ve siècle, combat le dragon. L'original de cette statue est conservé dans la tour nord.

Au-dessus des portails, **la galerie des Rois** porte à nouveau les statues des rois de Juda et d'Israël, saccagées par les révolutionnaires et refaites par Viollet-le-Duc.

Les deux fenêtres géminées de la partie supérieure rehaussent en-

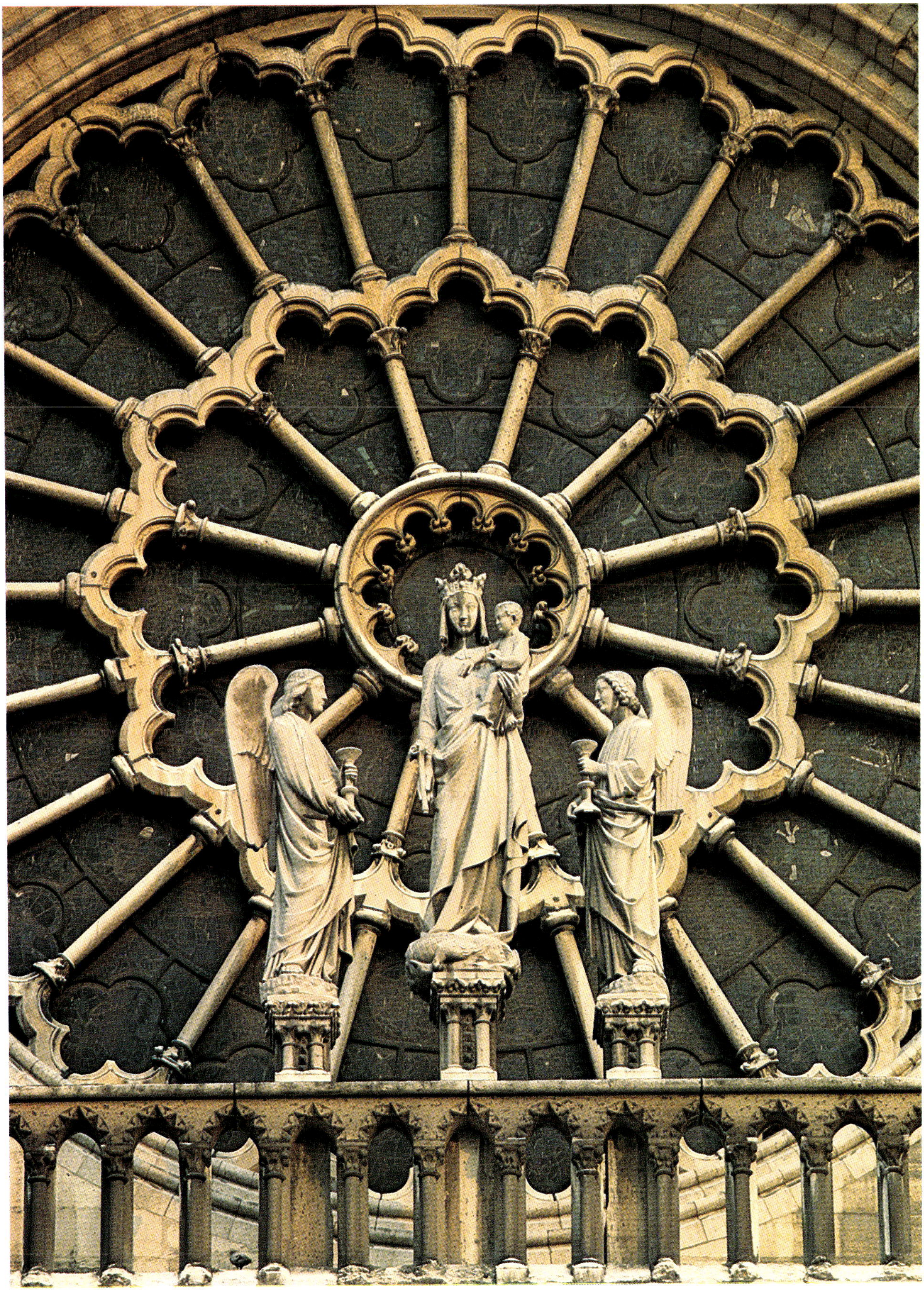

La rosace ouest vue de l'extérieur.

core l'éclat de la **rosace** du XIIIe siècle, de 10 m de diamètre, qui a gardé ses vitraux d'origine. Les statues d'Adam (à gauche), de la Vierge à l'Enfant entourée de deux anges, et d'Eve (à droite) assurent la décoration de ce niveau.

A la base des tours court une **galerie d'arcades** sur lesquelles Viollet-le-Duc a animé tout un petit monde fantasmagorique de monstres, de sorcières et de diablotins.

Les **deux tours**, inachevées, sont dépourvues de flèches mais placent tout de même le sommet de l'édifice à 70 m du sol. Elles se creusent en deux fenêtres de plus de 16 m. C'est dans la tour sud que se trouve le bourdon de 13 t, dont le battant de 500 kg, refondu sous Louis XIV — avec des bijoux de femmes dit-on —, est aujourd'hui actionné par un système électrique.

Sur le flanc nord de Notre-Dame, on admirera le **portail du Cloître**, du XIIIe siècle, par où pénétraient des chanoines. Il retrace sur deux niveaux l'histoire du diacre Théophile, que la Vierge empêcha de passer un pacte avec le diable.

Un peu plus loin, la **porte Rouge**, réalisée par Pierre de Montreuil, illustre le Couronnement de Marie et la Vie de saint Marcel.

De l'autre côté de la cathédrale, l'abside lance sur 15 m ses superbes **arcs-boutants** (de Jean Ravy au XIVe siècle) dont on oublie le rôle architectural tant ils s'intègrent harmonieusement à l'ensemble.

La **flèche** est due aux travaux de Viollet-le-Duc. Elle a 45 m de haut — le sommet s'élève à 90 m du sol — et allie dans ses 750 t le plomb au chêne.

Enfin, répondant au portail du Cloître, le **portail Saint-Etienne** est l'œuvre de Jean de Chelles et de Pierre de Montreuil. Il est consacré au saint dont il porte le nom, et évoque aussi des épisodes de la vie des étudiants au XIIIe siècle.

Une gargouille de Notre-Dame.

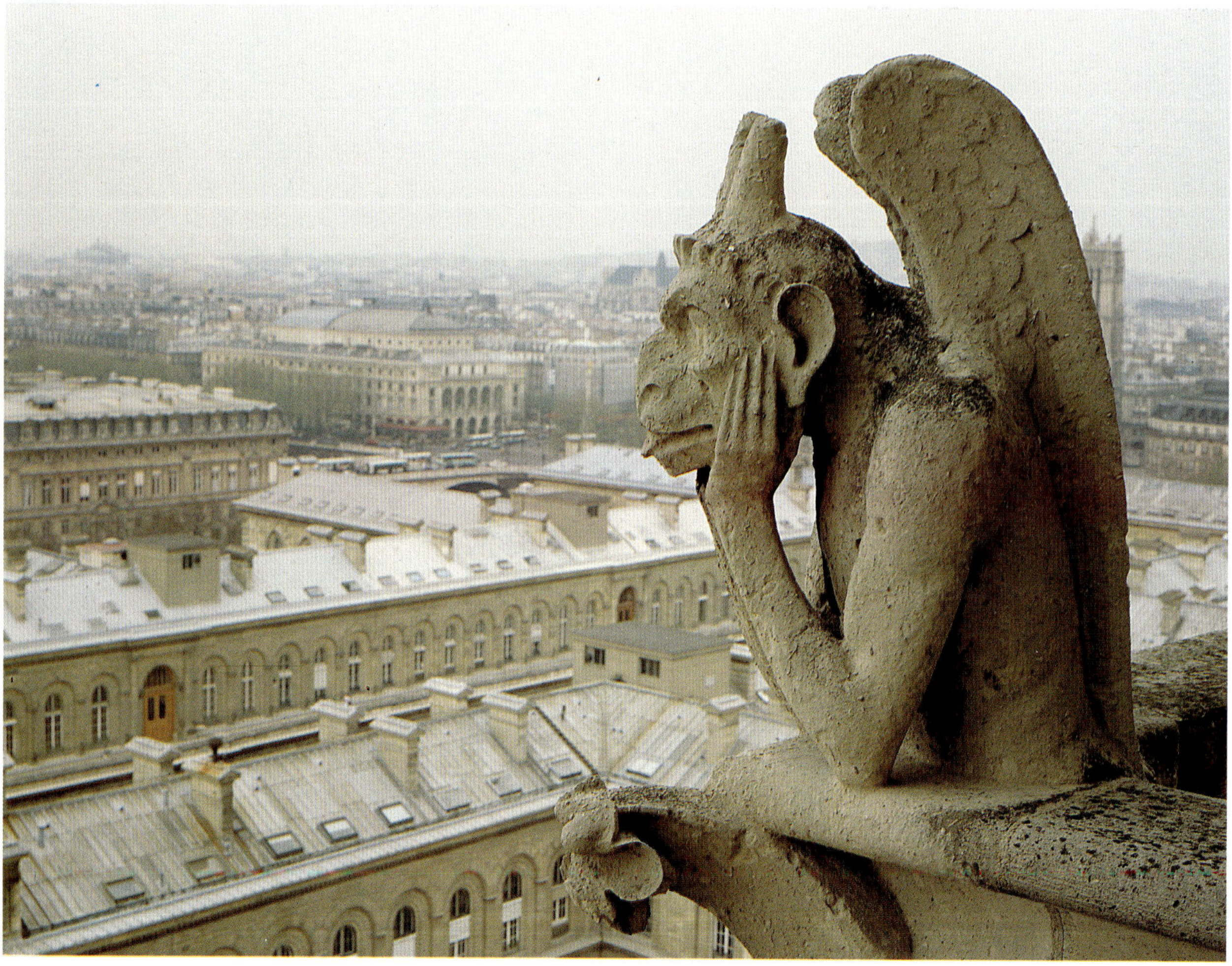

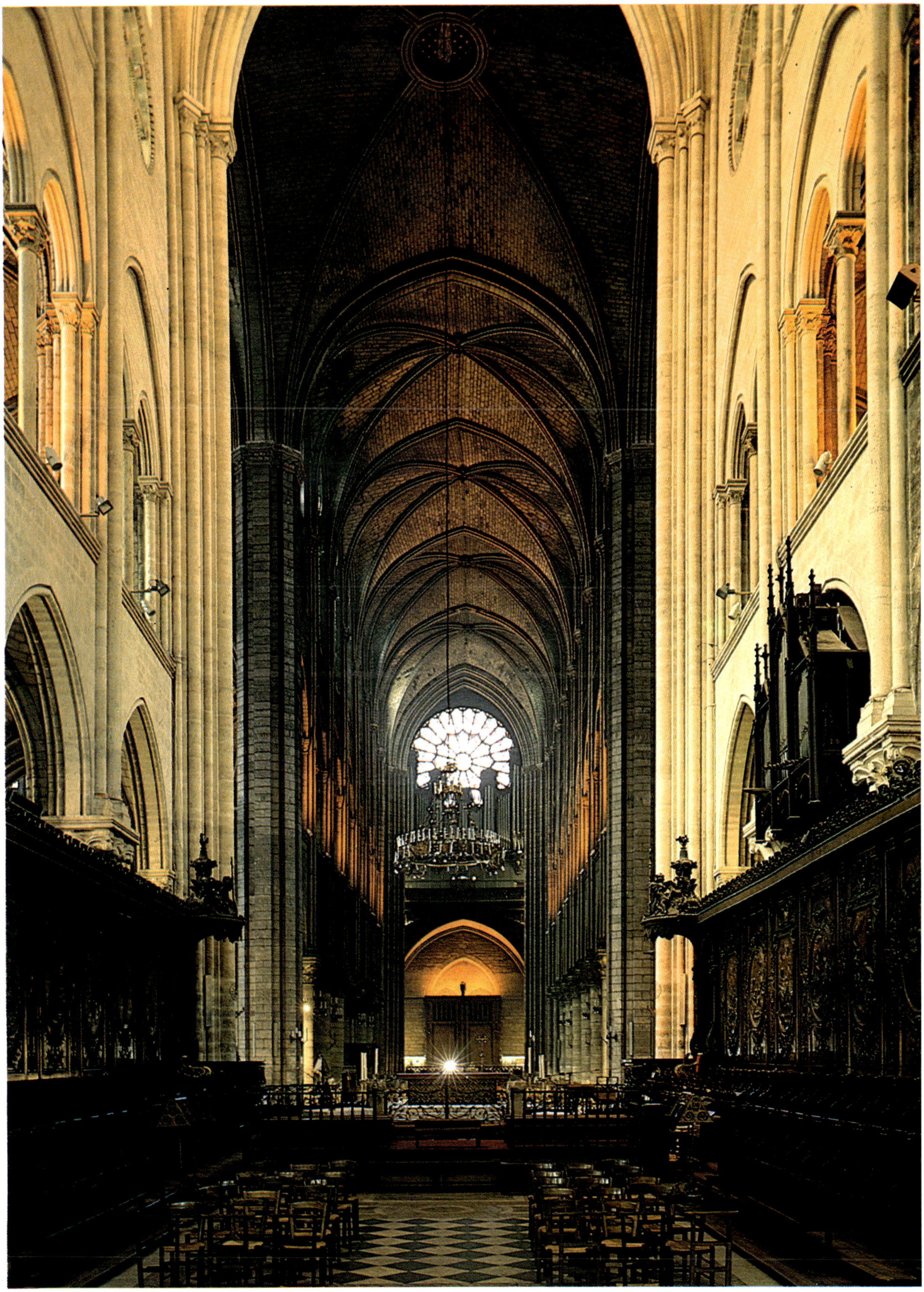

L'intérieur de la nef.

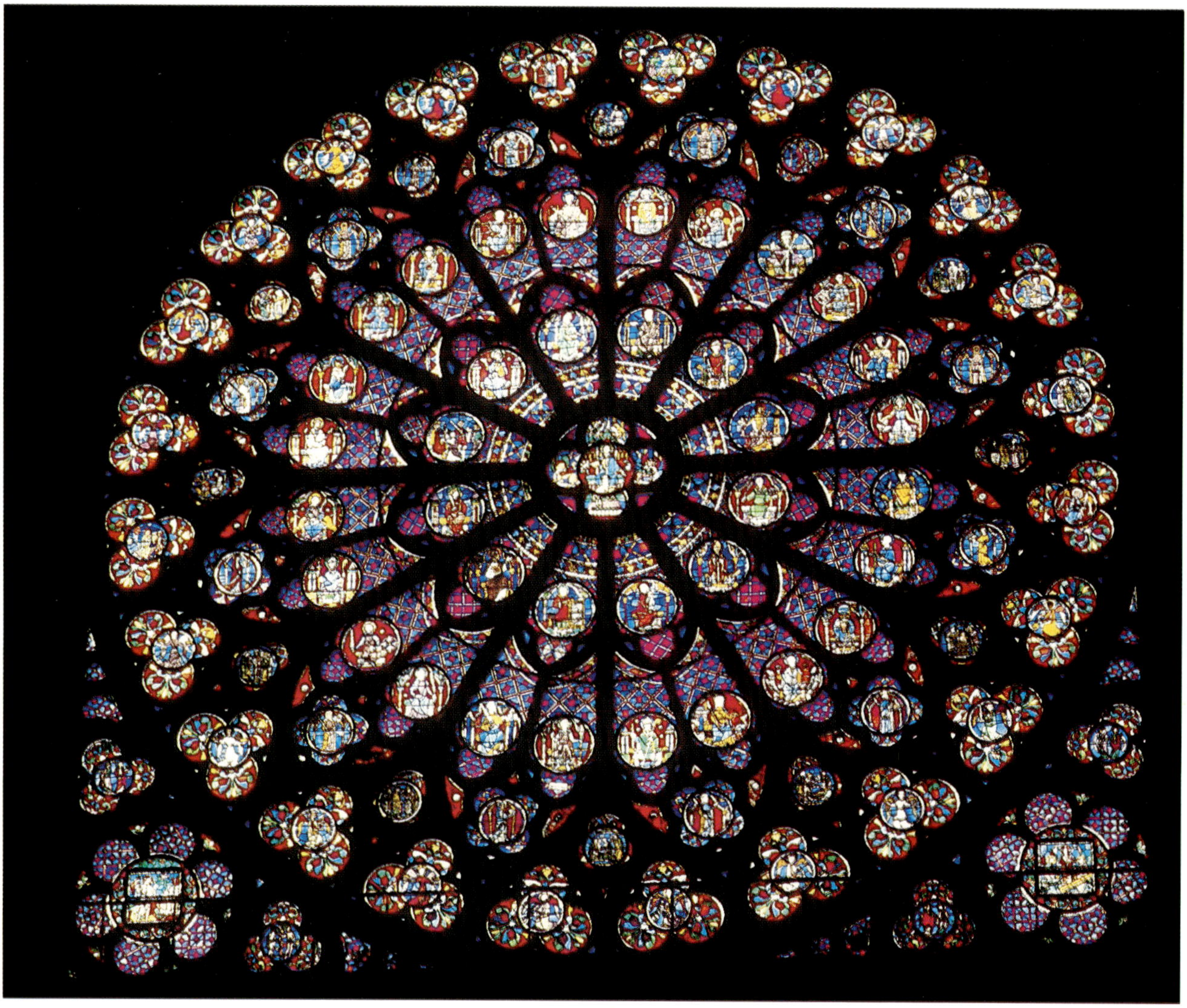

La rosace du transept sud.

L'INTERIEUR

La cathédrale déploie son imposante majesté sur 130 m de long, 50 m de large et 35 m de haut. Elle peut accueillir jusqu'à 9 000 personnes, dont 1 500 dans les tribunes.

Les 29 chapelles, des XIIIe et XIVe siècles, s'ornent de « mays » (ou toiles) du XVIIe siècle, dons des orfèvres à la cathédrale chaque 1er mai. Elles entourent une nef du XIIe siècle, délicatement éclairée par des vitraux modernes (de Le Chevalier dans les années 60), inspirés des modèles médiévaux. Les orgues de Cliquot, du XVIIIe siècle, restaurées au XIXe, sont, avec leurs 6 000 tuyaux et leurs 113 jeux, les plus grandes de France.

Les verrières et les roses du transept déclinent la gamme d'une subtile lumière. La rose nord, qui n'a que très peu souffert depuis 1250, rend hommage, autour de la magnifique Vierge bleutée, aux personnages de l'Ancien Testament. La rose sud a subi les restaurations du XVIIIe siècle et présente un Christ, au milieu de vierges et de saints.

Au seuil du chœur, Nicolas Coustou a sculpté au XVIIIe siècle une statue de saint Denis. La Vierge à l'Enfant (ou « Notre-Dame de Paris ») est du XIVe. Le chœur est garni de très belles stalles du XVIIIe et s'orne d'une Pietà de Nicolas Coustou (1723), qu'encadrent les statues de Louis XIII à genoux (par Guillaume Coustou en 1715) et de Louis XIV (par Coysevox à la même époque).

La grille de fer du XIVe a été restaurée au XIXe siècle. Dans la crypte située sous le chœur reposent les anciens évêques de Paris.

La sacristie, construite par Viollet-le-Duc, abrite le Trésor : les reliques et les pièces diverses attestent la glorieuse histoire, longue de huit siècles, de Notre-Dame.

L'OBSERVATOIRE

(Métro Saint-Jacques)

Les jardins du Luxembourg ouvrent sur les parterres de l'avenue de l'Observatoire, conçus par Chalgrin à l'emplacement de l'ancien enclos des chartreux. De cette verdure jaillit la **fontaine** créée par Davioud en 1873. Frémiet a sculpté les « **Chevaux marins** » et Carpeaux les célèbres allégories, en bronze, des quatre parties du monde.

L'Observatoire fut commandé par Colbert à Claude Perrault en 1667. Ses quatre faces sont dans l'alignement des points cardinaux. Les expériences menées depuis trois siècles ont permis d'importants progrès dans le domaine de l'astronomie. L'Observatoire est aujourd'hui le siège du Bureau international de l'heure, détermine le temps universel coordonné, abrite l'horloge parlante et un musée.

L'OPERA

(Métro Opéra)

C'est le projet de Charles **Garnier**, jeune architecte de 35 ans, qui est retenu parmi les 171 présentés pour la construction d'un opéra. L'édification de ce palais de « style Napoléon III » débute en **1862**. Mais il faut assécher les sous-sols baignés d'eau, faire face à un incendie en 1873. L'inauguration a finalement lieu en 1875, en présence de Mac-Mahon, le tout nouveau président de la République. Le plus vaste théâtre lyrique du monde s'étend sur 11 000 m^{2}. La salle peut accueillir 2 200 spectateurs sur cinq niveaux. La scène a 52 m de large, 66 m de hauteur et 37 m de profondeur. 450 acteurs et figurants peuvent y prendre place.

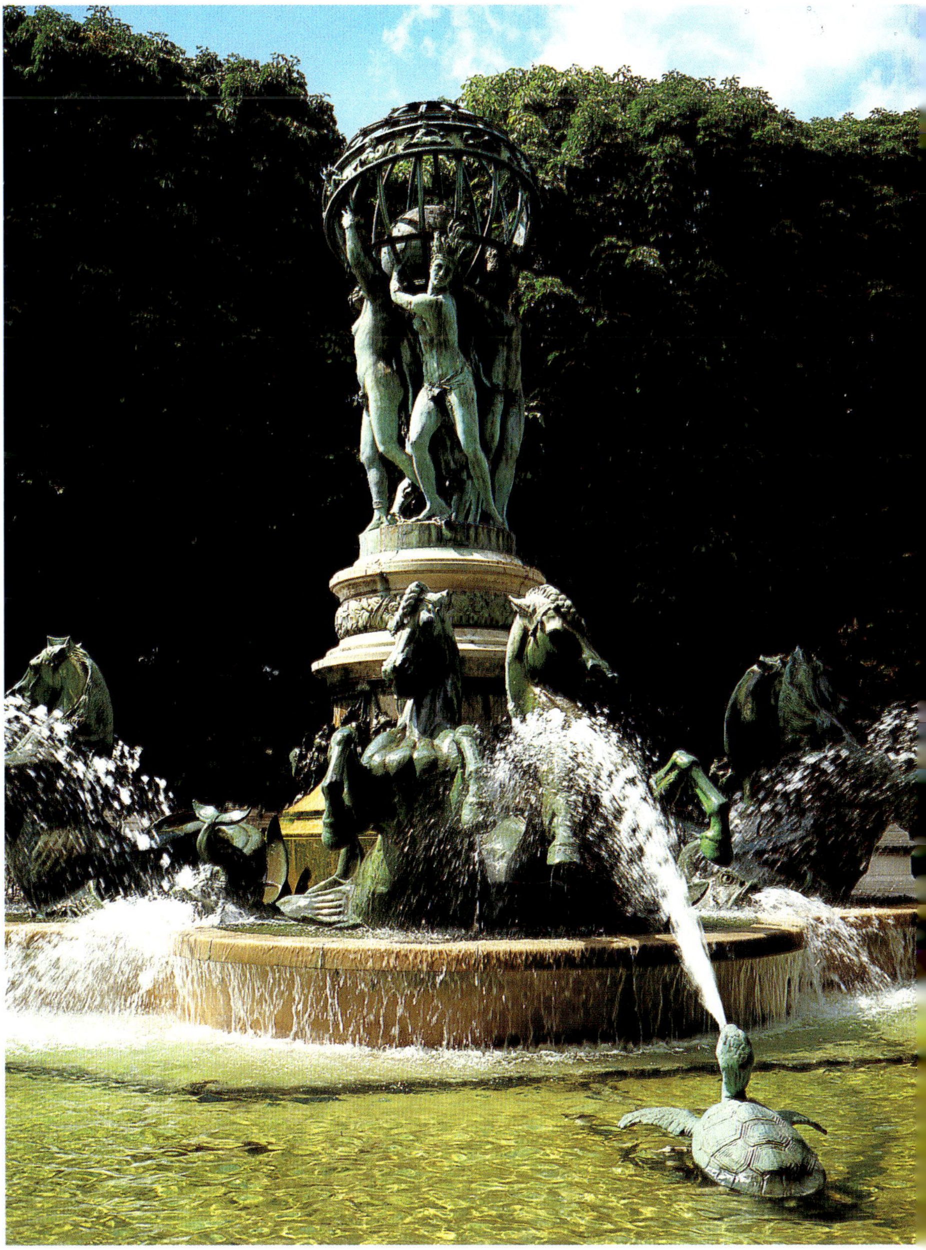

Fontaine de l'Observatoire.

L'immense lustre, qui d'ailleurs, s'effondra un soir de 1896, pèse 6 t et possède 400 ampoules.

Sur la place de l'Opéra s'élève la **façade principale** : un attique toujours éclairé surplombe des arcades décorées de nombreuses statues. Le groupe le plus célèbre est celui sculpté par Carpeaux, « la Danse », dont on ne voit que la réplique qu'en a faite, en 1964, Paul Belmondo (l'original, menacé par l'usure, est conservé au musée d'Orsay). Sur les façades latérales se dressent des bustes de musiciens. A l'ouest, le pavillon initialement destiné à l'empereur est occupé par le musée et la bibliothèque.

Le **musée** contient diverses reliques d'artistes, des bustes, des maquettes et des tableaux représentant l'ancien opéra de la rue Le Pelletier, incendié en 1871. **La bibliothèque** renferme 80 000 volumes retraçant l'histoire musicale, théâtrale et chorégraphique de l'opéra, et toutes les partitions exécutées depuis 1669. La décoration intérieure est somptueuse.

Le **grand escalier** aligne des marches de 10 mètres de large, tout en marbre ; la balustrade est en onyx d'Algérie. Le **grand foyer** (54 m de long, 13 m de large, 12 m de haut) s'orne de bustes et de peintures. La salle, de style impérial, s'enorgueillit depuis 1964 d'un nouveau plafond, démontable, pour la décoration duquel **Chagall** s'est inspiré d'opéras célèbres.

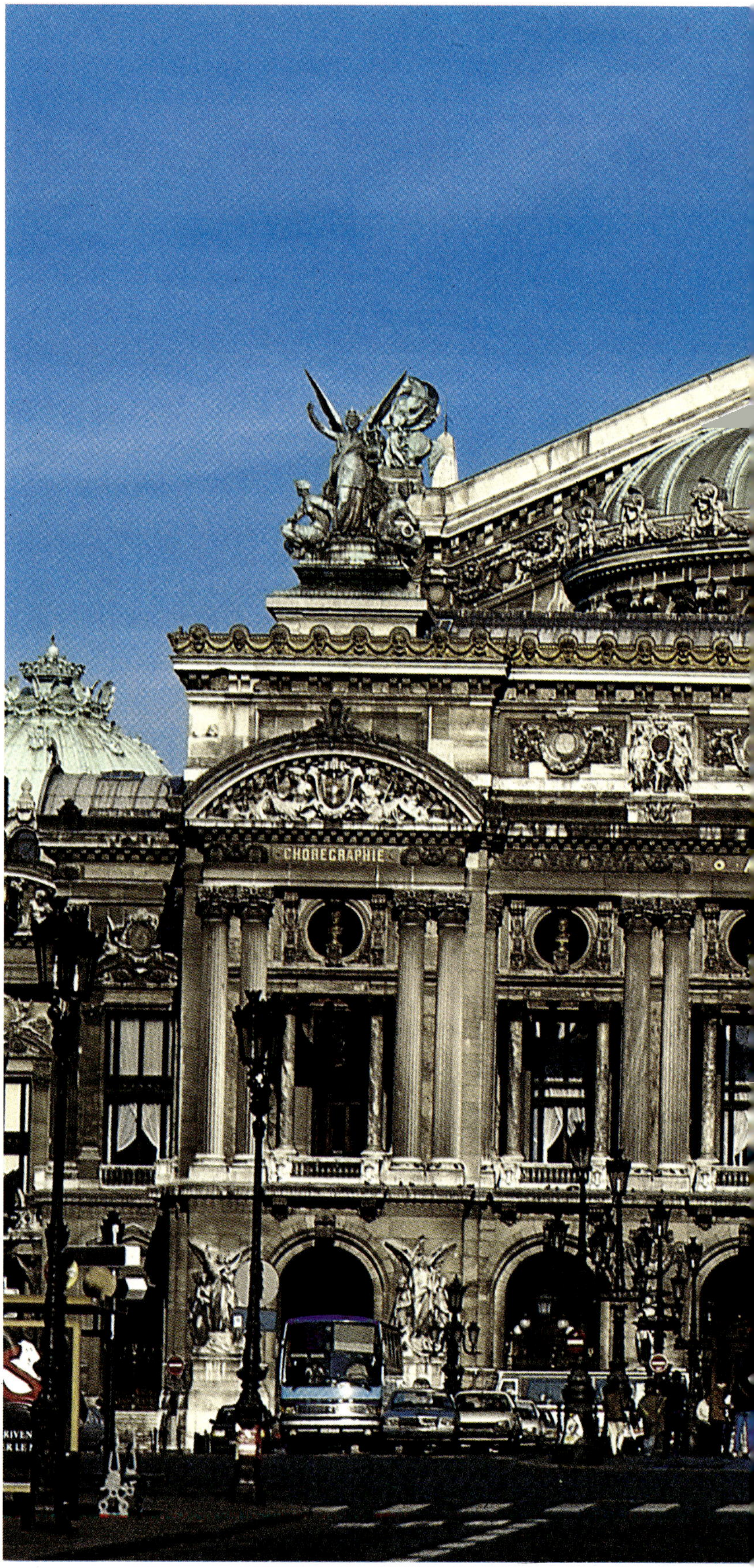

L'Opéra.

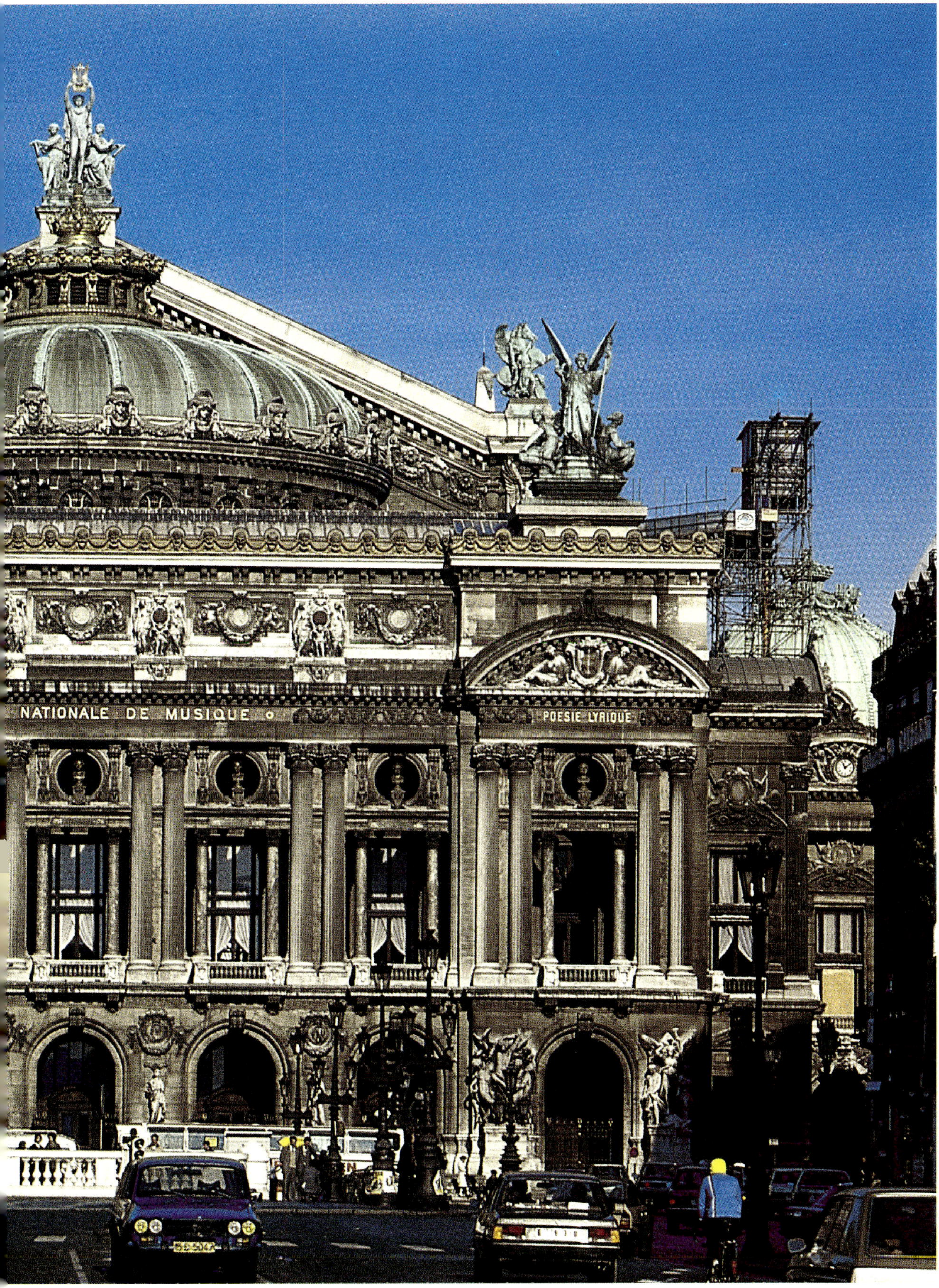
NATIONALE DE MUSIQUE
POESIE LYRIQUE

L'OPERA BASTILLE

(Métro Bastille)

A la place de la vieille gare, et, plus loin encore dans le temps, de la forteresse hautement symbolique de 1789, s'élève, depuis juillet 1989, l'Opéra Bastille, un opéra moderne et fonctionnel, dont la vocation est d'amener un public nouveau (« populaire ») à l'art lyrique.

C'est le jeune architecte canadien d'origine uruguayenne, Carlos Ott, qui remporte, en 1983, le concours lancé un an auparavant. Les travaux débutent dès novembre 84. Après quatre années de construction, pour un coût de 2,17 milliards, le bâtiment, qui joue des formes géométriques simples (demi-cylindres, parallélépipèdes, portiques), de la transparence (en façade) et de l'ouverture (nombreux points d'entrée et de sortie) repose sur 150 000 m^2 de plancher et sous une hauteur de 48 m.

La **grande salle** de l'opéra, en granit bleuté, avec ses 2700 sièges de bois de poirier, revêtus de velours noir, est la plus vaste salle dévolue en France à l'art lyrique. Elle ambitionne d'accueillir un public trois fois plus nombreux que le public traditionnel de l'opéra, et ce dans les meilleures conditions de visibilité et d'écoute, qu'il s'agisse des grandes œuvres du répertoire ou de créations contemporaines.

Au-dessous, un **amphithéâtre** de 600 places, lieu de représentation en sous-sol, est destiné aux spectacles les plus divers (concerts, récitals, projections, expositions...).

Le **studio de la Tour d'Argent** (280 places) est, comme son nom l'indique, situé à l'étage supérieur du restaurant adjacent.

En prévision encore : une salle modulable de 600 à 1000 places.

Flexibilité des équipements, espace d'alternance et de répétition : tels sont les atouts de l'Opéra Bastille par rapport à l'Opéra Garnier. L'Opéra Bastille, premier opéra construit à Paris depuis un siècle, devrait recevoir jusqu'à six spectacles différents par semaine. A ce jour, deux concerts (Bob Wilson, « la Nuit avant le jour », pour l'inauguration et « les Troyens » de Berlioz en mars 90) ont été donnés. Plusieurs directeurs musicaux se sont succédé, pour des raisons qui avaient le plus souvent peu à voir avec la musique. Le dernier en date est le Coréen Myung Whun Chung. Ce qui augure bien des ambitions internationales de cet opéra.

Opéra Bastille.

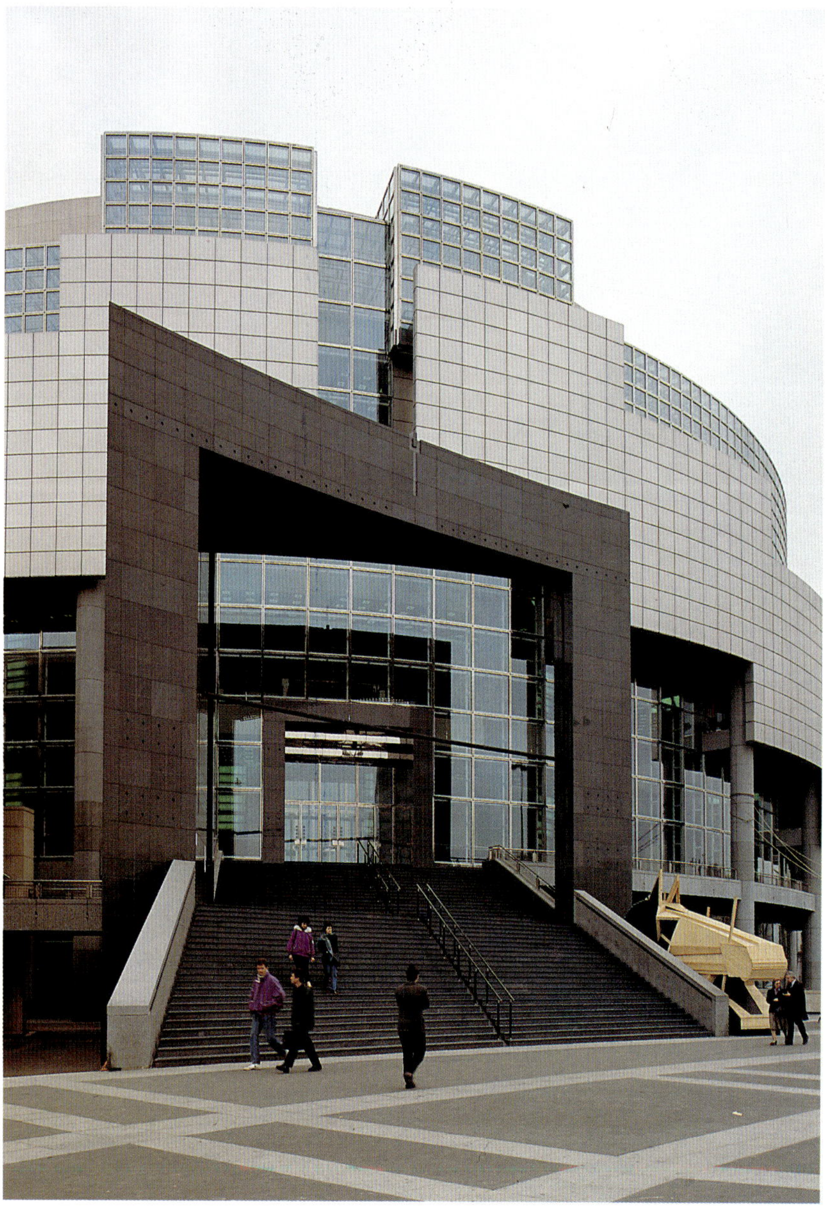

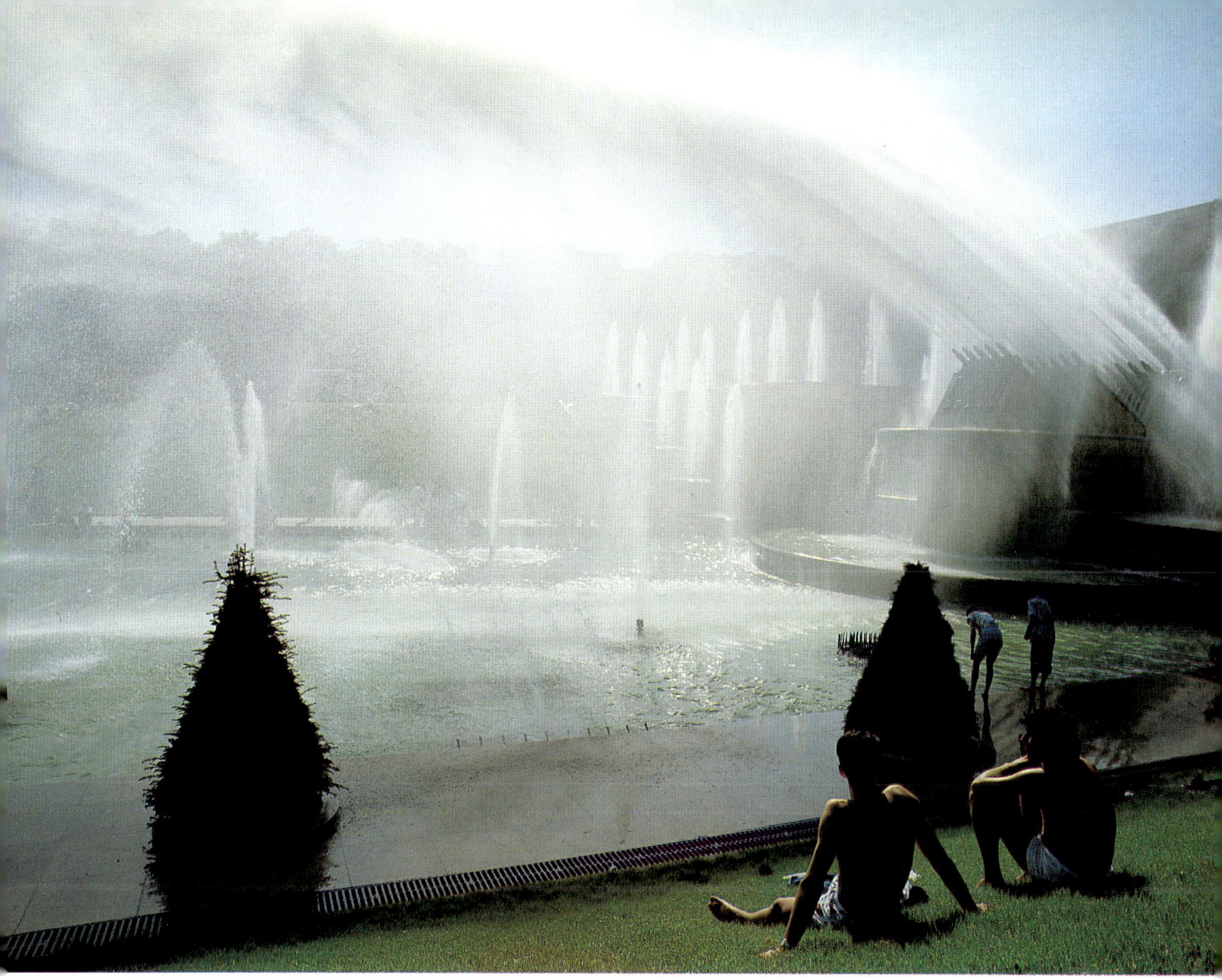

Jardins du Trocadéro.

LE PALAIS DE CHAILLOT
(Métro Trocadéro)

La colline de Chaillot fut choisie dès le XVIe siècle par Catherine de Médicis pour la construction d'une maison, transformée plus tard en couvent. Napoléon envisage au début du XIXe d'y élever un palais pour son fils le roi de Rome, et en confie la charge à Percier et Fontaine. Leurs travaux cessent avec la chute de l'Empire. Ce n'est qu'en 1878, pour l'Exposition universelle, qu'est construit le premier palais de Chaillot, d'inspiration hispanique, qui prend le nom de **Trocadéro** en souvenir d'une campagne espagnole de 1823. Le palais est modernisé pour la nouvelle Exposition de 1937 par les architectes Carlu, Boileau et Azéma qui conservent les deux minarets de 70 m de haut : ils surplombent une terrasse de 60 m sous laquelle s'étend la salle de théâtre. Les **deux ailes** semi-circulaires longues de 195 m, qui prolongent les deux immenses **pavillons**, sont recouvertes d'un placage de calcaire doré. Les inscriptions dorées des frontons sont de Paul Valéry. Les ailes abritent aujourd'hui les **musées** : musées de l'Homme et de la Marine, musée des Monuments français (qui contient de très beaux moulages et des maquettes d'architecture), le musée du Cinéma et une cinémathèque.

Le Théâtre national de Chaillot a connu de fastueuses années avec Jean Vilar qui dirigea le « Théâtre national populaire » (T.N.P.) jusqu'en 1964 (avec

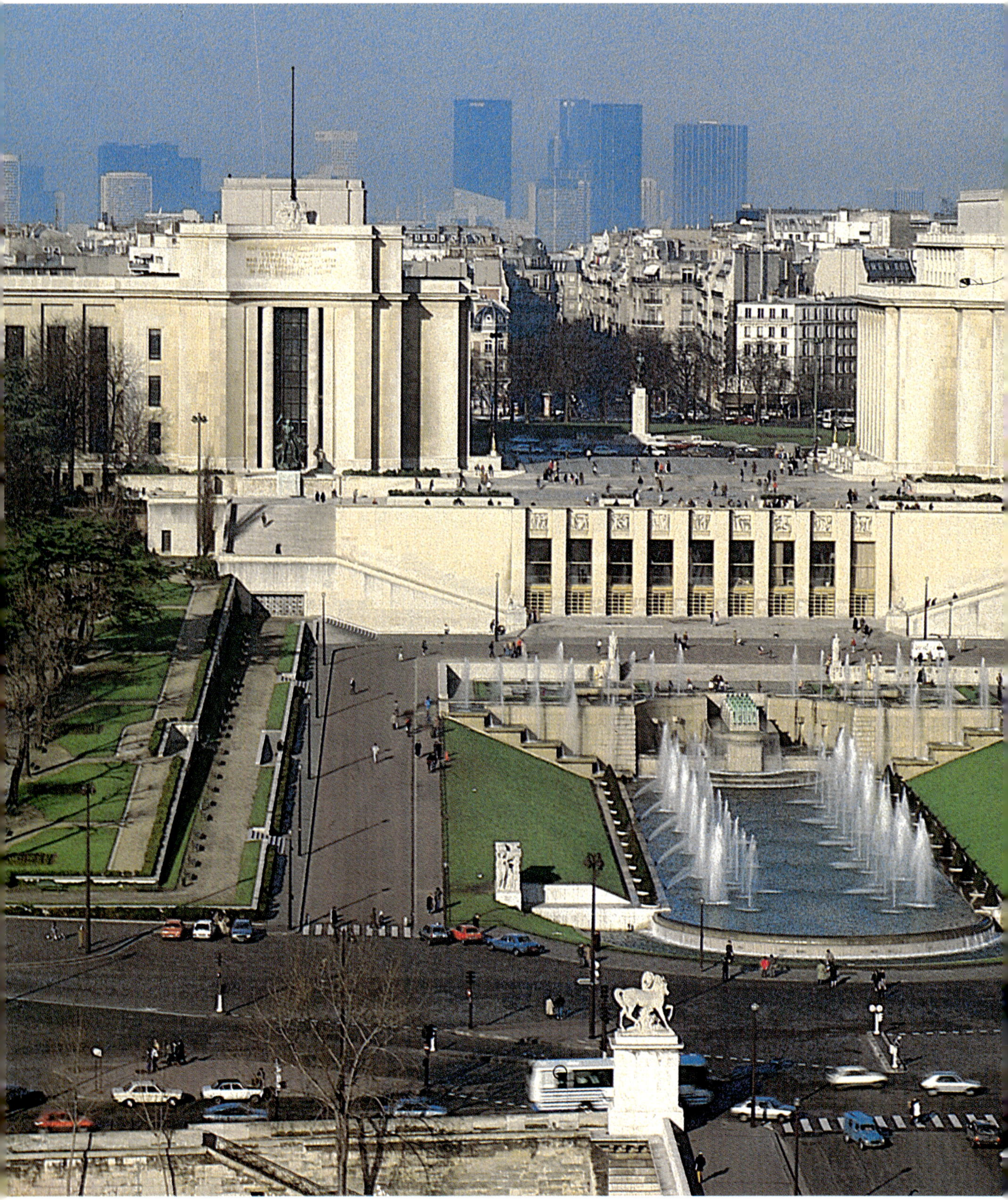

Le palais de Chaillot.

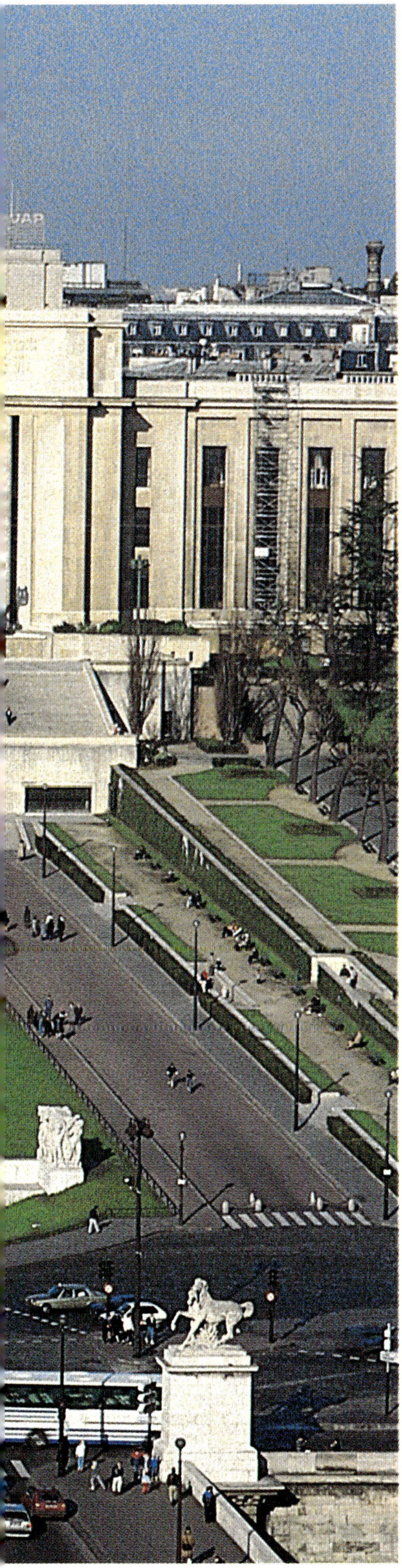

l'aide de Gérard Philipe). La salle s'adapte maintenant à différents types de spectacle, grâce à la modernité de son agencement. Elle peut accueillir jusqu'à 1 800 personnes. Une salle a été créée en 1966 pour un théâtre plus « confidentiel » (la salle Gémier).

Le palais de Chaillot s'enorgueillit de superbes sculptures et bas-reliefs : Bouchard a réalisé les immenses statues de bronze doré qui trônent sur la terrasse. Une statue équestre a été élevée sur la **place du Trocadéro-et-du-11-Novembre**, en hommage au maréchal Foch qui signa l'armistice de 1918.

Des **jardins** agrémentés de fontaines, de jets d'eau et d'aquariums, descendent en terrasse jusqu'à la Seine.

Les canons à eau en action.

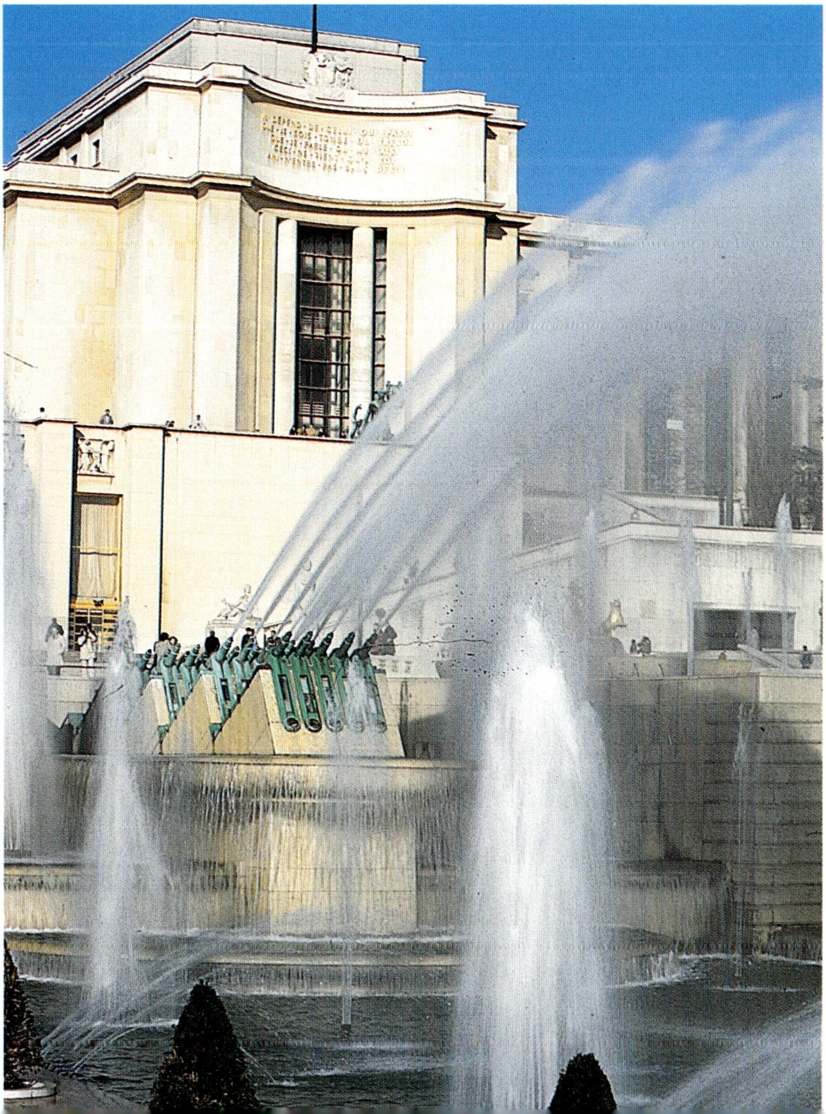

LE PALAIS DE JUSTICE

(Métro Cité)

L'île de la Cité

Dès le IIIe siècle av. J.-C., les Parisii, en grande majorité des Nautes, habitaient « au milieu des eaux » la ville de Lutèce, dans laquelle César installa les premières légions romaines en 52. A l'époque gallo-romaine, la « cité » *(civitas)* s'organise en municipe. Gouverneurs et empereurs s'installent dans un palais, pris d'assaut à partir du Ve siècle de notre ère par les envahisseurs barbares, mérovingiens et capétiens. La ville en profite pour s'étendre sur la rive gauche. Louis VI et Louis VII héritent du palais royal, que Saint Louis et Philippe le Bel agrandissent. Lorsque, au XIVe siècle, les rois le délaissent pour le Louvre ou l'hôtel Saint-Paul, il se transforme en palais du Parlement, cour souveraine de justice où siègent primitivement des spécialistes désignés par le souverain. Au XVIe siècle, la charge devient vénale, puis héréditaire. C'est le Parlement qui réunira les états généraux, déclenchant involontairement les événements de la Révolution. Une nouvelle organisation judiciaire s'instaure après 1789, faisant de la vieille de-

Les grilles d'or du Palais de justice.

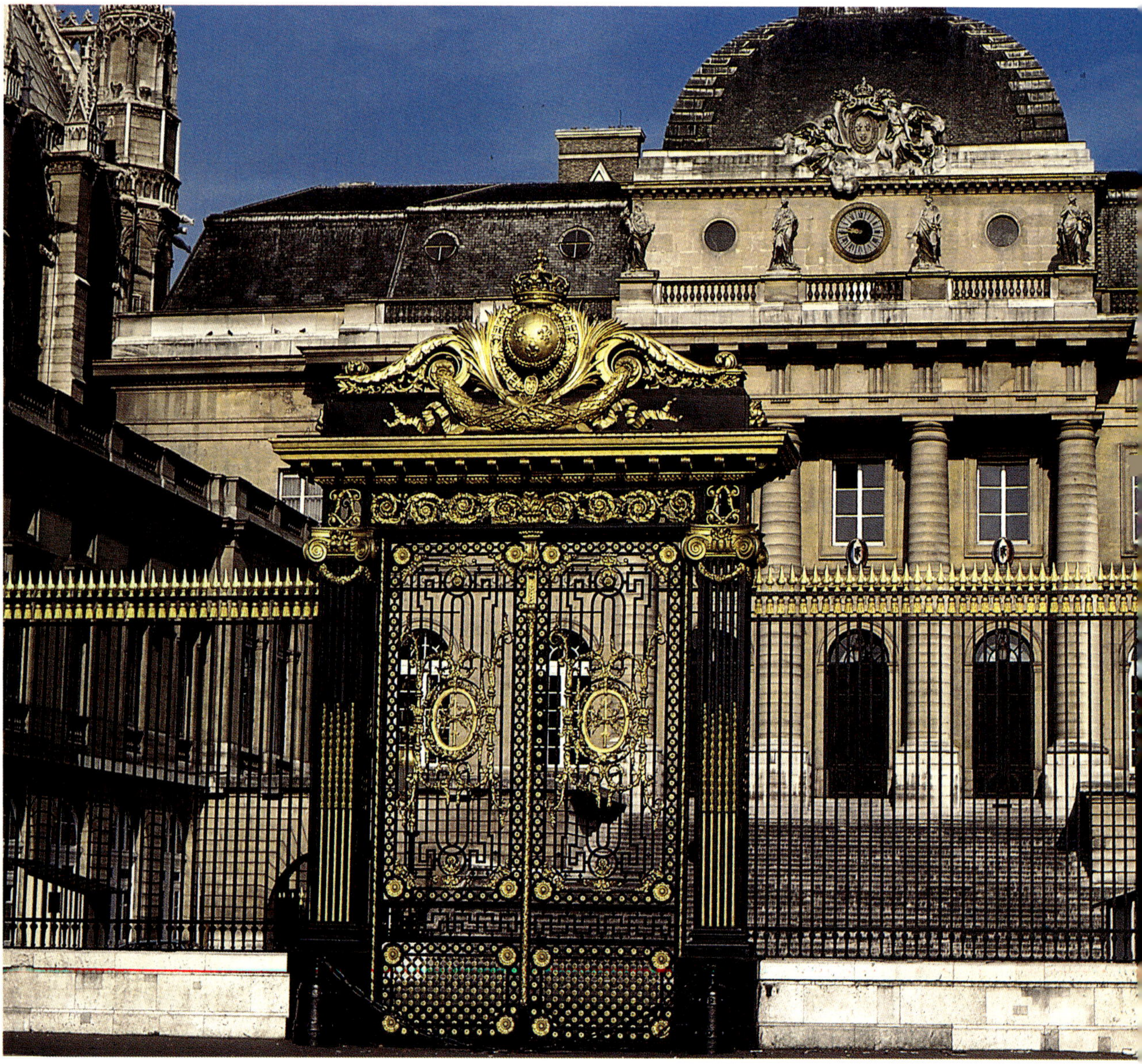

meure royale, puis parlementaire, un palais de justice.

Une restauration est entreprise dès 1840, qui s'achèvera à la veille de la Première Guerre mondiale. Entre-temps, un incendie allumé lors des émeutes de la Commune oblige à refaire la façade ouest du palais qui donne sur la place Dauphine.

Une grille de fer, très bel ouvrage d'un artisan du XVIIIe siècle,

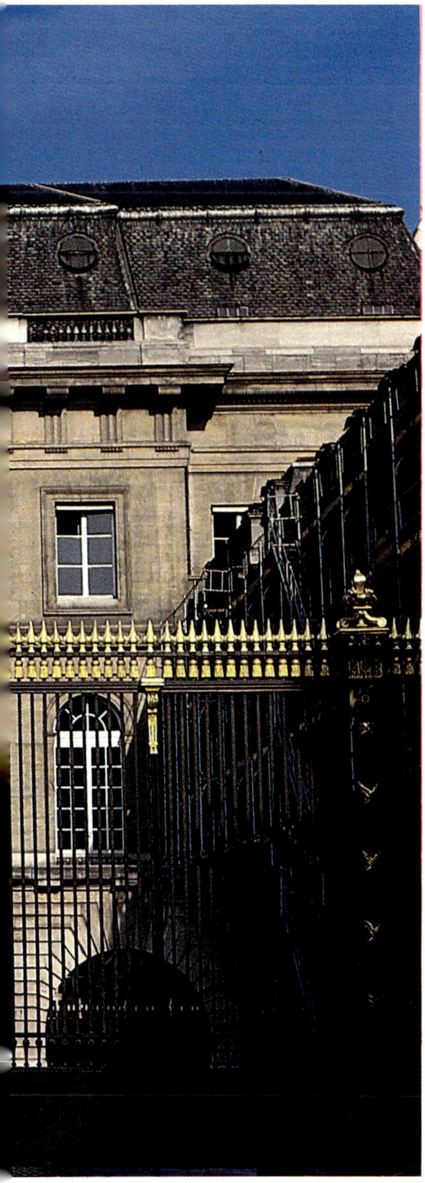

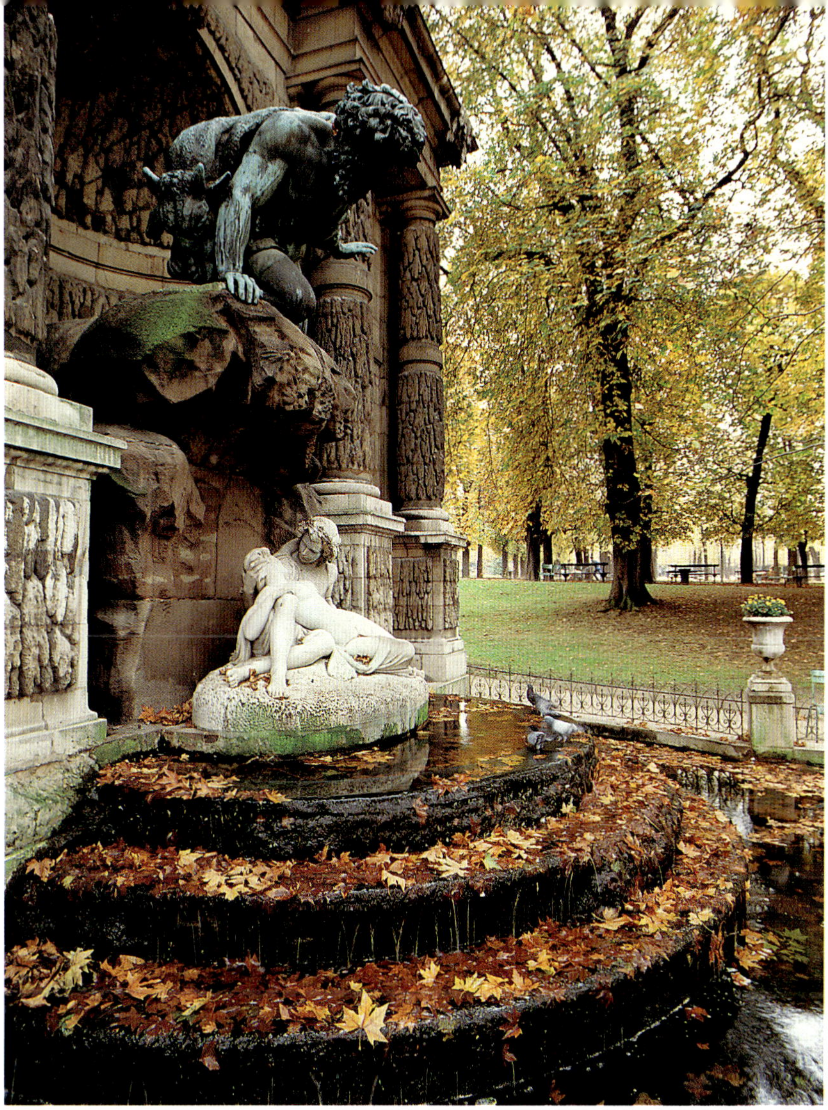

Jardin du Luxembourg.

donne accès à la **cour du Mai**, qui s'enrichissait d'un nouvel arbre apporté par les clercs chaque premier jour de ce mois. Un **grand escalier** Louis-XVI conduit à la **salle des Pas-Perdus** et à la **Chambre dorée**, actuellement première Chambre civile ; comme Chambre haute, elle fut vraisemblablement habitée par Saint Louis. Le Parlement en avait fait sa Grand'Chambre, et Fouquier-Tinville le siège du Tribunal révolutionnaire. Les deux pièces ont subi les réfections du XIXe siècle.

Le Palais de justice est indissociable de la Conciergerie et de la Sainte-Chapelle. Mais seules les deux dernières se visitent.

LE PALAIS DU LUXEMBOURG

(R.E.R. Luxembourg)

Le Luxembourg porte beau les traces de l'histoire et de l'art, double signe sous lequel il fut placé dès sa construction au XVIIe. En 1612, **Marie de Médicis,** qui a la nostalgie de son palais natal, le Pitti de Florence, achète au duc de Luxembourg son **hôtel**, agrémenté d'un parc. Salomon de Brosse est chargé de la réalisation de cette nouvelle demeure royale pour laquelle la reine quitte le Louvre en 1625. Rubens commence dès cette époque une série de 24 tableaux retraçant l'histoire de la souveraine (ils sont aujourd'hui au Louvre). Philippe de Champaigne et Nicolas Poussin participent à la décoration. Pour s'attirer les bonnes grâces de Richelieu, la reine lui fait don du **Petit Luxembourg**. Mais l'achèvement des travaux en 1630 coïncide avec sa propre disgrâce, et elle doit s'exiler à Cologne. La famille royale reste propriétaire du Luxembourg qui devient le centre de toute une petite vie littéraire et artistique (on y ouvre un musée et une académie littéraire). La Révolution transforme le palais en prison. Devenu consul, Bonaparte fait modifier l'intérieur par Chalgrin et aménage une salle de séance pour le **Sénat** nouvellement constitué. Au XIXe siècle, l'extension de l'Assemblée amène d'autres transformations dues en grande partie à Gisors. Pendant la Commune, le Sénat est transféré au palais de Versailles, et le palais du Luxembourg devient une annexe du Val-de-Grâce. Le **musée** a alors un prestigieux conservateur, le peintre Courbet. Depuis 1879, le Sénat siège à nouveau au Luxembourg, et son président a établi résidence au Petit Luxembourg, formé de l'ancien hôtel de Richelieu, du cloître et de la chapelle.

Les bossages du palais, l'annelure des colonnes et les chapiteaux

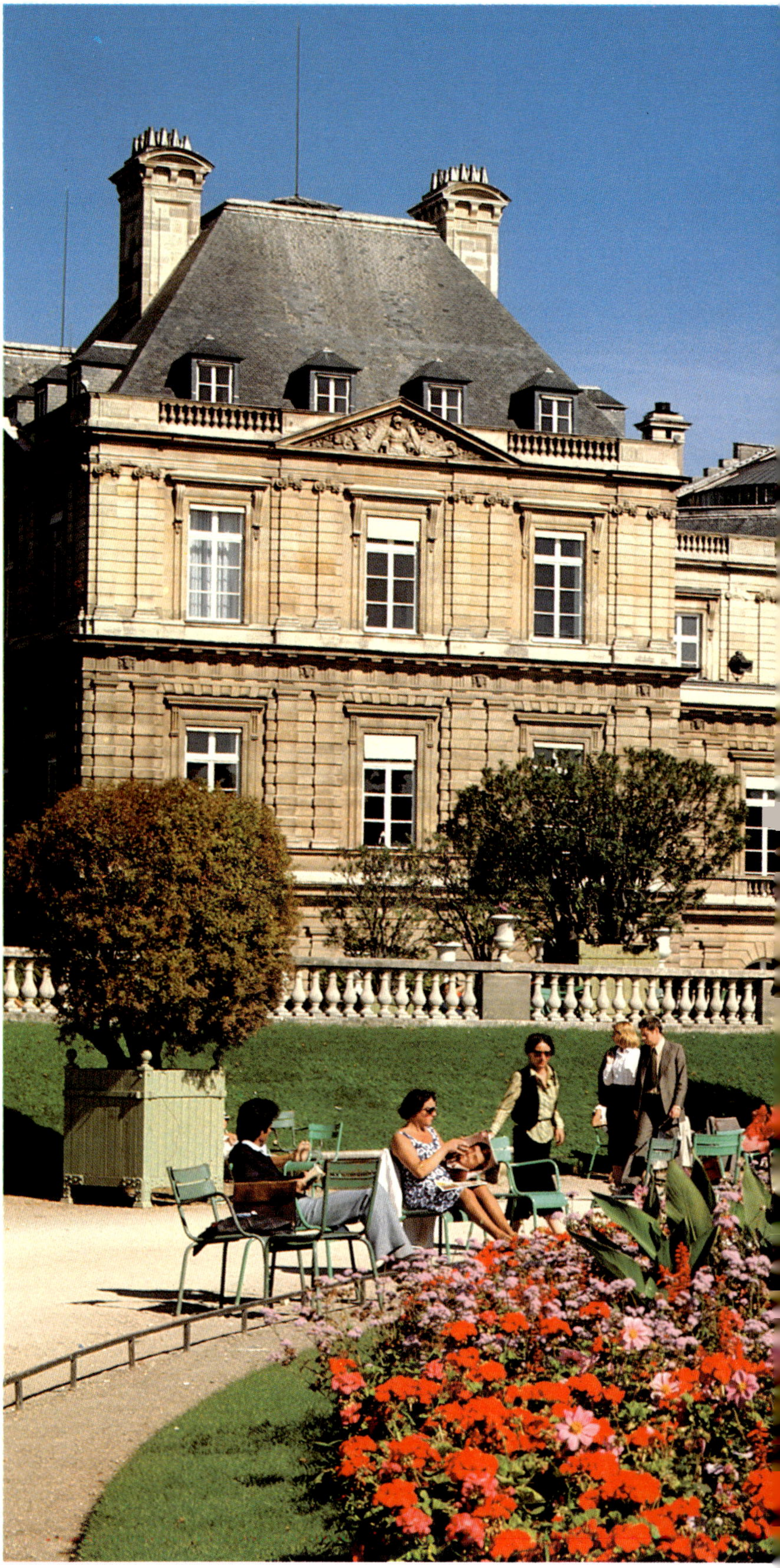

Le palais du Luxembourg.

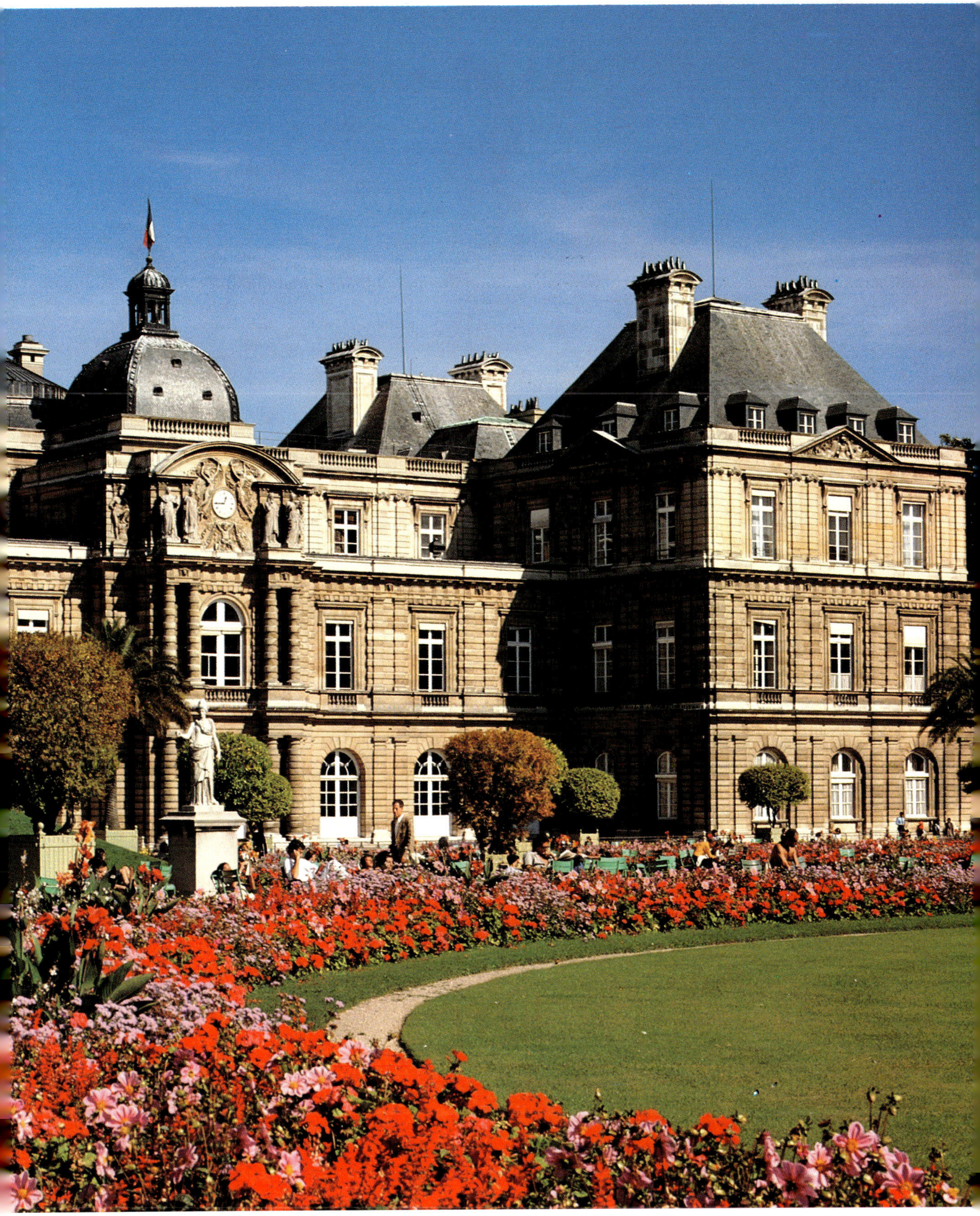

sont d'inspiration florentine, mais la façade et les deux pavillons ont été agencés « à la française ». Dans l'ancienne **bibliothèque**, on peut admirer les peintures de Delacroix (1847) et au plafond d'une galerie annexe les signes du zodiaque du peintre flamand Joardens. **L'escalier d'honneur** est l'œuvre de Chalgrin.

A l'endroit où les chartreux établirent leur monastère au XIIIe siècle (après qu'ils eurent exorcisé le fameux diable vauvert qui hantait les lieux), le **jardin** est, en plein quartier Latin, un véritable havre de paix. Il a été largement remanié au début du XIXe (par Chalgrin), puis sous le second Empire, et hésite entre le style anglais (celui des allées sinueuses) et français (les quinconces). On attribue la construction de **la fontaine de Médicis** à Salomon de Brosse. Le bas-relief de « Leda et son cygne » (1807) est l'œuvre de Chalgrin. Ottin a sculpté, en 1863, la statue de Polyphème : le cyclope s'apprête à écraser le berger sicilien Acis que lui a préféré la déesse Galatée. Dalou a réalisé le monument de Delacroix. Les statues, qui firent leur apparition sous Louis-Philippe, sont aujourd'hui presque aussi nombreuses que les étudiants qui ont essaimé dans les allées. Un **théâtre de marionnettes** donne plusieurs représentations par jour, pour la plus grande joie des enfants qui aiment le parc.

LE PALAIS-ROYAL
(Métro Palais-Royal)

Le Palais-Royal, ses galeries, ses jardins et la Comédie-Française constituent une oasis de paix au cœur de Paris, rompant ainsi avec des années d'activités intenses et tumultueuses.

En 1632, Le Mercier commence la construction, face au Louvre, d'un palais pour le cardinal de Richelieu. A sa mort en 1642, celui-ci le lègue à Louis XIII. La régente Anne d'Autriche s'installe avec son fils, le futur Louis XIV, dans le « **Palais-Cardinal** », alors rebaptisé Palais-Royal. Elle y mène grand train jusqu'aux soulèvements de la Fronde. Devenu

Colonnes de Buren au Palais-Royal.

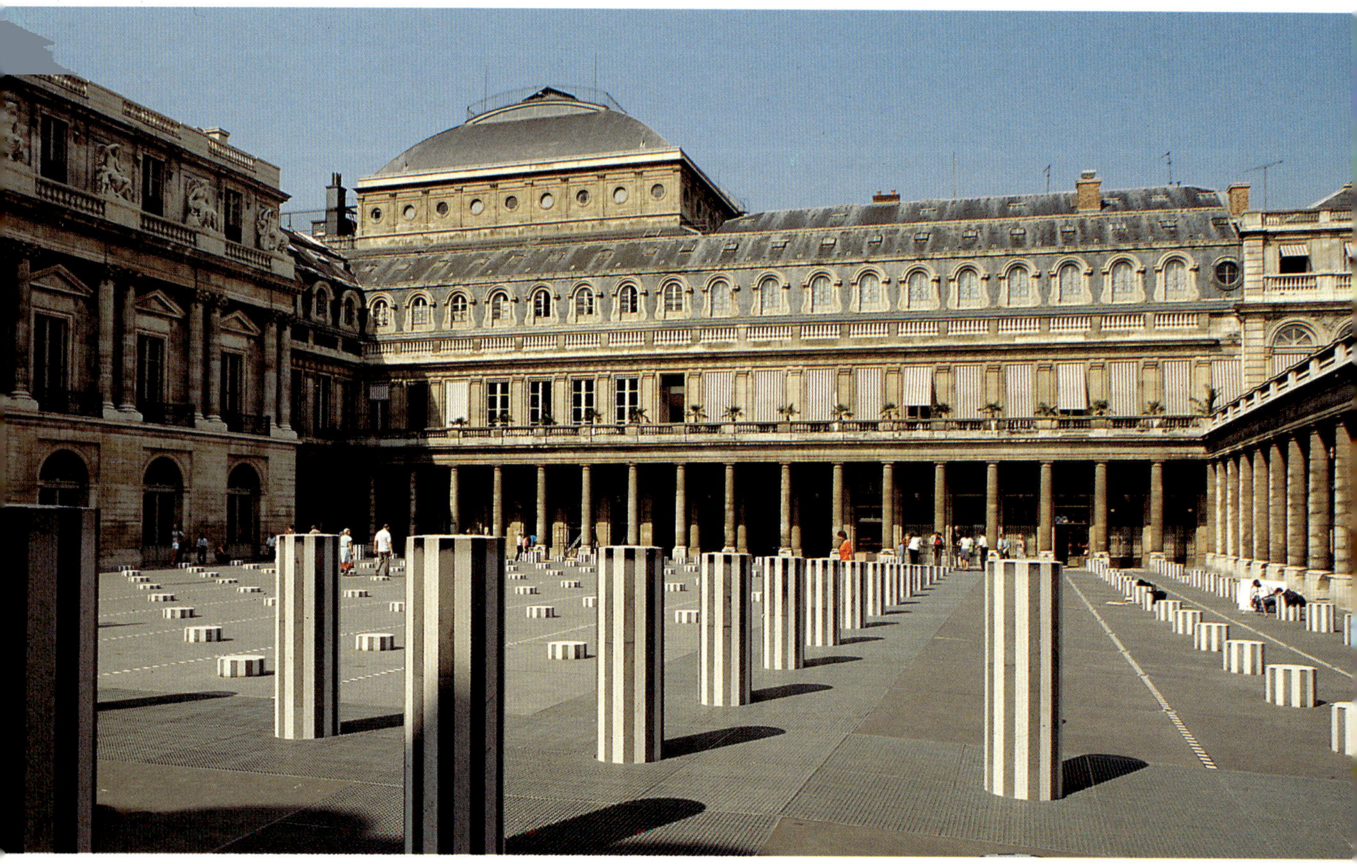

roi, Louis XIV, qui s'est installé au Louvre, loge sa favorite, Mlle de La Vallière, au palais, avant de le donner à son frère. Il devient propriété de la famille d'Orléans : le premier duc d'Orléans le fait remanier et y donne de splendides « soupers » et des fêtes somptueuses. C'est l'époque où le palais peut s'enorgueillir de prestigieuses collections de peintures venues de tous les pays.

En 1780, Louis-Philippe d'Orléans fait construire autour du jardin des maisons de jeu et des **galeries de commerce** en verre, attirant une foule de gens qui profitent aussi des cafés, des restaurants, des cabarets littéraires ou des boutiques de colifichets. Propriété d'Etat pendant la Révolution, le Palais-Royal se transforme en tribune populaire, puis en « **Palais-Egalité** » lors du retour sur le trône de la famille d'Orléans. Ce n'est plus qu'un tripot lorsque Napoléon décide d'y installer des administrations, la Bourse et le Tribunal de commerce. Il est saccagé et brûlé au cours des émeutes de 1848 et de celles de la Commune. De 1872 à 1876, Chabrol s'emploie à le restaurer. Il est aujourd'hui le siège du **Conseil d'Etat.**

Installées en 1985-1986 dans la cour d'honneur qui ouvre sur les jardins, les **colonnes**, de hauteurs différentes, conçues par **Daniel Buren**, ont été diversement accueillies. Rayées de gris et blanc, elles sont placées en damier sur un sol en béton, parcouru de lignes assorties.

Les **sculptures** de Pol Bury (1985), qui ornent les fontaines de la galerie, forment des grappes d'acier, mobiles, et reflètent l'architecture environnante.

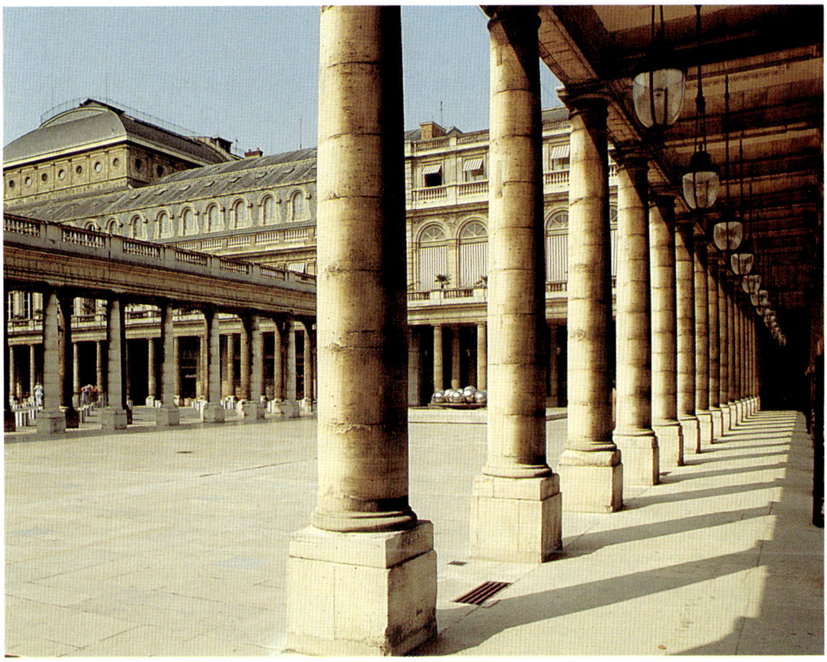

Le Palais-Royal (ci-dessus).

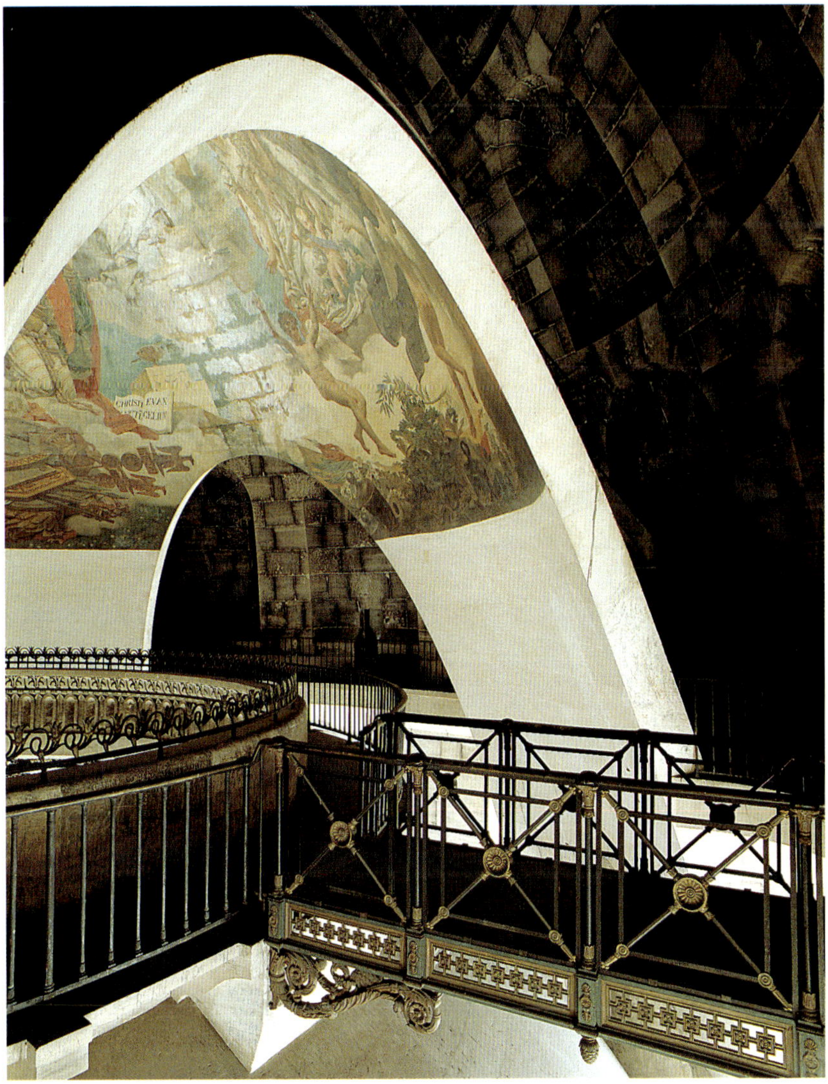

Le Panthéon (ci-dessous).

LE PANTHEON
(R.E.R. Luxembourg)

« Saint-Denis laïque et républicain », le Panthéon abrite dans sa crypte la dépouille de personnalités civiles, sorte de pendant aux sépultures militaires de l'Arc de triomphe ou des Invalides. Le Conventionnel Lazare Carnot et son fils Sadi, Zola, le député Baudin, le chimiste Berthelot et sa femme, Louis Braille, Paul Painlevé, Jean Jaurès, les physiciens Jean Perrin et Paul Langevin, Jean Moulin, des héros de la Révolution et de l'Empire y furent inhumés. C'est sous la Constituante qu'est inscrit, au fronton du monument : « Aux grands hommes, la patrie reconnaissante. »

A l'origine pourtant, l'édifice était religieux. A l'emplacement d'une ancienne chapelle dédiée à sainte Geneviève, patronne de Paris, Louis XV, qui en avait fait le vœu lors d'une grave maladie, entreprend la construction d'une superbe église. Soufflot commence en 1755 des travaux qui seront lents et onéreux (le roi doit recourir à des loteries). Rondelet achève après 1780 ce gigantesque monument de 110 m sur 84, haut de 82 m. La Révolution, qui en fait un panthéon, y honore des dieux plus laïcs. Les baies et les entrées latérales sont murées, deux clochers rasés et les croix enlevées. Mirabeau, Voltaire et Rousseau y sont enterrés. L'église est rendue au culte sous Napoléon, redevient panthéon avec Louis-Philippe, puis est à nouveau temple religieux sous Napoléon III. Lorsqu'elle accueille les cendres de Victor Hugo en 1885, elle est défi-

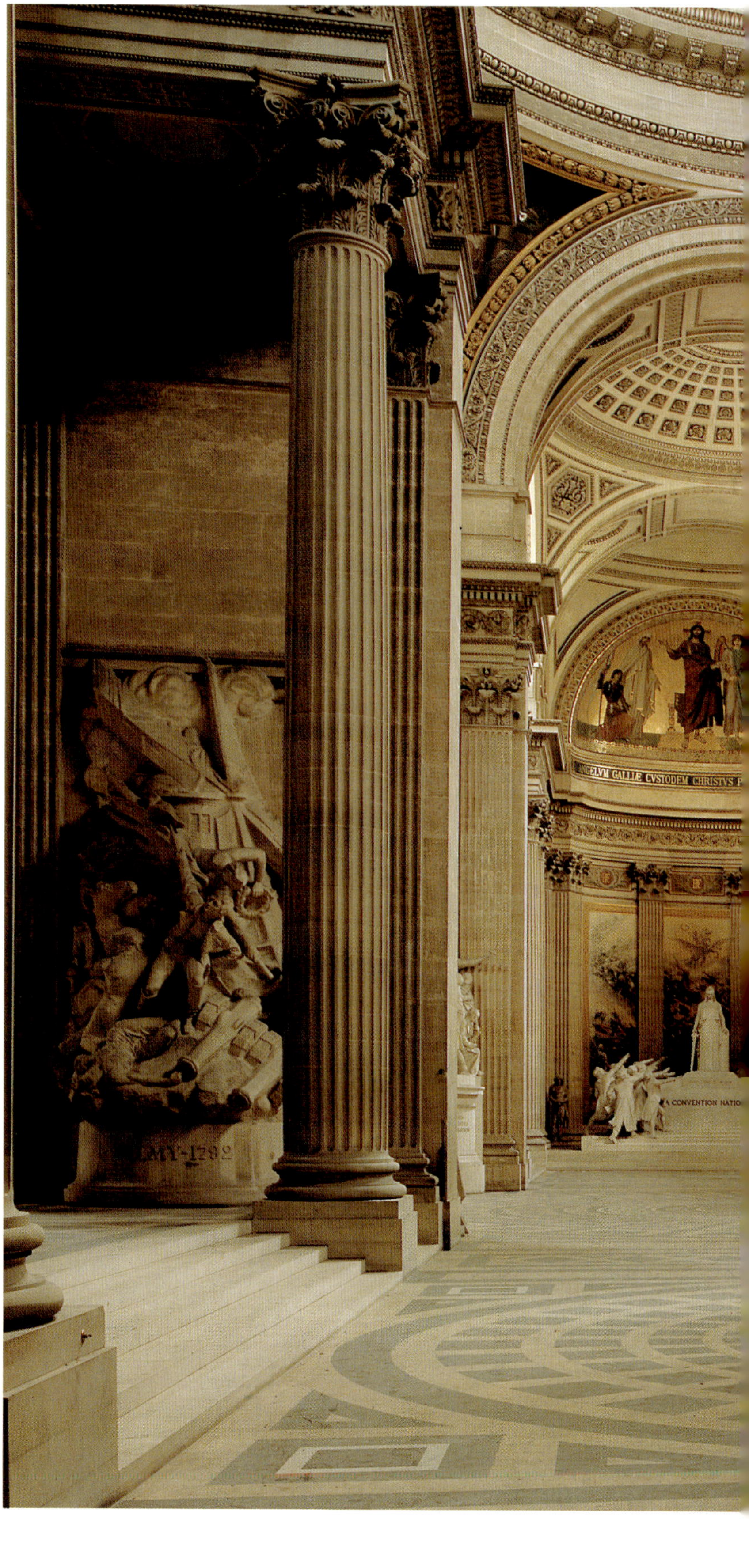

Le Panthéon.

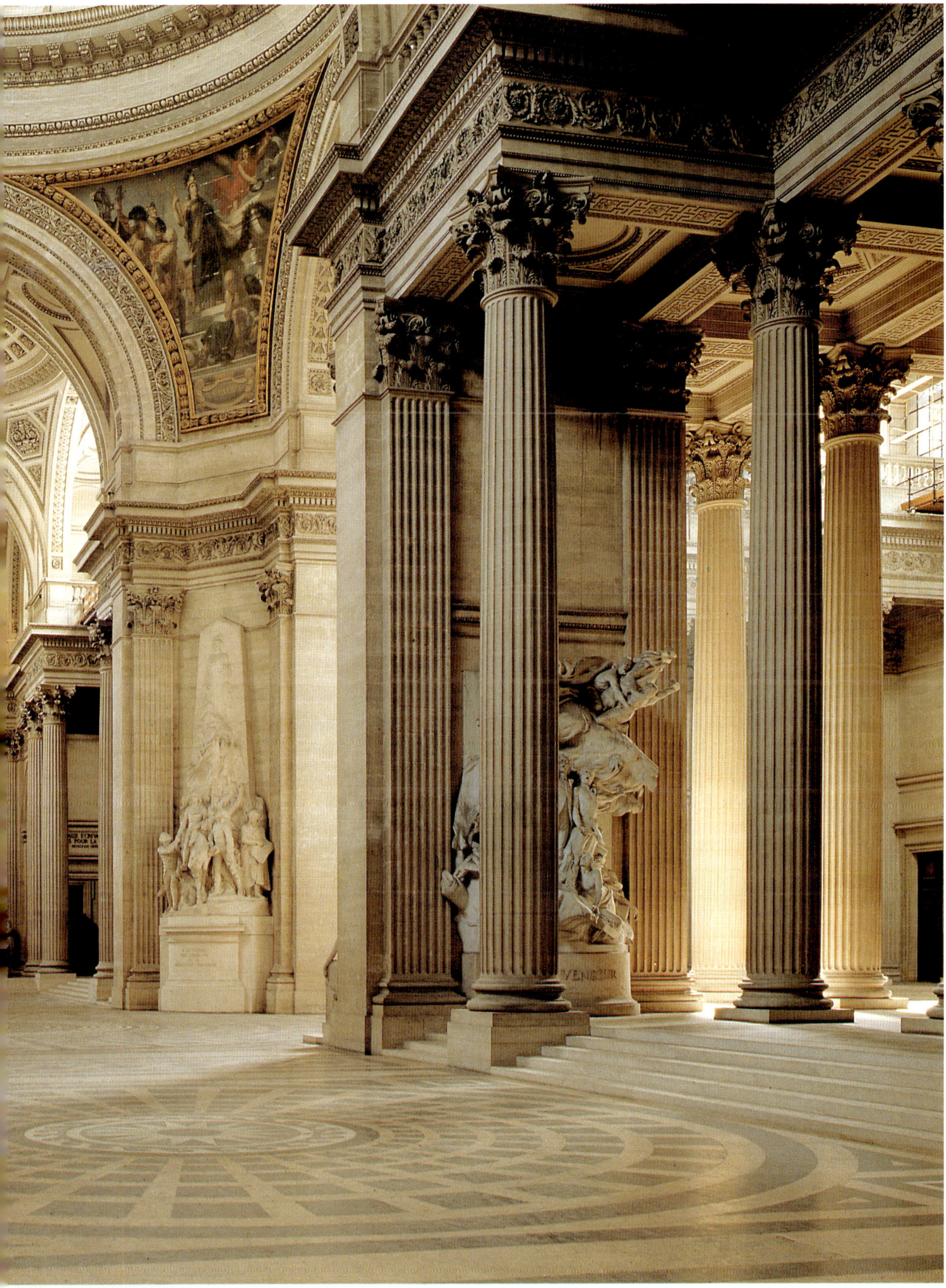

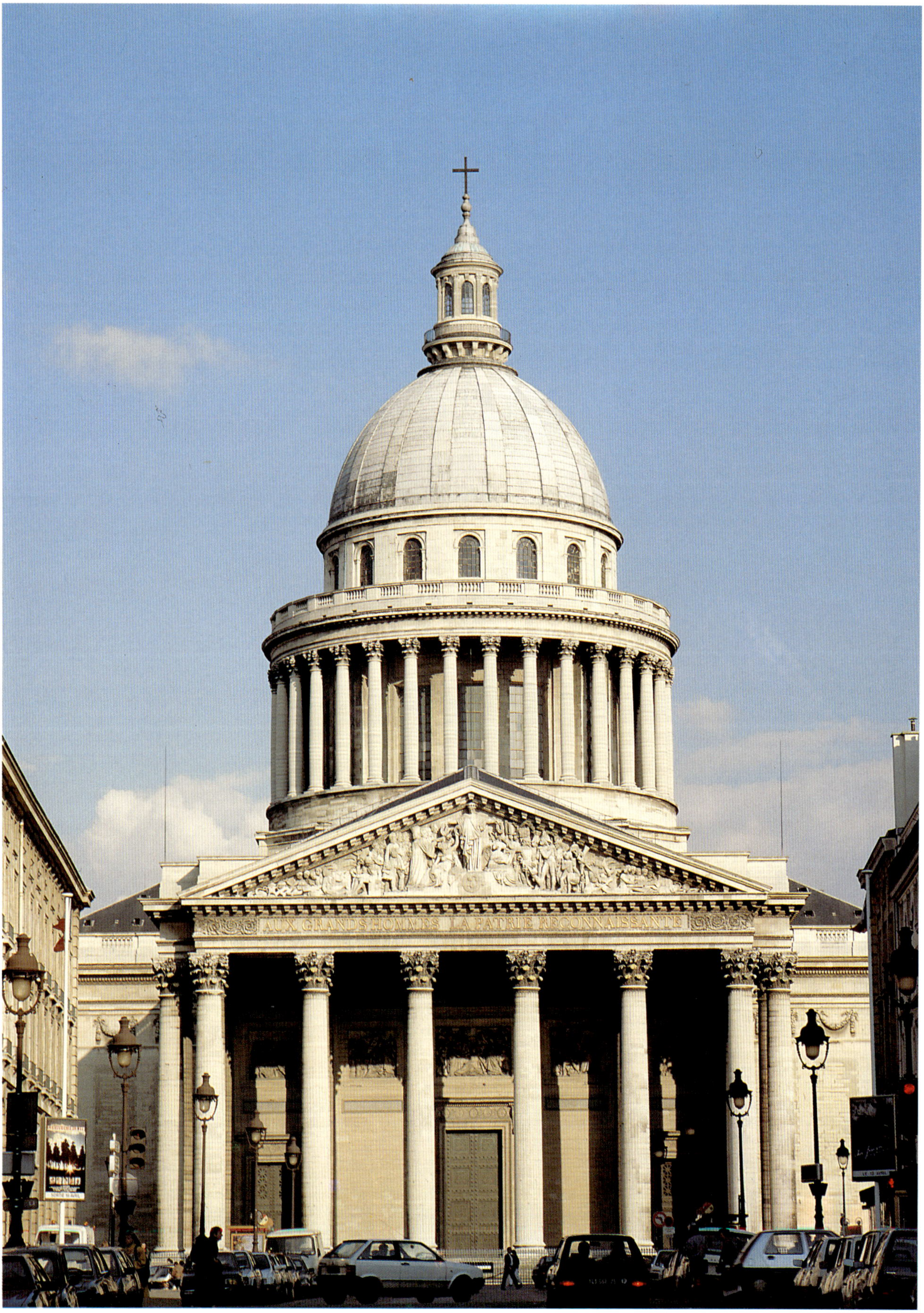
AUX GRANDS HOMMES LA PATRIE RECONNAISSANTE

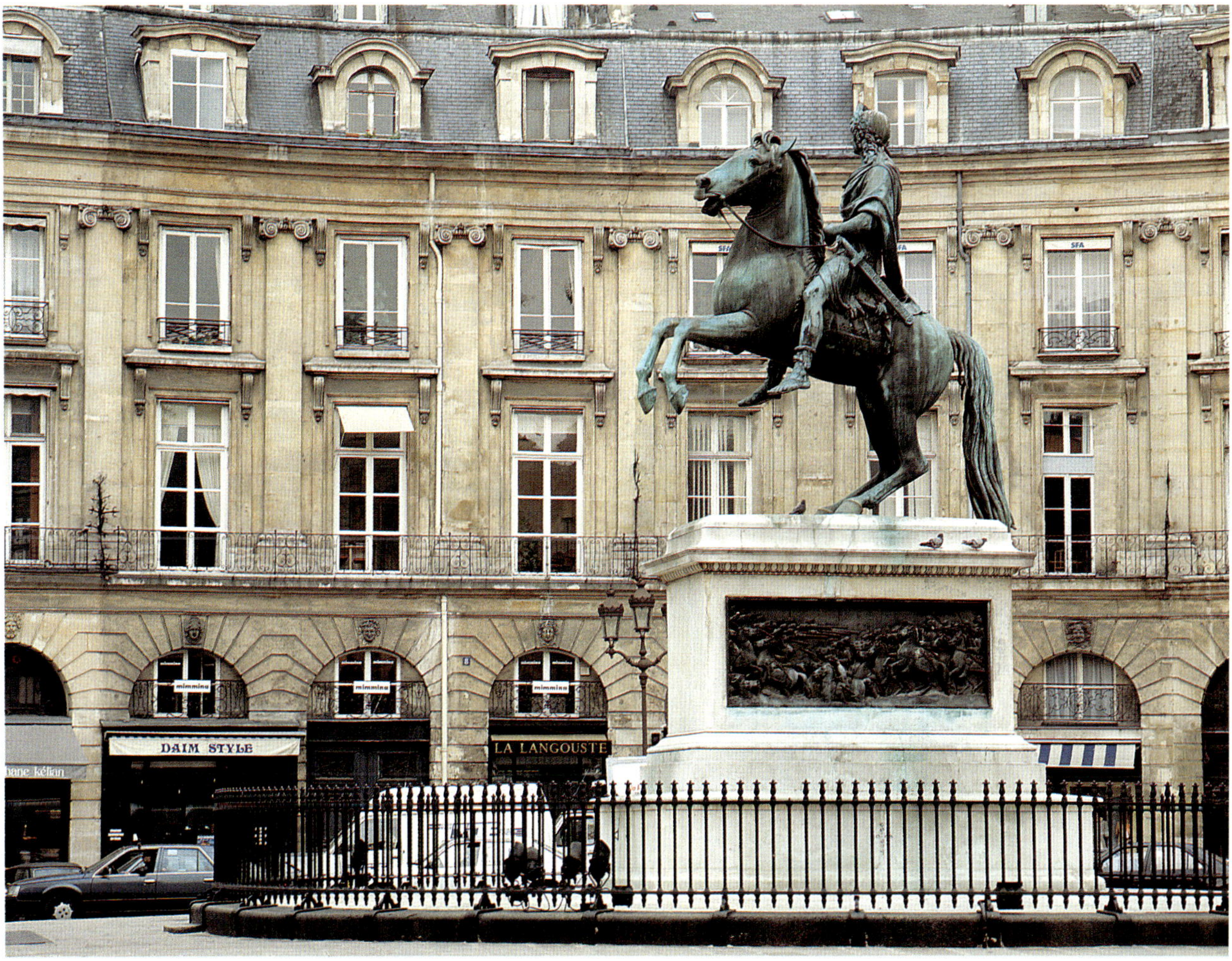

Place des Victoires.

Le Panthéon (ci-contre).

nitivement redevenue civile. Ces multiples affectations ne sont pas allées sans dommage pour l'édifice.

La façade antique aux colonnes corinthiennes est surplombée par un **fronton** qui s'orne d'une sculpture de David (1831) organisant les rapports entre la Patrie, la Liberté et l'Histoire. L'intérieur est en forme de croix grecque. Sous la coupole, une fresque de Gros (1811) figure l'Apothéose de sainte Geneviève, dont Puvis de Chavannes a retracé l'histoire dans le chœur, à gauche, et Laurens la mort (à droite). On peut aussi admirer quelques sculptures des XIXe et XXe siècles.

Le dôme possède 32 colonnes du même ordre que celles de la façade, et rappelle celui de Saint-Paul de Londres. Il a conservé sa croix de pierre fixée en 1873.

LA PLACE DES VICTOIRES

(Métro Bourse)

Le duc de Feuillade, courtisan de Louis XIV, désireux d'honorer son souverain, commande au sculpteur Desjardins une statue du roi, en marbre. Pour donner au monument un cadre digne de lui, il fait exécuter par l'architecte Jules-Hardouin Mansart une place ovale, dont les hôtels, construits tous sur le même style, forment un ensemble superbe. La statue du Roi-Soleil est détruite en 1792, celles qui l'encadrent sont transférées au parc de Sceaux, et les bas-reliefs au Louvre. Une nouvelle statue est érigée par Bosio en 1822. Les commerçants qui affluent à partir du XIXe infligent de sérieuses dégradations à la place dont l'harmonie est rompue, en 1833, par le percement de la rue Etienne-Marcel. Les très beaux hôtels en arcades ont hébergé de glorieux personnages, parmi lesquels les financiers Crozat et Samuel Bernard.

Place Vendôme.

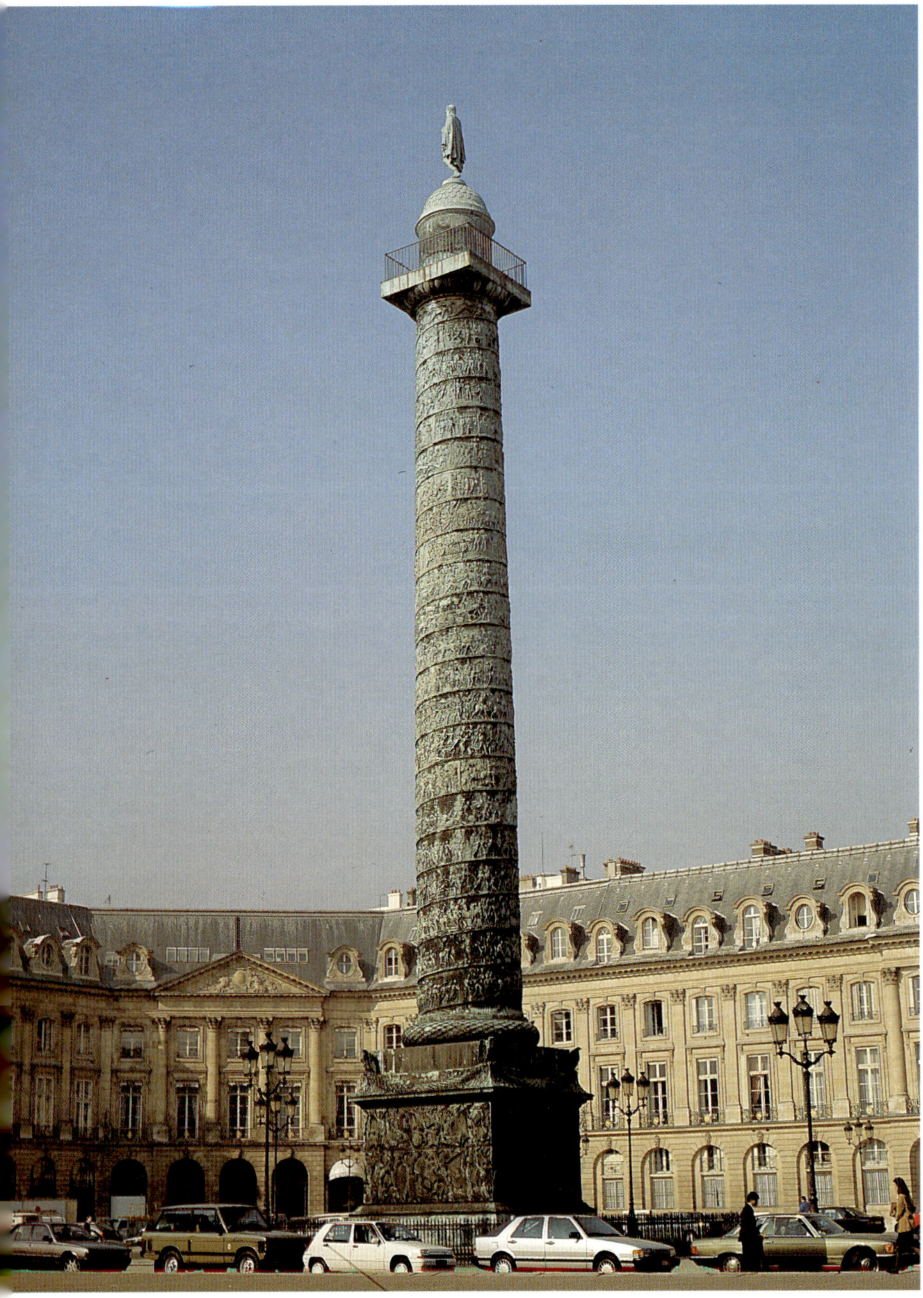

LA PLACE VENDOME
(Métro Pyramides-Opéra)

Jules Hardouin-Mansart conçut et réalisa cette **place Royale** dédiée initialement, comme la place des Victoires, à Louis XIV. Elle fut construite entre 1687 et 1720, à l'emplacement de l'hôtel du duc de Vendôme, fils de Henri IV et de Gabrielle d'Estrées. La statue équestre de Louis XIV, élevée en 1699 par Girardon, fut détruite pendant la Révolution. La place devait accueillir des administrations et des institutions de la monarchie, mais les terres qui s'étendaient par-delà les superbes façades firent l'objet de spéculations et furent achetées par des banquiers, des fermiers généraux (dont Law) et des architectes (dont Hardouin-Mansart et Boffrand). Cet octogone de 224 m sur 213 m devint alors un très bel ensemble architectural : au rez-de-chaussée, les arcades alternent avec les avant-corps, et les lucarnes percent les toits, tout en haut. Les **hôtels** qui bordent la place ont hébergé diverses personnalités de la monarchie, puis de la Révolution, des deux empires et de la Restauration. Au n° 12 mourut Chopin. Le prestigieux hôtel Ritz est sis au 19. Le ministère de la Justice occupe les numéros 11 et 13 (l'ancienne chancellerie du royaume). Joailliers, parfumeurs et banquiers attirent ici une clientèle de luxe.

La **colonne** fut élevée sous Napoléon Ier, en 1810, pour remplacer la statue équestre de Louis XIV. Haute de 44 m, édifiée sur le modèle de celle de Trajan à Rome, elle a été fondue grâce aux 12 000 canons rapportés d'Austerlitz et célèbre les exploits des armées napoléoniennes. En 1814, la statue de Napoléon qui trônait au sommet est remplacée à son tour par celle de Henri IV, puis par une statue de l'Empereur en « petit caporal » en 1833 (sous Louis-Philippe). Le monument est à nouveau déboulonné pendant la Commune — à l'instigation notamment du peintre Courbet. Une réplique de la statue pri-

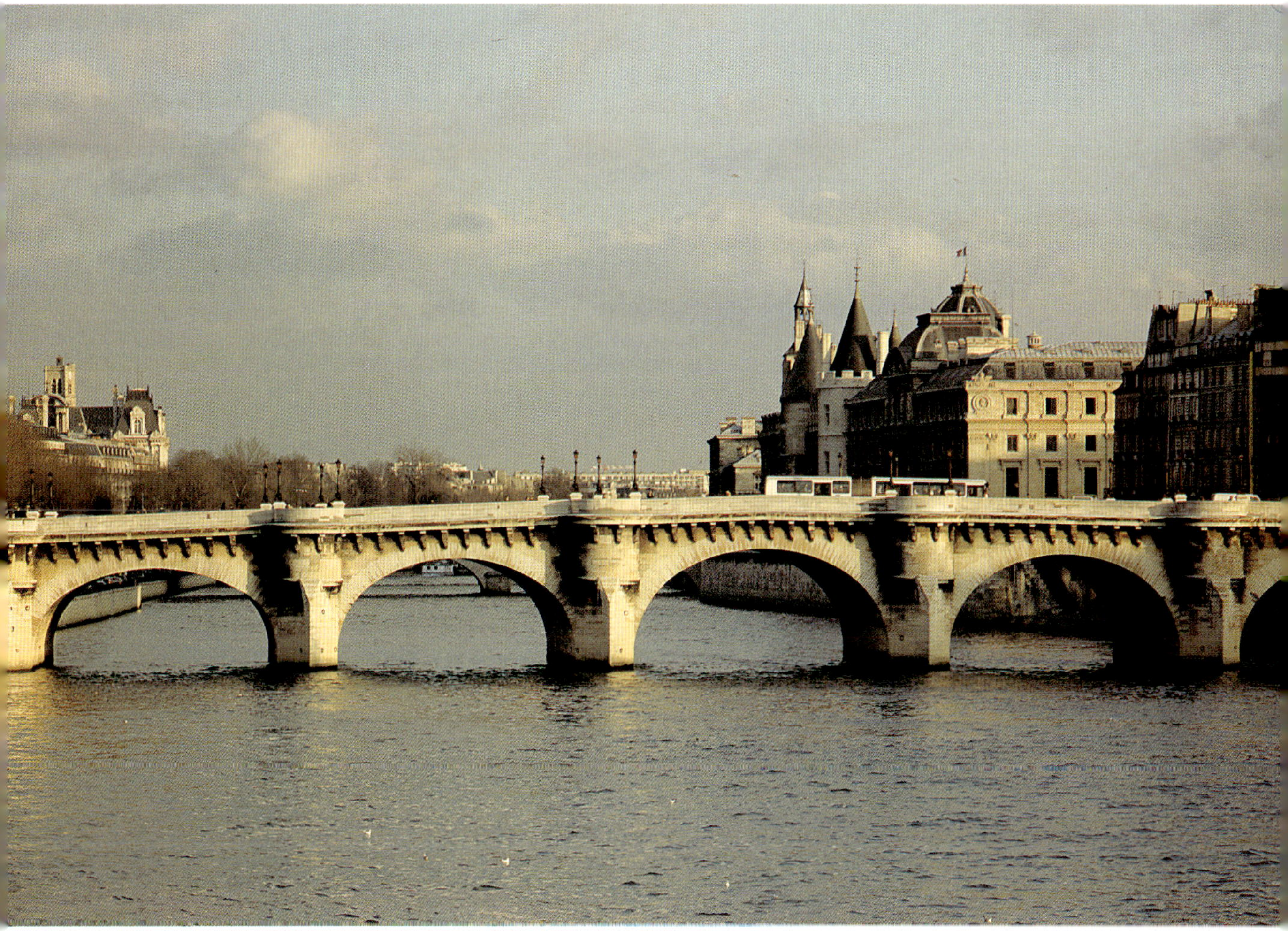

Le Pont-Neuf (ci-dessus et en pages suivantes).

mitive, représentant l'Empereur en costume de César, est remise en place en 1874, aux frais du peintre.

LE PONT-NEUF

(Métro Pont-Neuf)

Comme son nom ne l'indique pas, c'est le plus ancien pont de Paris. Il a conservé sa forme initiale (d'où l'expression populaire « se porter comme le Pont-Neuf »). Du Cerceau en commence la construction en **1578**, et Henri IV l'inaugure à cheval en 1607. Il relie la pointe ouest de la Cité aux deux îlots des Juifs et du Patriarche, annonçant le plan futur des quais. Sa conception est tout à fait nouvelle : très large, il accueille les passants sur des **trottoirs** et leur offre le spectacle de la Seine que n'entrave la présence d'aucune maison. Il devient vite un lieu de rencontres, bonnes ou mauvaises, pour des promeneurs, des badauds et toutes sortes de commerçants : bouquinistes, arracheurs de dents, bateleurs... et coupe-bourses. 314 mascarons très divers sont répartis le long des douze arches. Jusqu'en 1813, une pompe assurait la consommation d'eau du Louvre. Une sculpture y représentait la Samaritaine versant de l'eau au Christ (c'est l'origine du nom du grand magasin de la rue de la Monnaie). Au XIXe, Baltard conçoit les candélabres que l'on voit encore.

Plusieurs restaurations sont intervenues, qui, cependant, n'ont pas porté atteinte à la structure de base du pont.

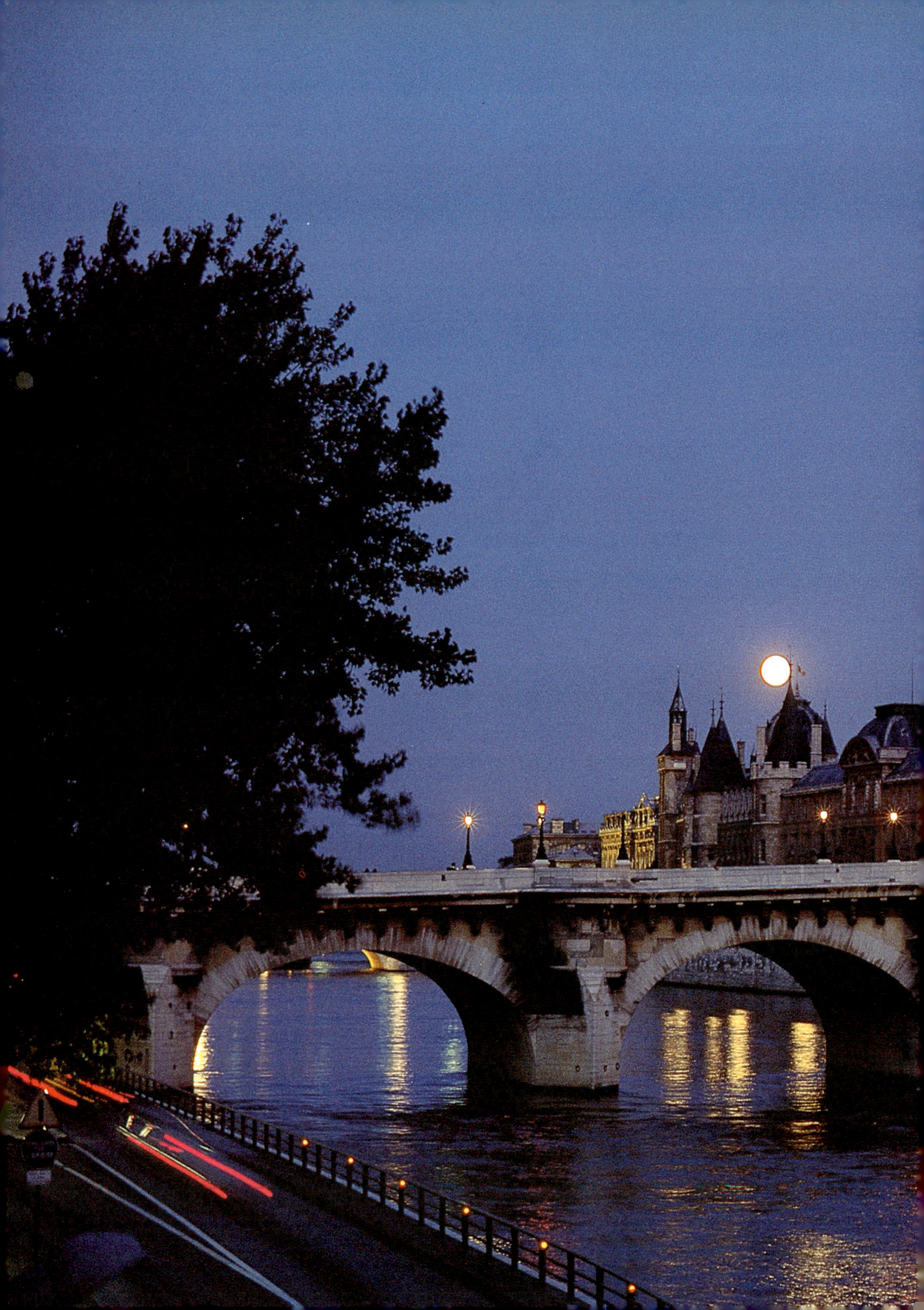

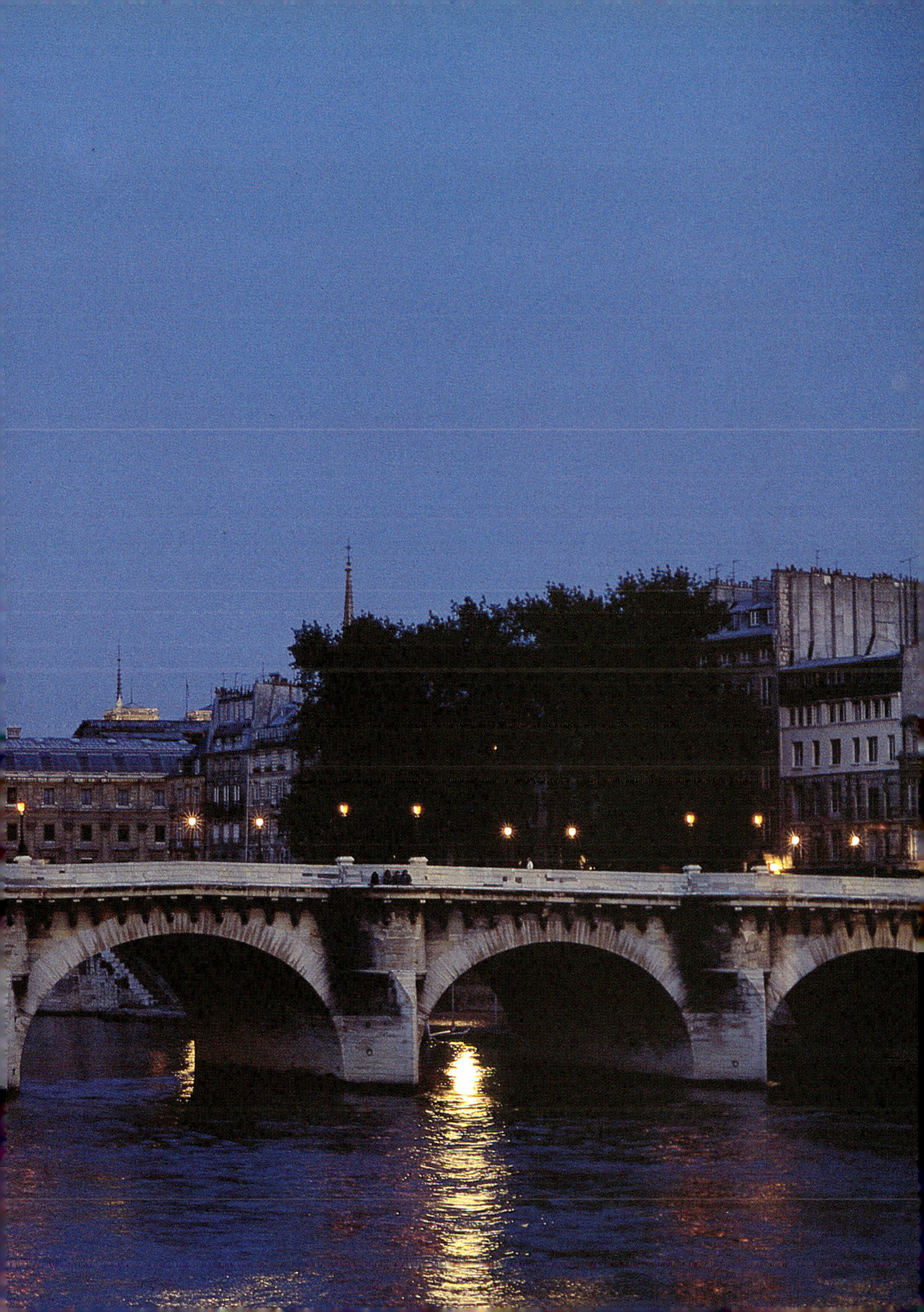

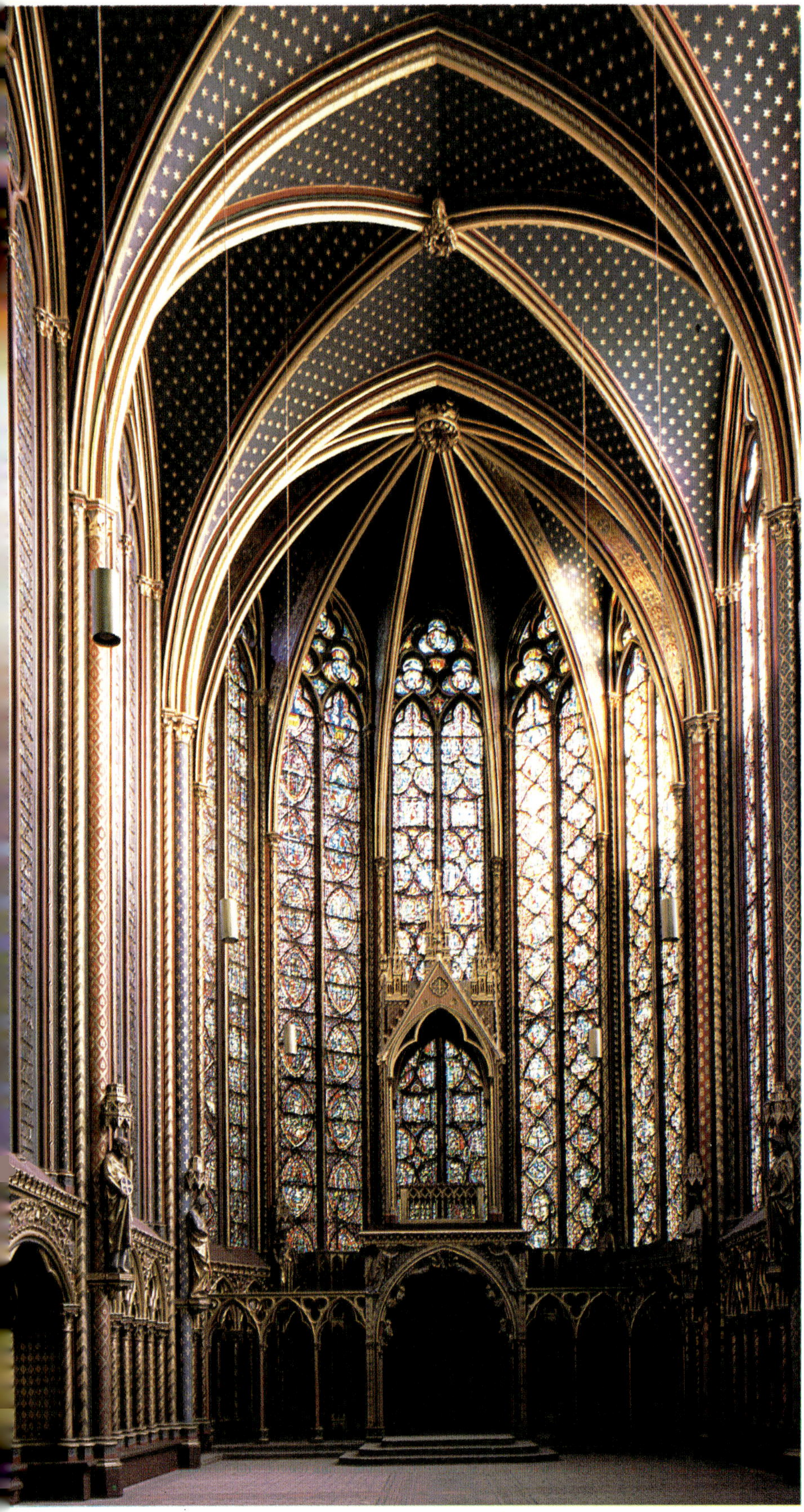

LA SAINTE-CHAPELLE

(Métro Cité)

C'est Saint Louis qui ordonna en 1246, vraisemblablement à Pierre de Montreuil, la construction de ce joyau de l'architecture gothique, réalisé en moins de trois ans. Il voulait une église digne de recevoir les reliques de la sainte Croix et la couronne d'épines rachetée au dernier empereur français à Constantinople. A l'origine, la chapelle ne communiquait avec les appartements du roi que par une galerie. Elle s'insère aujourd'hui dans le vaste ensemble dépendant du Palais de justice ; seule sa longue flèche, plusieurs fois reconstruite, jaillit à 75 m du sol.

Comme toutes les chapelles privées de l'époque, elle fut édifiée sur deux niveaux, l'étage étant réservé aux seigneurs, et le sanctuaire inférieur aux gens du palais et de l'extérieur.

La **chapelle basse**, dédiée à Notre-Dame, n'a que 7 m de hauteur et se divise en 3 nefs. La décoration originelle, qui associait les colonnettes à un ornement d'arcatures trilobées, fut renforcée au XIXe par une polychromie excessive.

La **chapelle haute** baigne dans une majestueuse luminosité diffusée par des verrières de 15 m de haut et de 4 m de large qui, remplaçant les murs, allègent subtilement l'architecture. Plus de la moitié des **vitraux** sont d'époque, les autres furent restaurés au XIXe. Ils animent sur environ 600 m²

La chapelle haute.

La Sainte-Chapelle (ci-contre).

La chapelle basse (en pages 102-103).

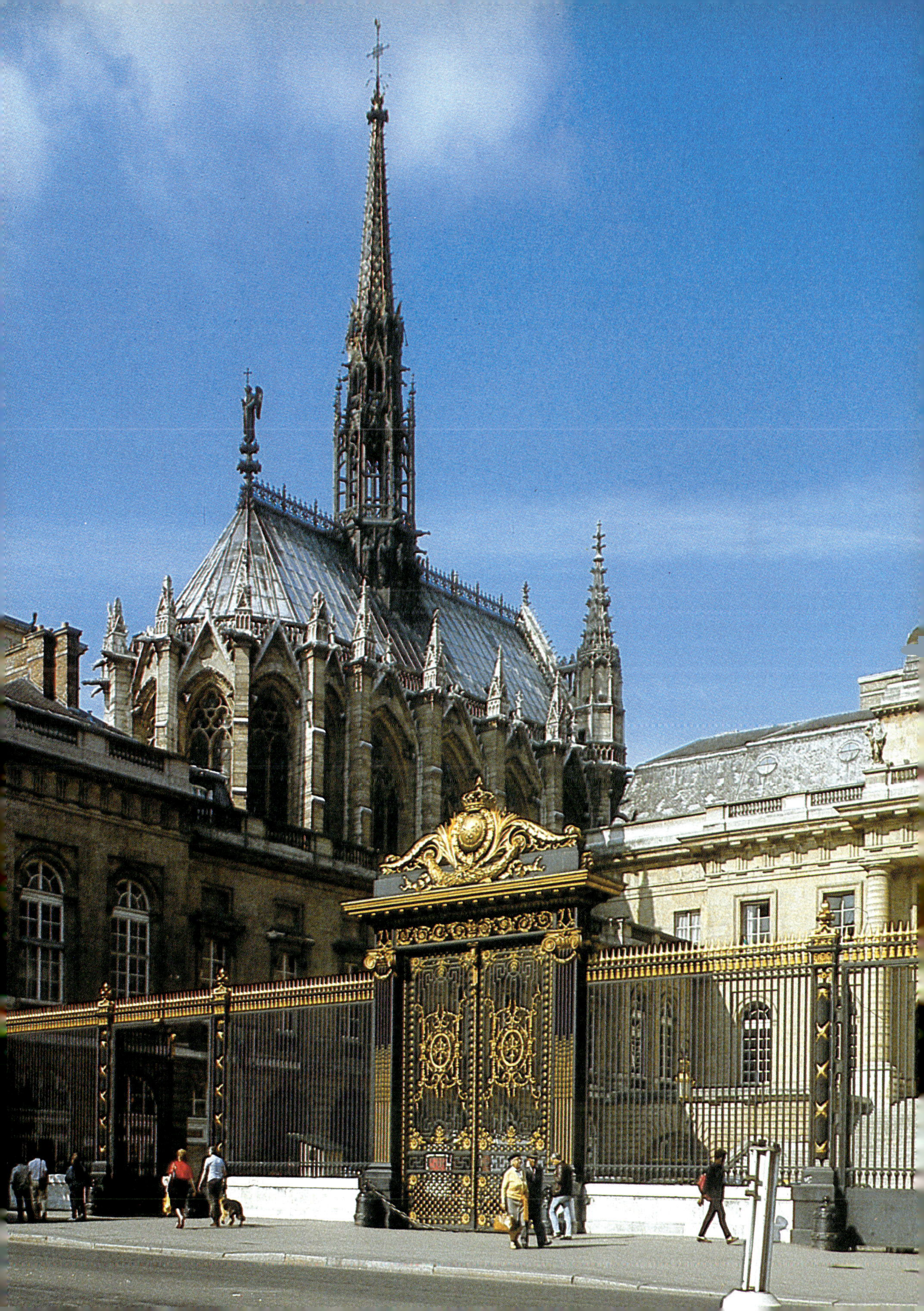

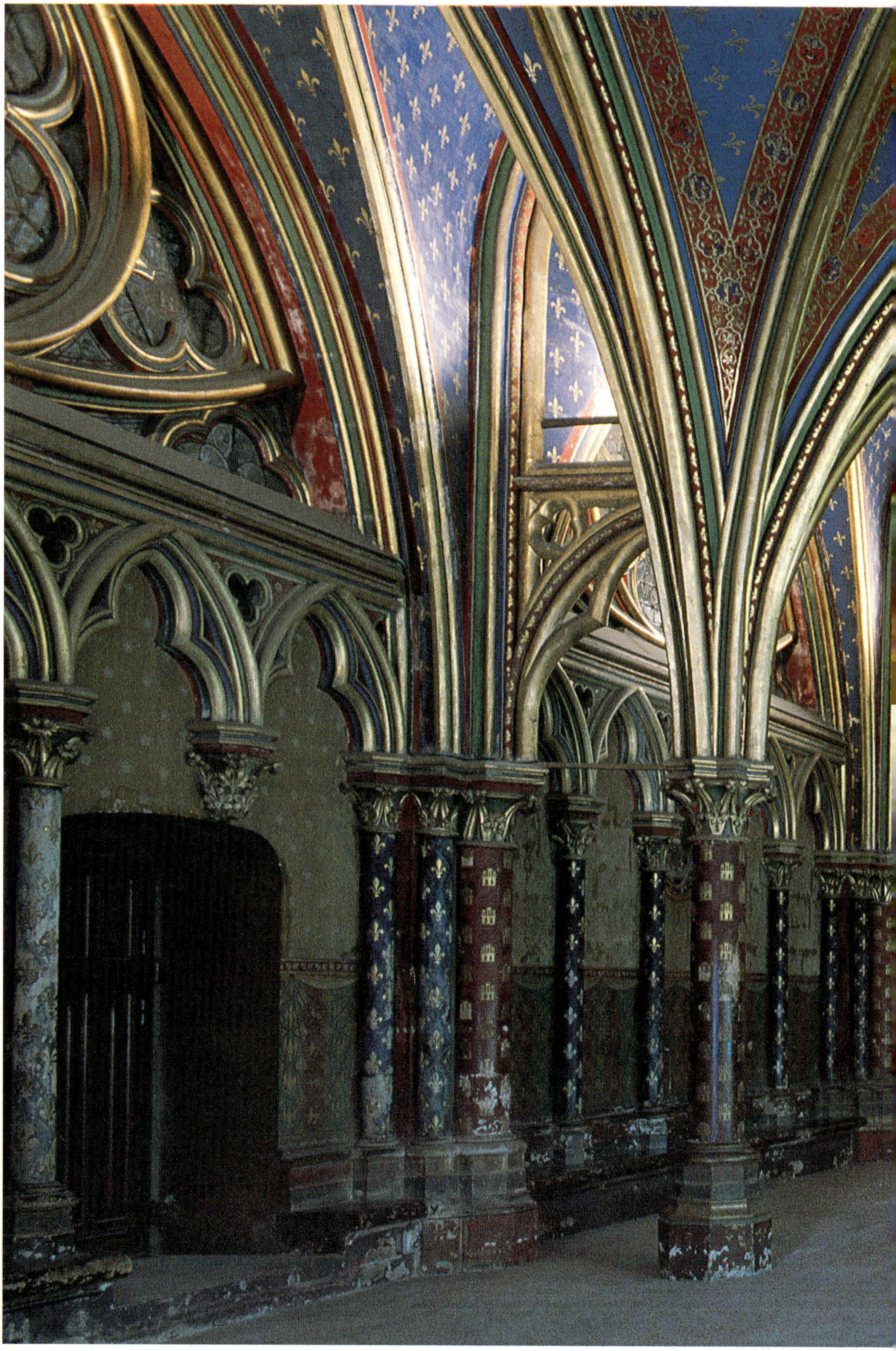

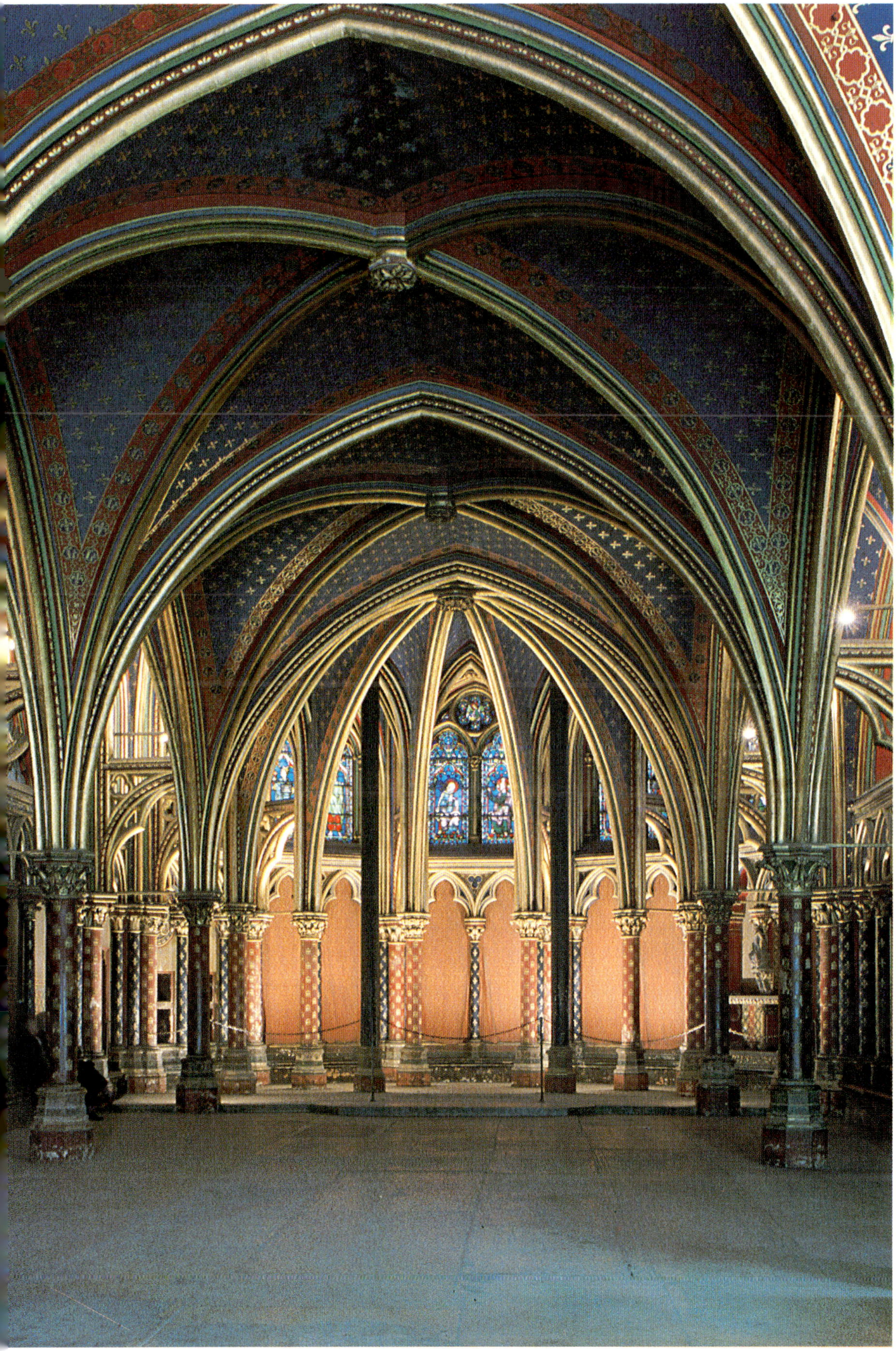

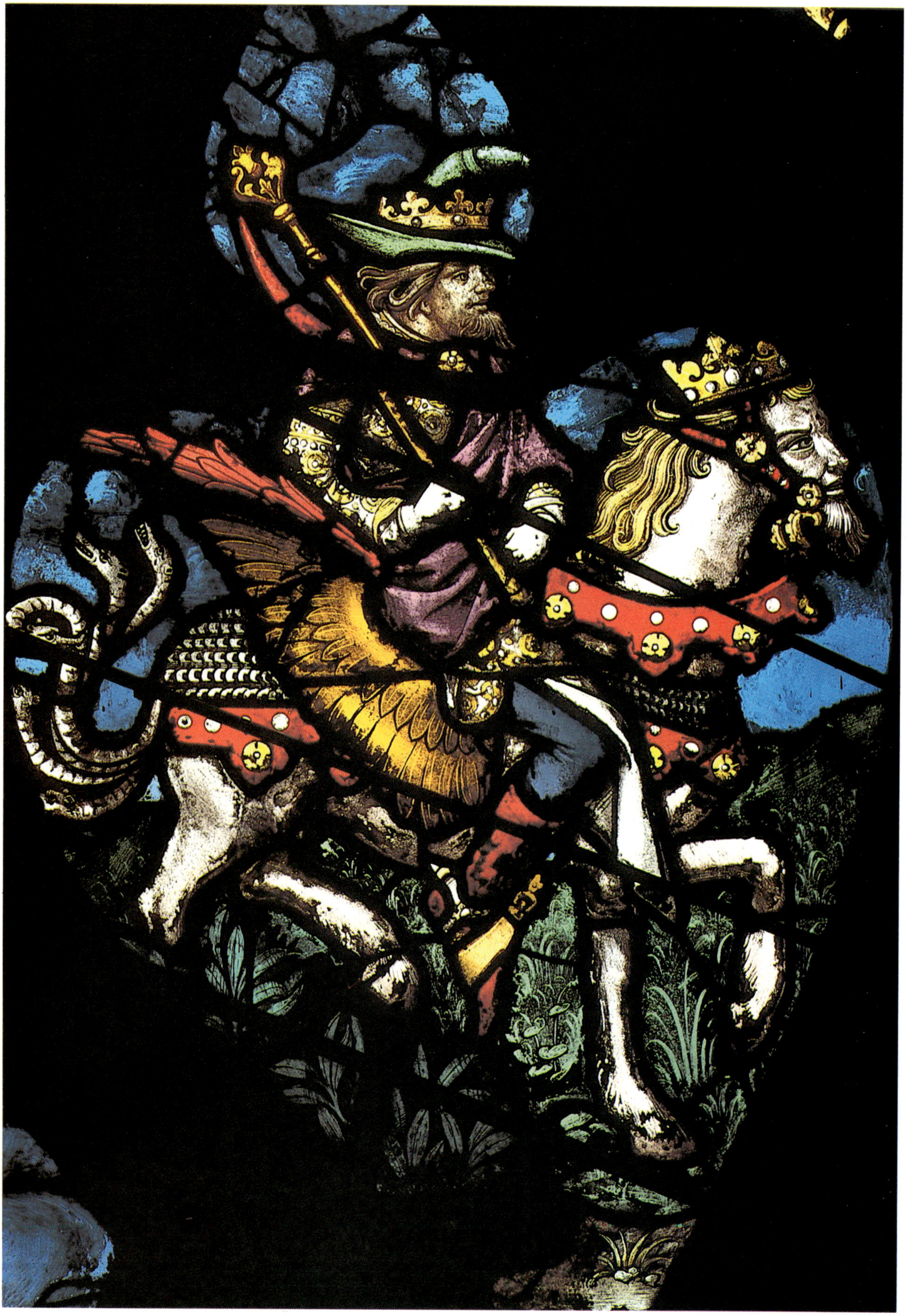

quelque 1 000 scènes. Chaque fenêtre traite d'un sujet particulier. L'iconographie s'inspire de l'Ancien Testament, de l'histoire des reliques, de la passion du Christ ou de la vie de saint Jean. La grande **rose de la façade**, reconstruite à la fin du XVe siècle, illustre le texte de l'Apocalypse. L'unique nef a 20 m de haut et 17 m de large. Derrière l'autel, sous le baldaquin de bois doré, étaient exposées les reliques de la Passion. Des deux escaliers de bois, seul celui de gauche est d'origine. Incendiée en 1630, saccagée par la suite, la Sainte-Chapelle a été remaniée au siècle dernier sous la direction de Viollet-le-Duc.

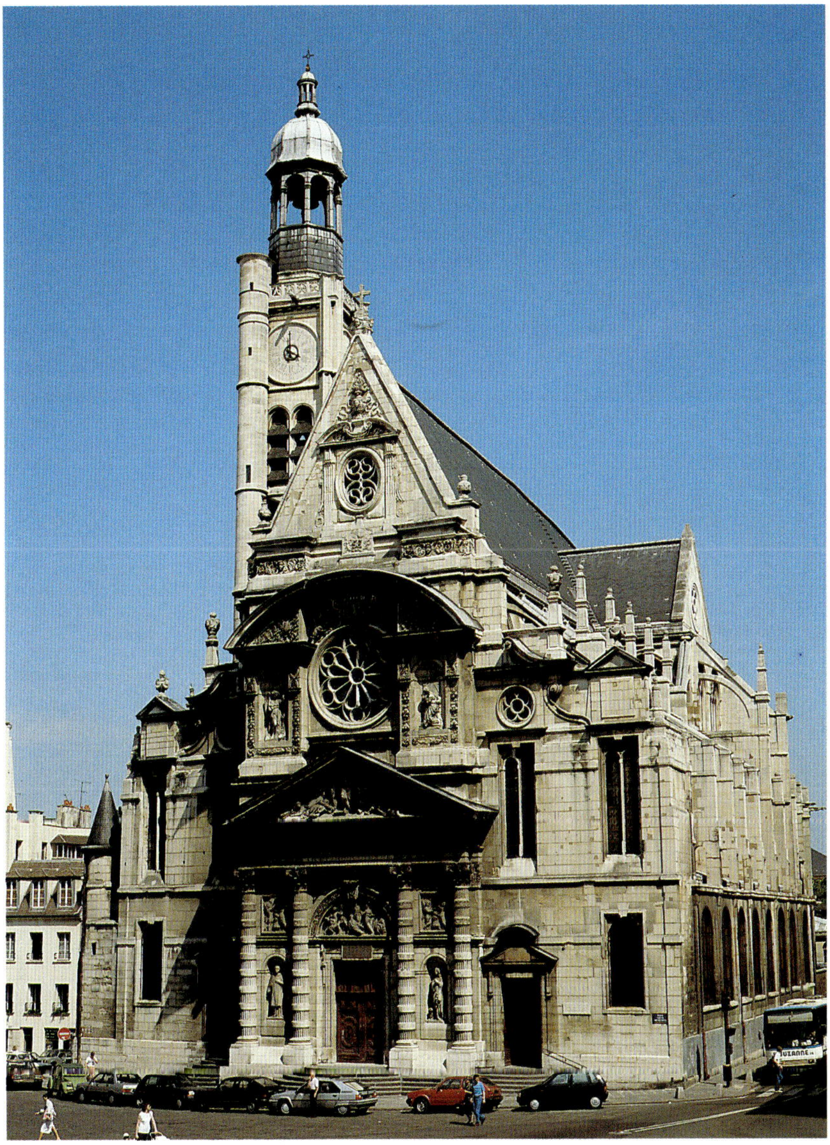

Saint-Etienne-du-Mont (ci-dessus).

Un sceptre d'or à la main, l'Ange de l'Abîme chevauche un cheval à tête d'homme, devant un vol de sauterelles. (Apocalypse, IX, 11)(en page 104).

Jubé de Saint-Etienne-du-Mont (en pages suivantes).

SAINT-ETIENNE-DU-MONT

(R.E.R. Luxembourg ou métro Cardinal-Lemoine)

Sur la montagne consacrée à sainte Geneviève s'élevait au XIIIe siècle une abbaye dont l'église se révéla vite trop étroite pour une population qui ne cessait d'augmenter depuis l'ouverture des collèges de l'Université. En 1220, on entreprend la construction d'une autre église, dédiée à saint Etienne, elle-même agrandie en 1492. Mais les travaux, très lents, ne sont achevés qu'en 1626.

L'église porte donc l'empreinte de styles successifs. La façade, élevée tardivement (au début du XVIIe), est un mélange d'architecture gothique et Renaissance. Le chœur et la nef sont flamboyants. Le clocher date pour sa partie inférieure de 1492, mais ne fut terminé qu'en tout dernier. La principale originalité de l'église réside dans l'existence de son **jubé** (le seul qui subsiste dans Paris), construit entre 1521 et 1545. C'est probablement Philibert Delorme qui dessina cette galerie du gothique flamboyant séparant le chœur et la nef. Les portes latérales, ajoutées au tout début du XVIIe, sont d'inspiration classique. La chaire fut en partie réalisée par Germain Pilon en 1651 et le buffet d'orgue par Jean Buron au XVIIe (il a subi, depuis, plusieurs restaurations).

Saint-Etienne-du-Mont s'orne aussi de très beaux **vitraux** des XVIe et XVIIe (dont ceux, restés intacts, du cloître « des Charniers »), de tableaux et des épitaphes de Racine et de Pascal qui y furent inhumés. Elle abrite les reliques de sainte Geneviève, dans une **châsse** de cuivre doré du XIXe siècle.

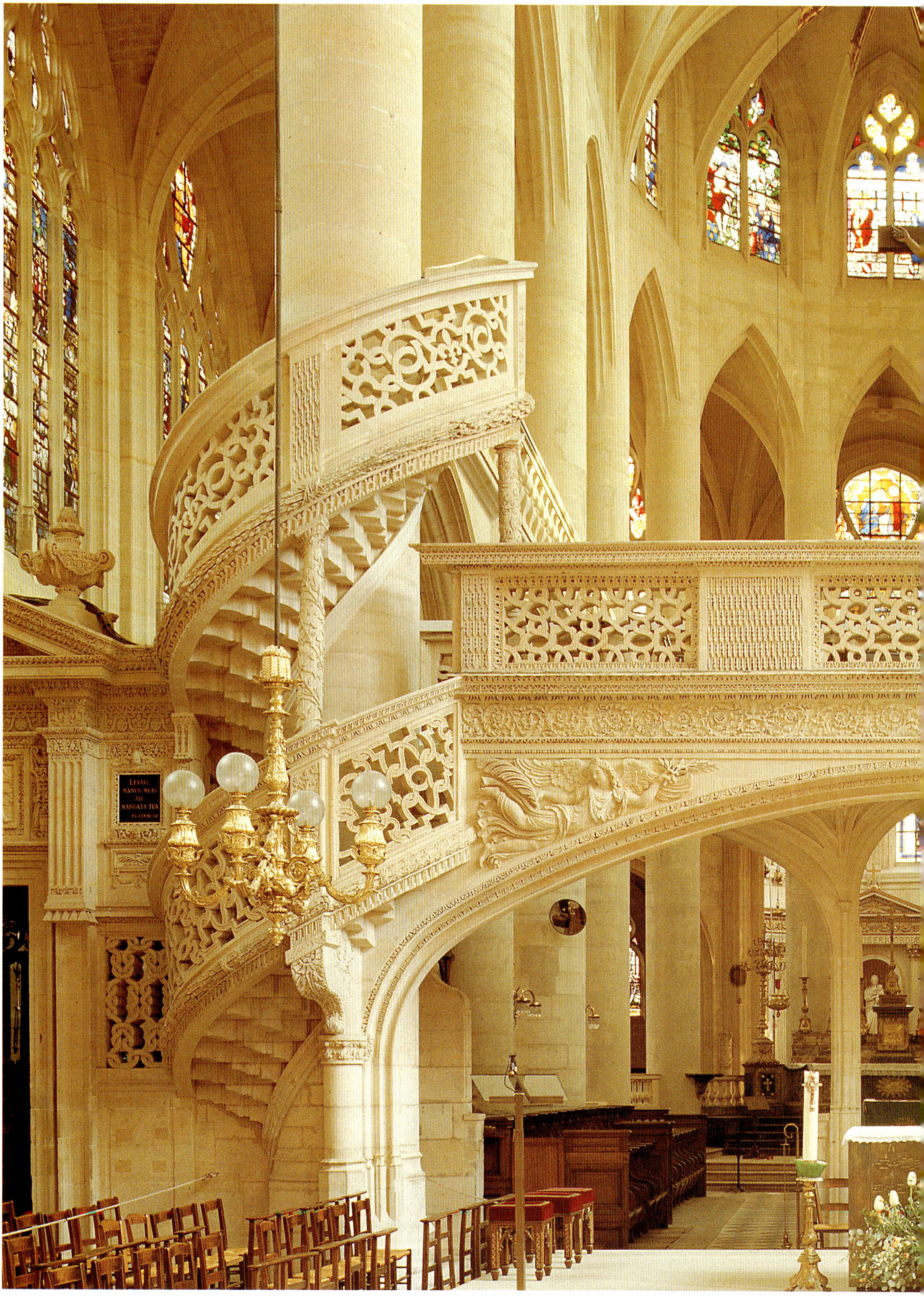
LEVAVI
MANUS MEAS
AD
MANDATA TUA

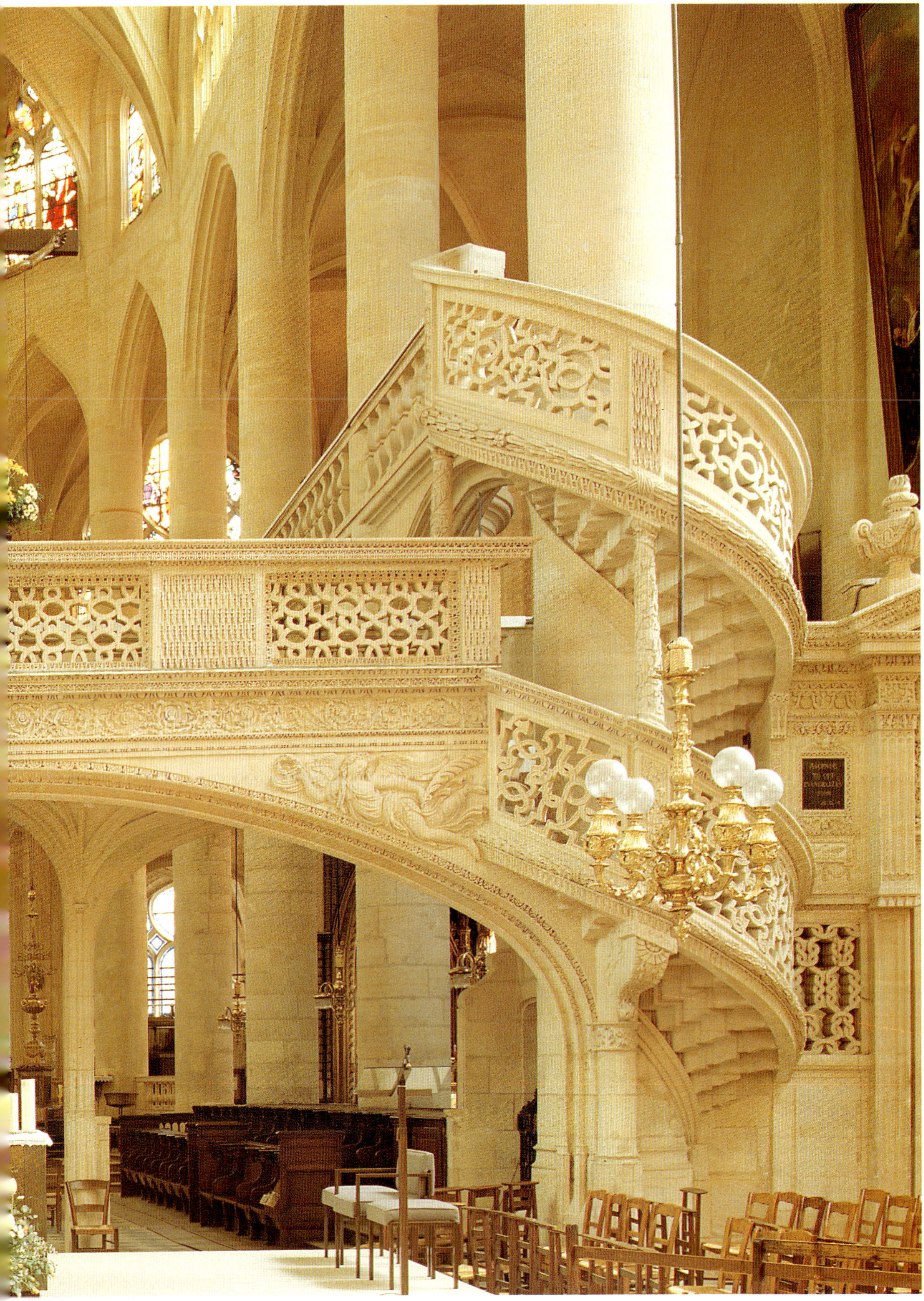

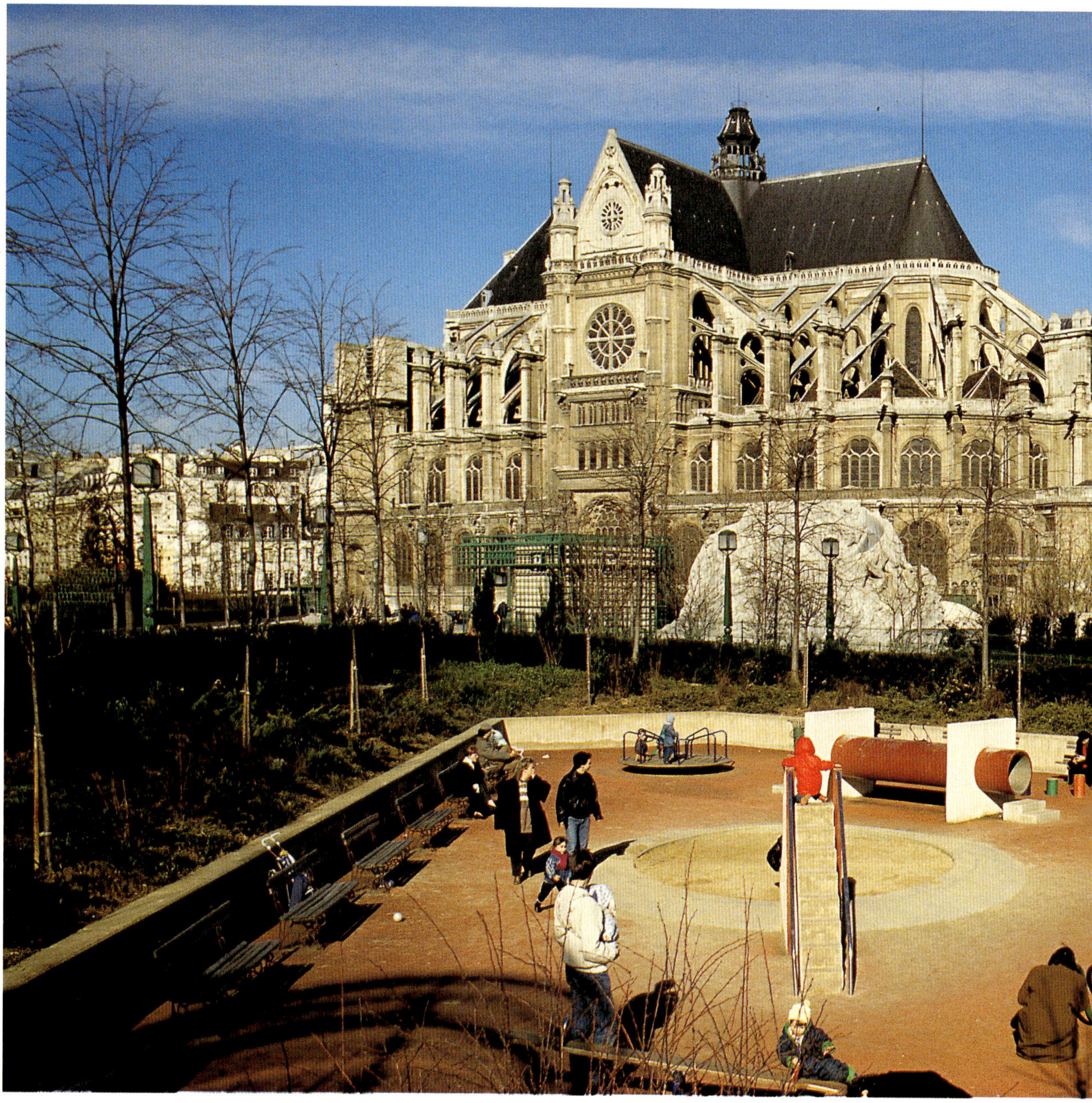

Saint-Eustache.

SAINT-EUSTACHE
(Métro Les Halles)

Construit à l'emplacement d'une chapelle dédiée au XIIIe siècle à sainte Agnès, l'église est aujourd'hui consacrée à saint Eustache, soldat romain converti au catholicisme puis martyrisé au IIe siècle. Les travaux commencés en **1532** durèrent plus d'un siècle, faisant de l'église un édifice Renaissance, mais qui repose sur un corps de construction gothique. Ses dimensions rappellent celles de Notre-Dame : 105 m de long, 43 m de large et des voûtes de 33 m de haut. Les colonnes de la nef réunissent les trois ordres architecturaux anciens : ionique, dorique et corinthien. Les très beaux vitraux de l'abside datent du XVIIIe siècle. Saint Eustache y est représenté au centre, entouré des Pères de l'Egli-

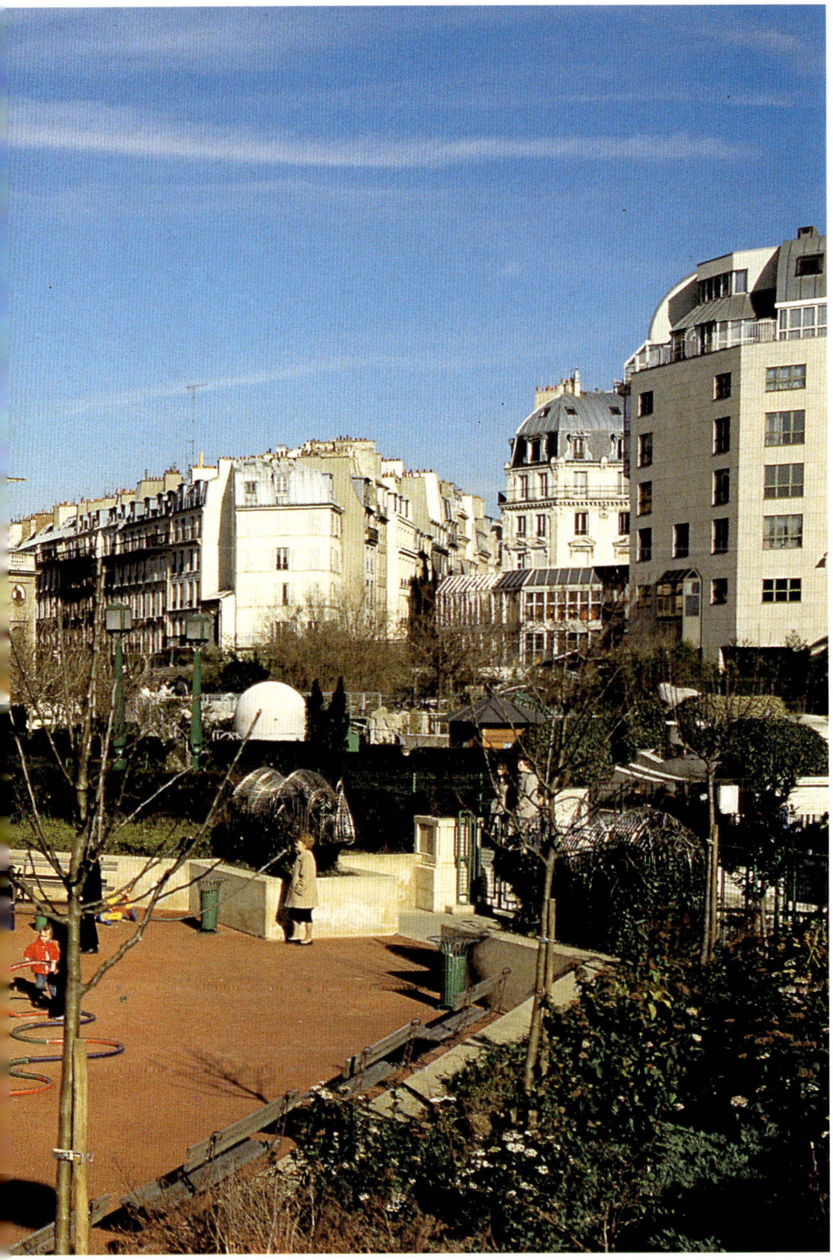

Saint-Eustache est aussi le temple des **musiciens** : Berlioz y donna la première de son « Te Deum » et Liszt y joua sa « Messe de Gran ». Les grandes orgues, avec 85 jeux et 7 000 tuyaux, accompagnent aujourd'hui de nombreux concerts.

Incendiée en 1844, l'église a été restaurée par Baltard.

SAINT-GERMAIN-DES-PRES

(Métro Saint-Germain-des-Prés)

L'histoire de l'église conventuelle de Saint-Germain-des-Prés est liée à celle des abbayes qui se sont succédé pendant des siècles, au rythme des dévastations et des reconstructions infligées à ce très ancien édifice. Au VIe siècle, saint Germain, évêque de Paris, et Childebert, fils de Clovis, décident la construction d'une église qui abritera la tunique de saint Vincent rapportée d'Espagne. Tous deux seront d'ailleurs enterrés dans la chapelle, qui prend le nom de Saint-Germain (« Les Prés » étant une référence aux Prés-aux-Clercs tout proches). Au VIIIe siècle, les moines adoptent la règle de saint Benoît, dont l'ordre s'est particulièrement imposé de ce côté-ci de la Seine. L'abbaye subit l'assaut des envahisseurs normands quatre fois en 40 ans. Elle est reconstruite, aux environs de l'an mille (l'actuelle église date de cette époque), dans le plus pur style roman, encore reconnaissable dans certaines parties demeurées presque intactes. Le pape Alexandre III consacre le chœur au XIIe siècle (à la même époque que Notre-Dame). Le portail date du même siècle, mais son porche est de 1607. Au XIIIe siècle, Pierre de Montreuil, l'architecte de la Sainte-Chapelle, élève le cloître, le réfectoire et le dortoir gothiques. En 1631, la règle

se et des apôtres. Les chapelles s'ornent de fresques et de statues (Colbert et « l'Abondance » par Coysevox, « la Fidélité » par Tuby, « la Vierge » de Pigalle).

L'église a présidé à de nombreux événements parisiens : baptême de Molière, de Mme de Pompadour et de Richelieu, première communion de Louis XIV, mariage de Lulli. Colbert, le poète Voiture, le grammairien Vaugelas, le compositeur Rameau, l'amiral de Tourville, La Fontaine, Mirabeau et Molière y furent inhumés.

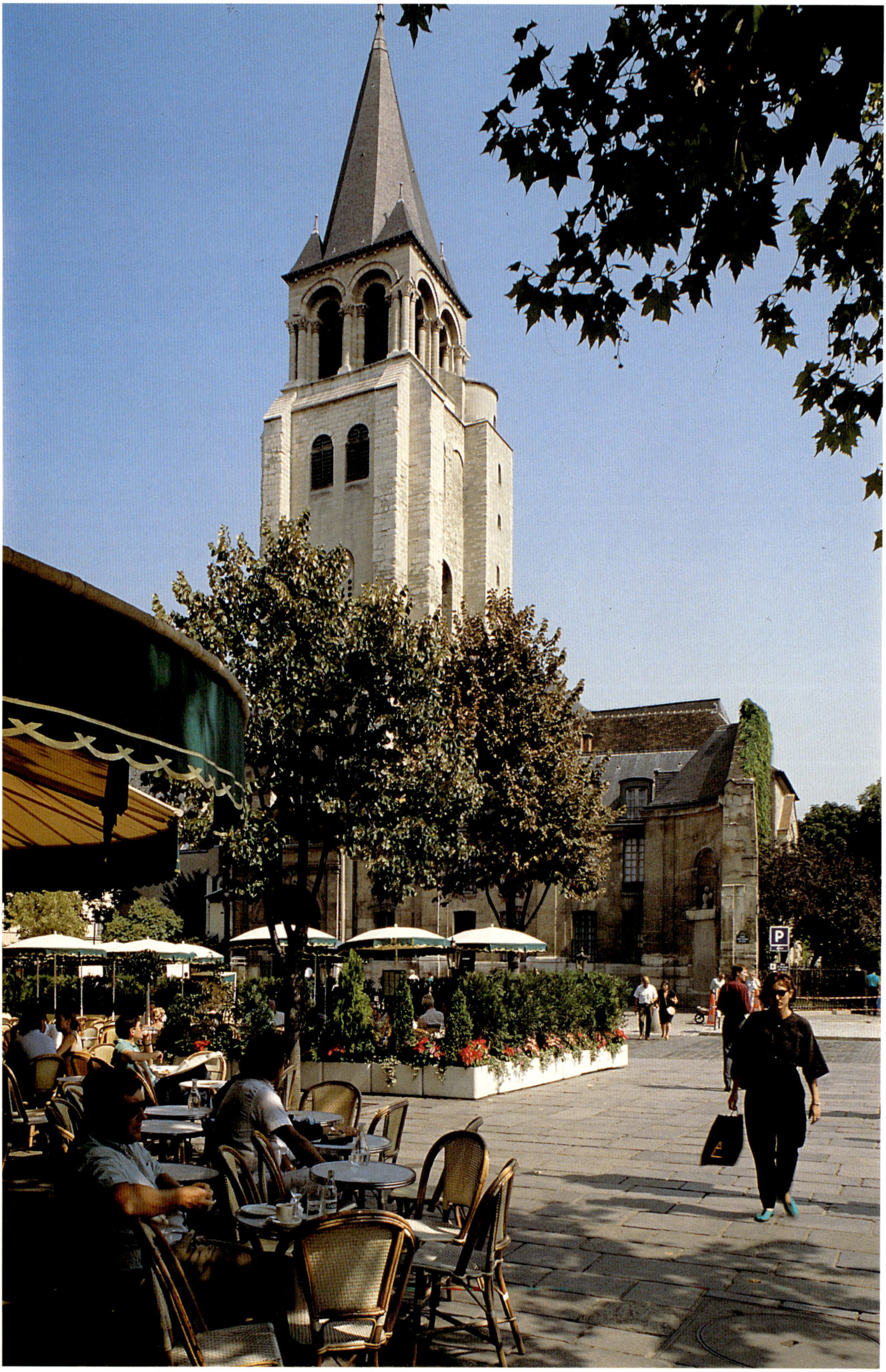

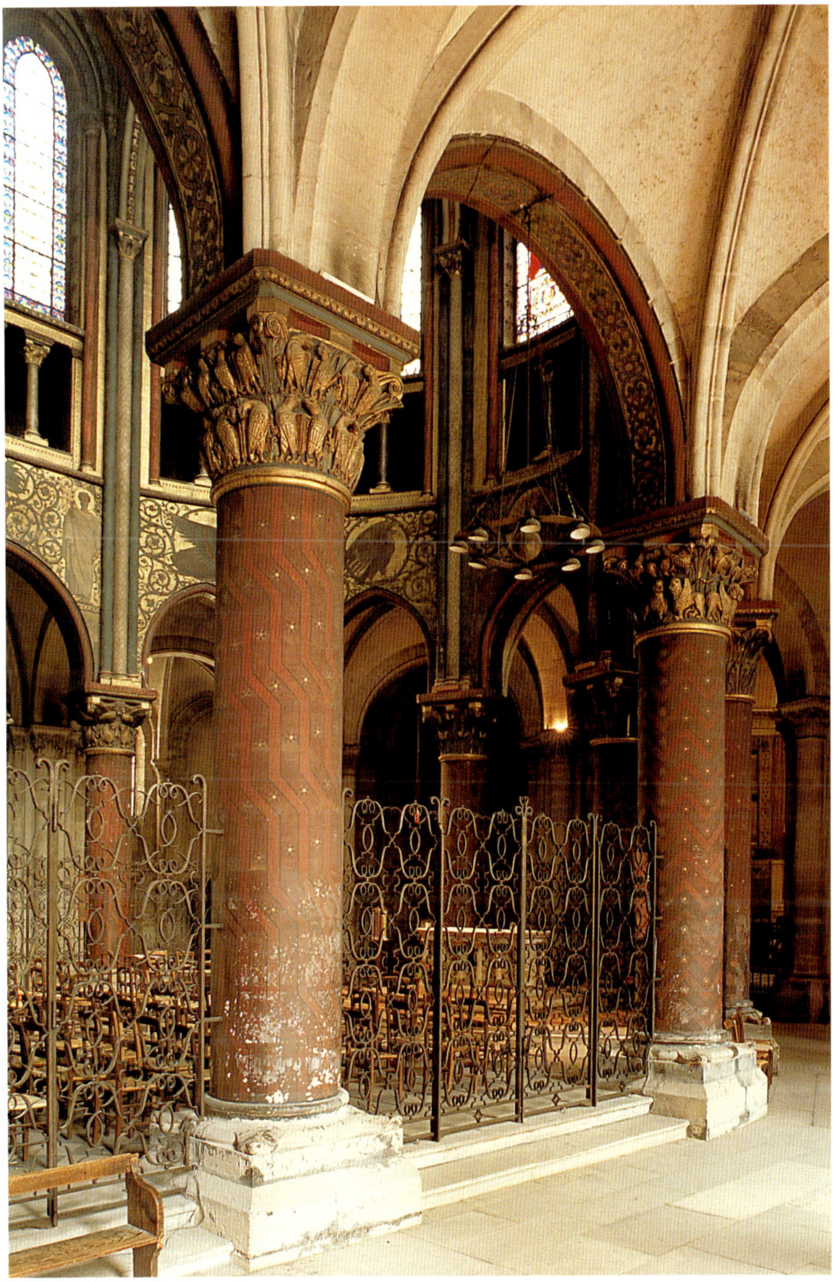

Saint-Germain-des-Prés.

de saint Maur supplée celle de saint Benoît. La Révolution installe une fabrique de salpêtre dans l'église saccagée, les deux tours du transept sont détruites et les chapiteaux sculptés de la nef sont transférés au musée de Cluny.

Une dernière vague de restaurations, dues à Baltard, intervient au XIXe siècle. Elle touche le dernier étage du clocher, la flèche et la décoration intérieure (les fresques sont de Flandrin, élève d'Ingres). L'église abrite les tombeaux des frères de Castellan par Girardon, de Jean Casimir, roi de Pologne (XVIIe siècle) par les frères Marsy, de Descartes, de Boileau et des savants Mabillon et Montfaucon.

SAINT-GERMAIN-L'AUXERROIS

(Métro Louvre)

Face à la colonnade du Louvre, un beffroi néo-gothique sépare la mairie du Ier arrondissement, construite au XIXe siècle dans le style de la Renaissance, de la très composite église. Edifiée sur l'emplacement d'un sanctuaire du VIIIe siècle, elle est consacrée à saint Germain, évêque d'Auxerre. Sa construction s'étend du XIIe au XVe siècle, avec de profondes modifications au XVIIIe et une restauration désastreuse au XIXe.

Au XIVe siècle, elle est la **chapelle des rois de France** qui résident au Louvre. Dans son clocher roman retentit, la nuit du 24 août 1572, la sonnerie fatale qui annonçait le massacre de la Saint-Barthélemy. Mais l'église fut aussi témoin du mariage de Molière et d'Armande Béjart. De nombreux artistes du Louvre y ont été inhumés : les poètes Jodelle et Malherbe, les peintres Boucher et Coypel, les architectes Le Vau, Le Mercier et Soufflot, les sculpteurs Coysevox et Coustou.

Le porche, du gothique flamboyant, est l'œuvre de Jean Gaussel au XVe siècle. Le transept, la nef, les bas-côtés et les statues polychromes de saint Vincent et de saint Germain sont du XVe.

De très belles œuvres d'art ont pu être conservées sans dom-

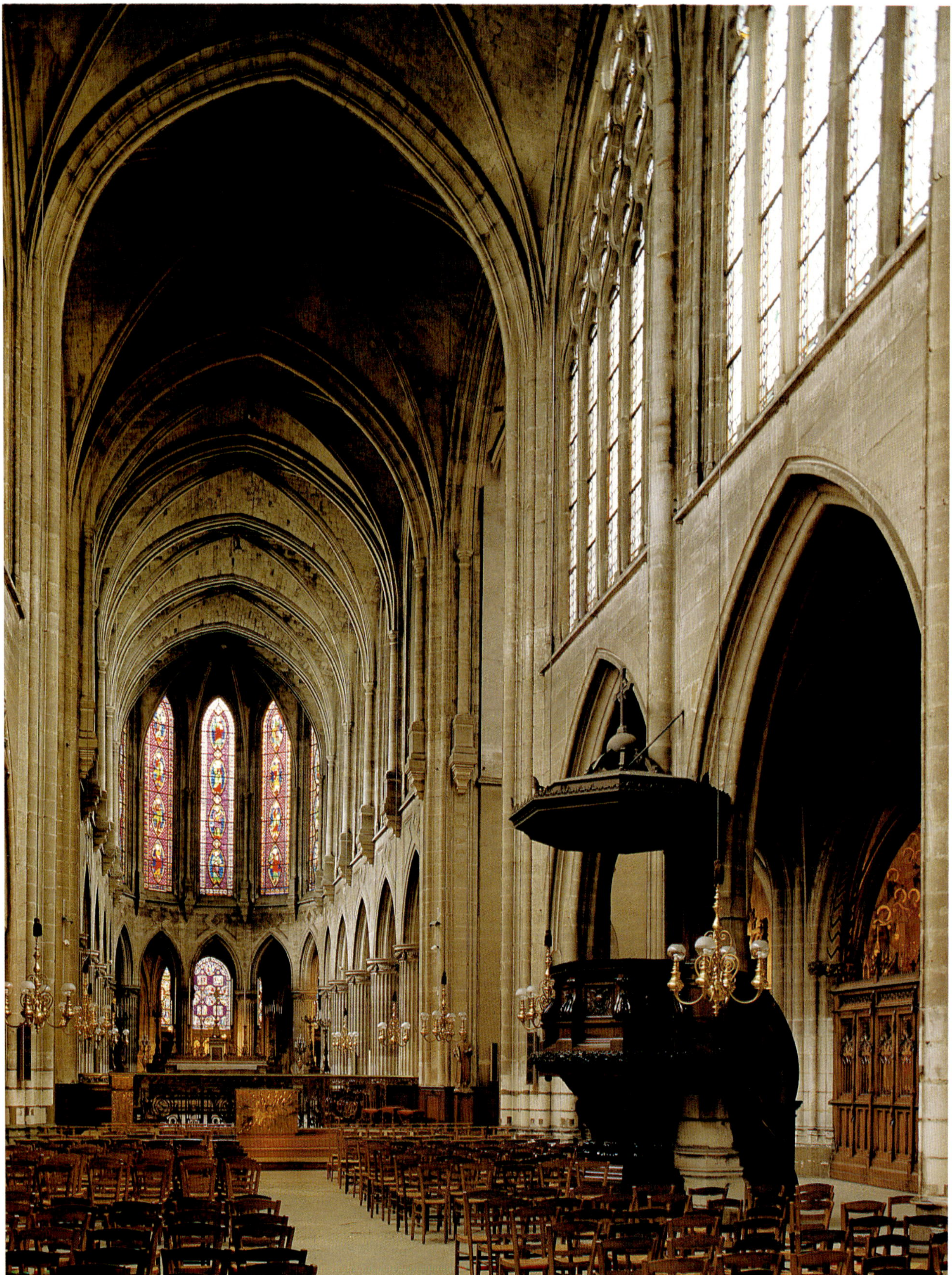

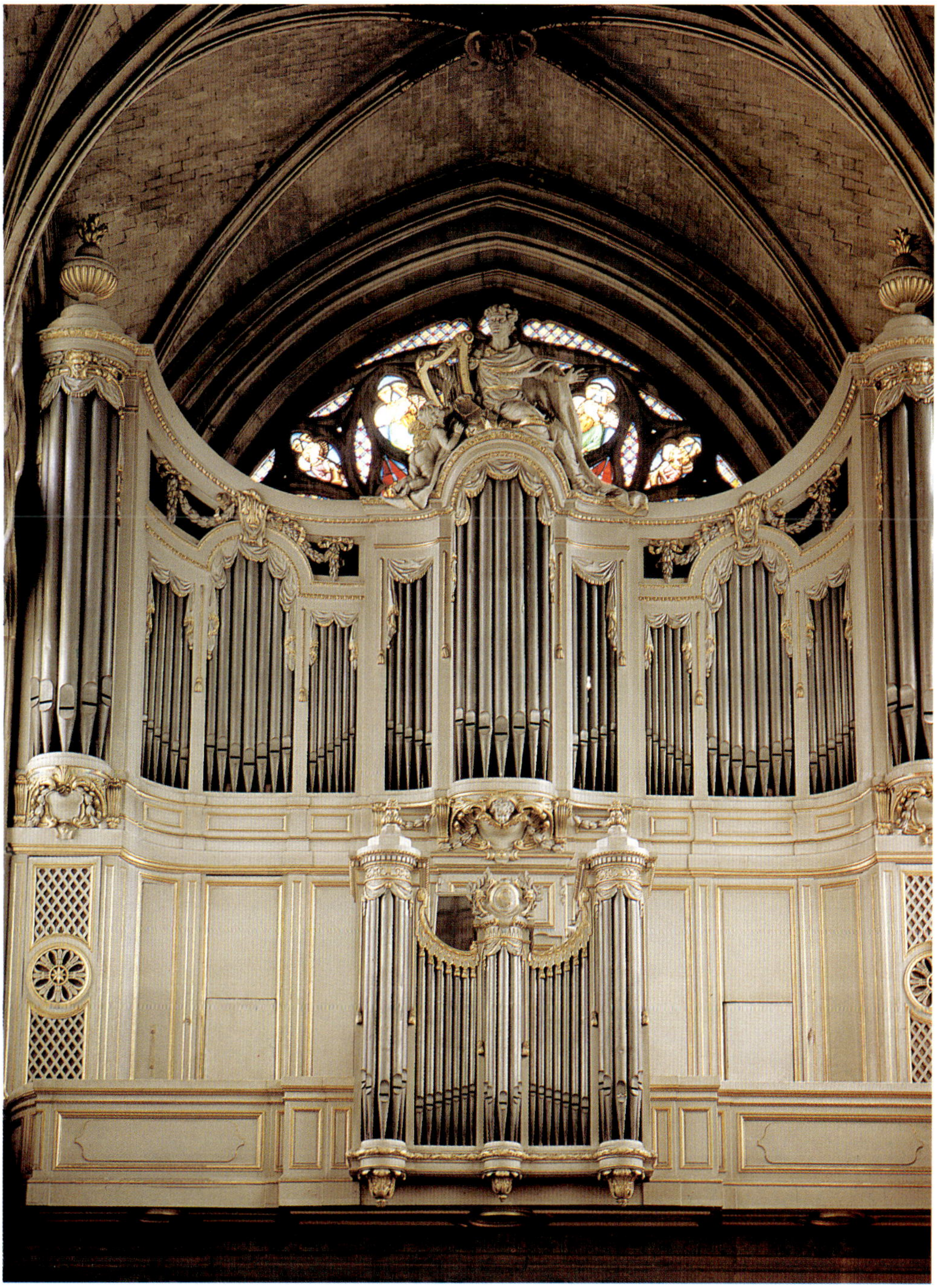

Saint-Germain-l'Auxerrois (ci-contre à gauche).

Orgues de Saint-Germain-l'Auxerrois (ci-contre à droite).

mage ; ainsi le **banc d'œuvre** du XVIIe probablement réservé à la famille royale, le **triptyque en bois sculpté** du XVIe ou le **retable flamand** du XVe. Mais au XVIIIe siècle, les chanoines entreprirent de moderniser l'église (suppression du jubé Renaissance de Lescot et Goujon, cannelure des colonnes du chœur, sculptures des chapiteaux et remplacement des vitraux du XIVe par du verre blanc !). Saccagée pendant la Révolution, l'église fut restaurée sans grand bonheur — notamment en ce qui concerne le chœur — par Lassus et Baltard en 1855.

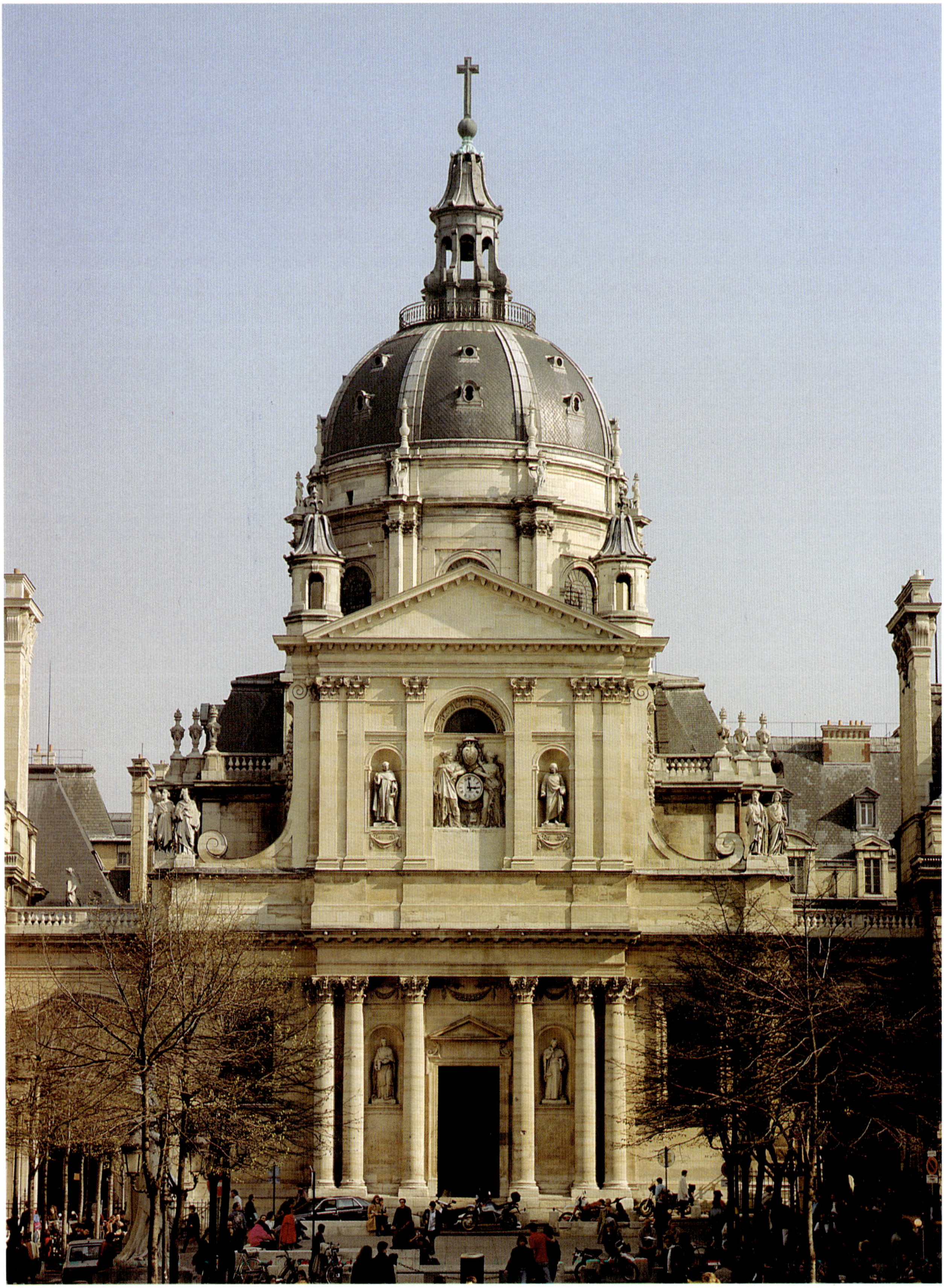

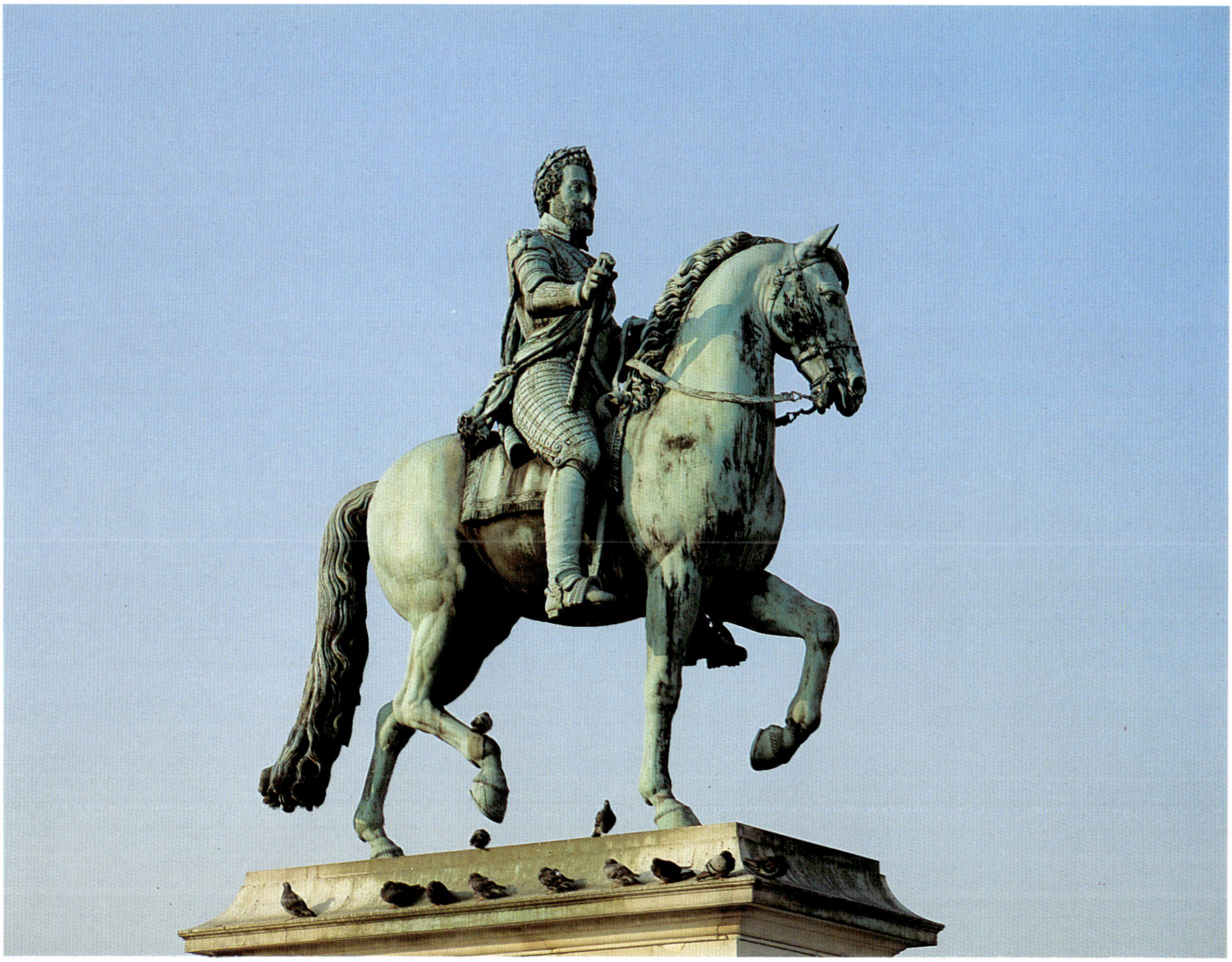

Statue du Vert-Galant.

L'église de la Sorbonne.

LA SORBONNE
(Métro Cluny-Sorbonne)

En 1253, dans le sillage de la nouvelle Université enfin dégagée de la tutelle épiscopale, le chapelain de saint Louis, Robert de Sorbon, crée un **collège de théologie** qui accueille seize étudiants pauvres. Rapidement, la « Sorbonne » impose un véritable pouvoir (ou contre-pouvoir) avec lequel l'Ancien Régime doit compter. Au XIIIe siècle, elle s'élève contre l'ordre des Templiers. Elle condamne Jeanne d'Arc en 1431 et prend le parti des ligueurs contre les protestants au XVIe. En 1626, Richelieu, alors proviseur, fait reconstruire et agrandir la Sorbonne par Le Mercier, qui bâtit aussi une **église**, de style jésuite. Elle abrite aujourd'hui le **tombeau du Cardinal**, tout en marbre blanc, sculpté par Girardon en 1694, d'après les dessins de Le Brun.

Une seconde reconstruction intervient à la fin du XIXe, sous la conduite de l'architecte Nénot. Elle ne concerne pas l'église, que l'on voit encore dans son état primitif.

La Sorbonne est aujourd'hui le siège de l'université de Paris III et IV.

LA STATUE DU VERT-GALANT
(Métro Pont-Neuf)

A l'entrée du Pont-Neuf, sur la rive gauche, une nouvelle statue d'Henri IV était érigée, en 1818, en remplacement de celle réalisée par Jean de Bologne qui avait été détruite en 1792. C'est François-Frédéric Lemot qui coula le monument, utilisant le bronze de statues de Napoléon, qui n'était plus en faveur alors. Un escalier situé en arrière permet d'accéder au **petit jardin** du Vert-Galant, d'où l'on découvre, par-delà les quais, l'hôtel des Monnaies et le Louvre.

LA TOUR EIFFEL

(Métro Bir-Hakeim)
(R.E.R. Champ-de-Mars)

Construite à la fin du XIXe siècle, la tour Eiffel est un défi lancé par un ingénieur à l'architecture traditionnelle. Par son matériau, car elle utilise les possibilités du verre et de l'acier ; par ses dimensions : haute de 300 m, elle surpasse de beaucoup le Panthéon qui, avec ses 79 m, est alors le monument le plus élevé de Paris (la tour est d'ailleurs restée longtemps la plus haute construction mondiale). Et par sa conception : les fondations sont en béton, mais le maître mot pour les trois étages est celui de légèreté. Son poids de 700 t est inférieur à celui de la masse d'air qu'il fend. Les vents les plus forts ne peuvent faire osciller la pointe de plus de 12 cm, et la chaleur suscite une dilatation maximale de 15 cm.

700 projets furent présentés, qui étudiaient « la possibilité d'élever une tour de fer à base carrée de 125 m et de 300 m de hauteur ». On retint celui de Gustave Eiffel, qui avait déjà travaillé sur les viaducs, et réalisé le pont du chemin de fer de Bordeaux enjambant la

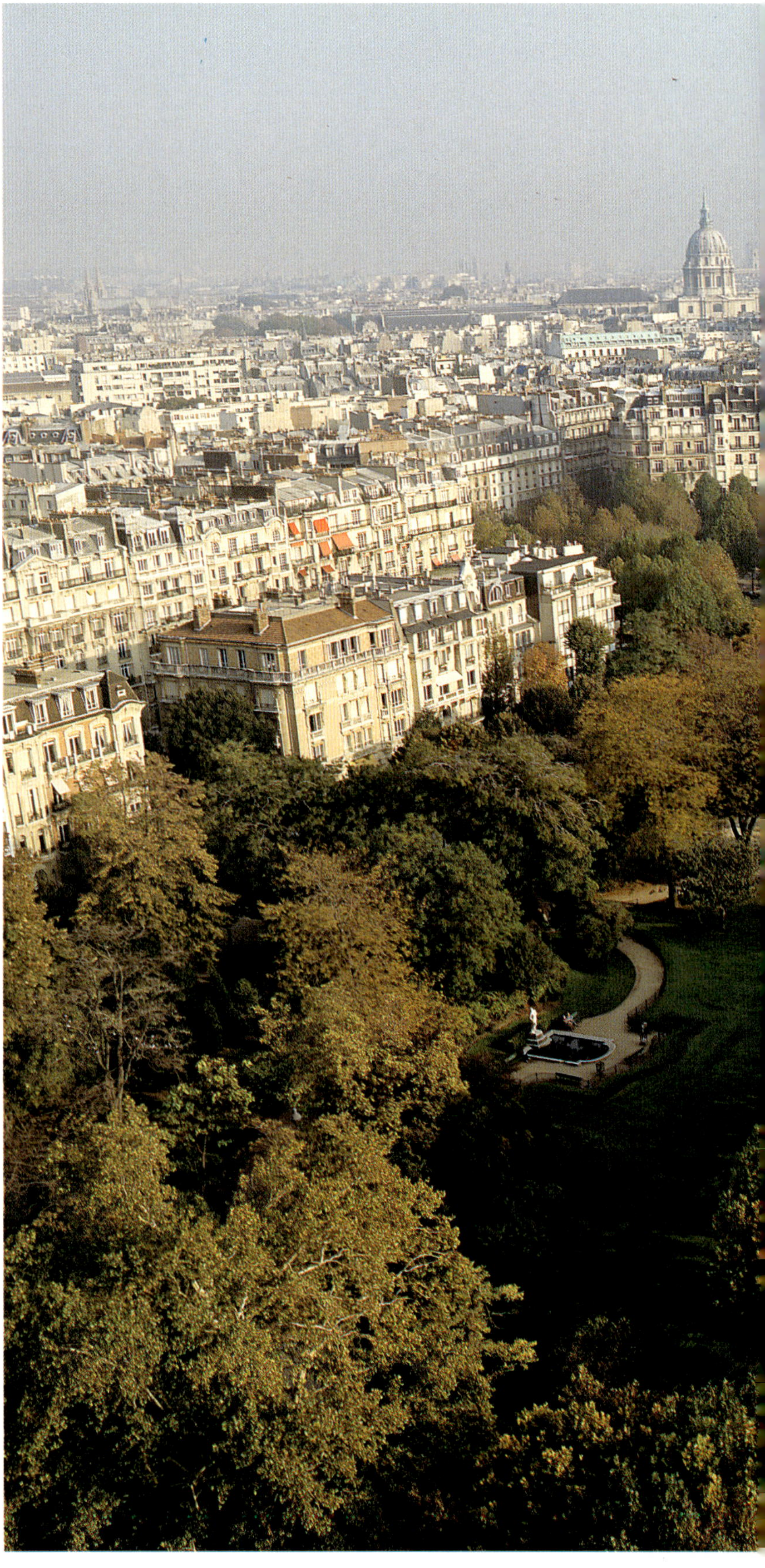

Depuis la tour Eiffel, les jardins du Champs-de-Mars.

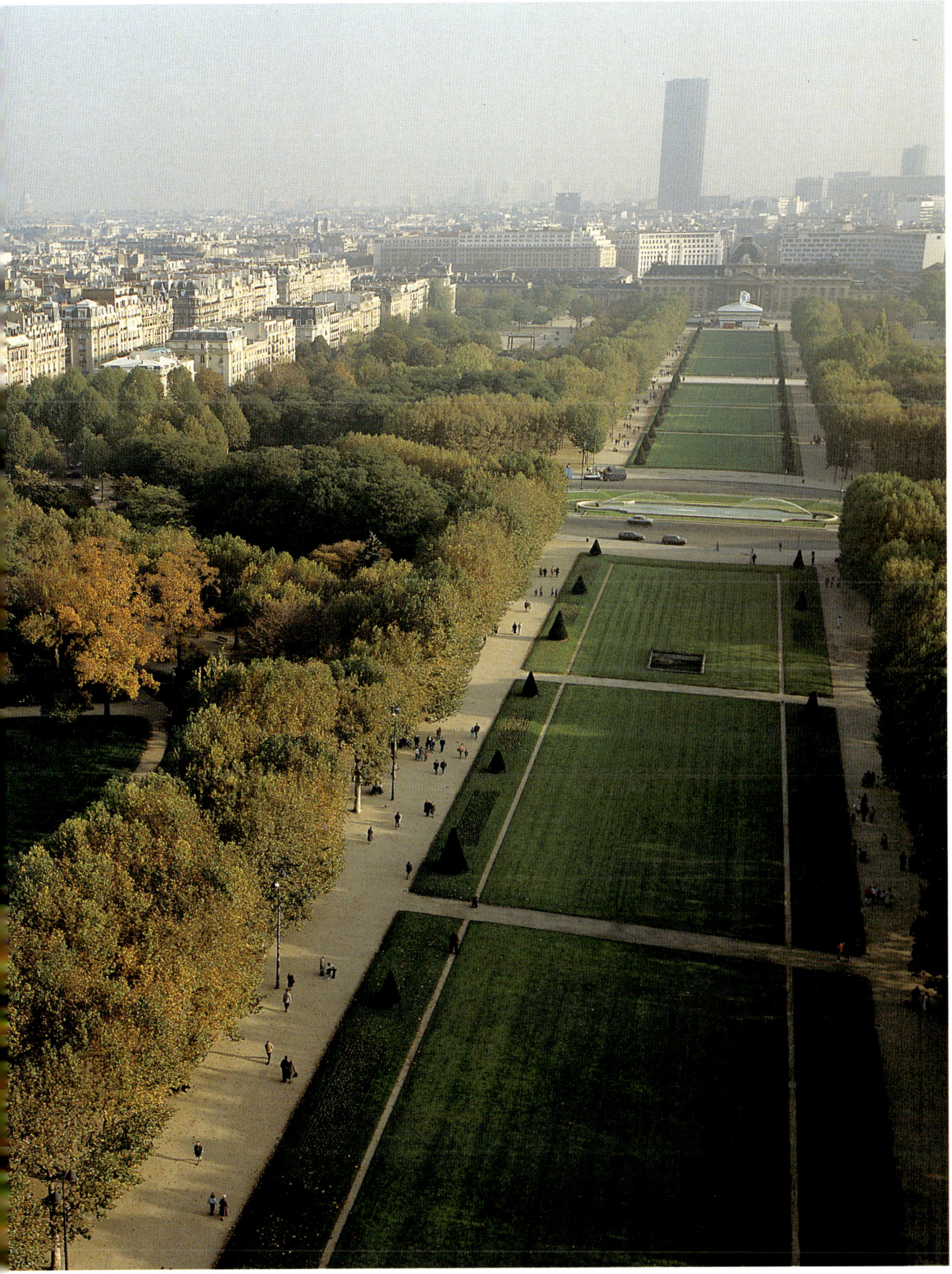

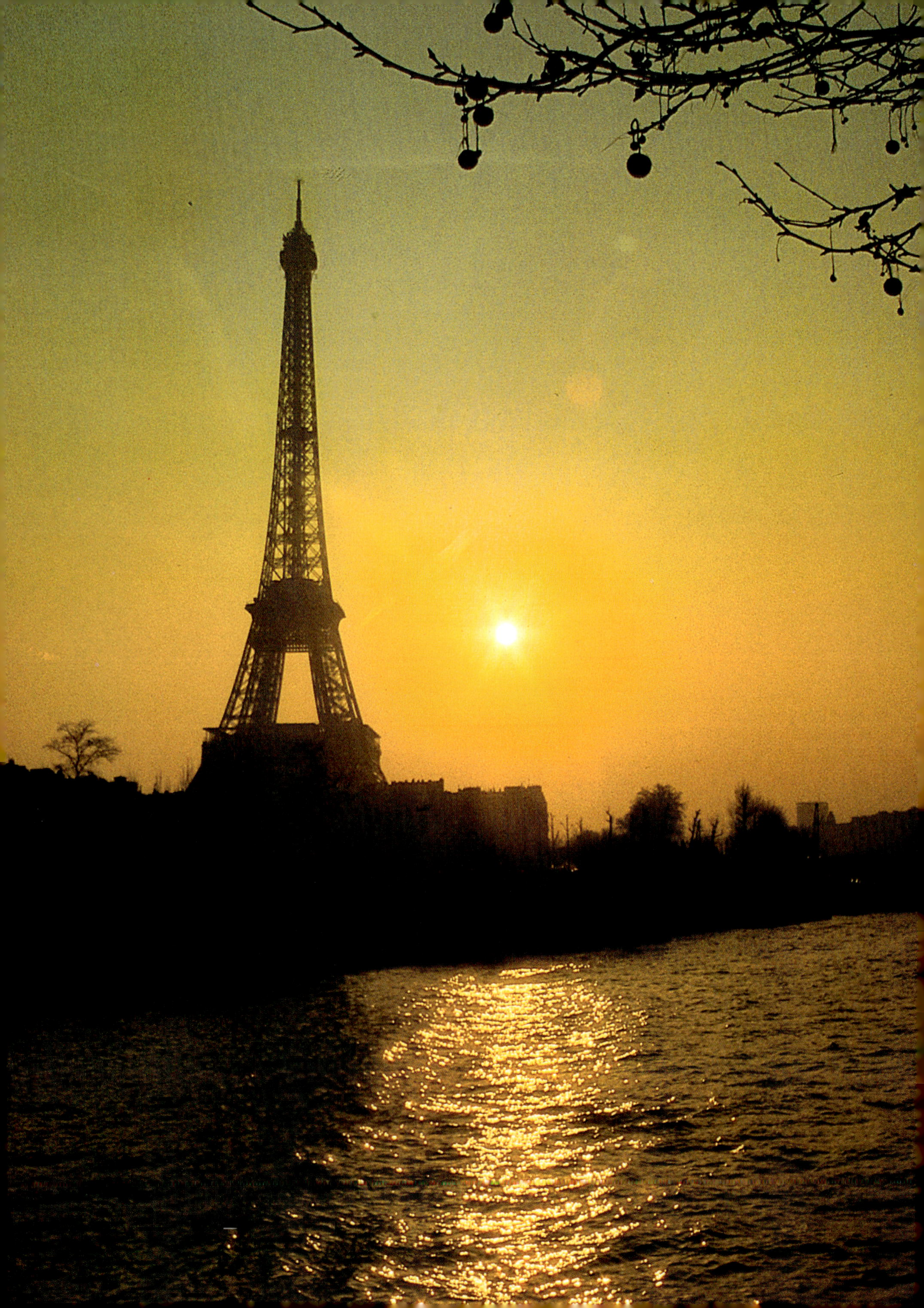

Garonne. Il réussit pour l'**Exposition universelle** de Paris en **1889** ce qui avait échoué à Turin et à Philadelphie. Les travaux durèrent deux ans et trois mois. Trois cents ouvriers assemblèrent les 15 000 pièces percées de 7 millions de trous et fixées par 2 500 000 rivets. La construction suscita de violentes protestations auprès du ministre de l'Industrie et du Commerce, parmi lesquelles celles de Garnier (l'architecte de l'Opéra), du musicien Gounod, d'Alexandre Dumas fils, de Maupassant et de Sully Prudhomme. Mais plusieurs milliers de personnes se pressèrent à l'entrée des trois ascenseurs, le jour de l'inauguration.

Aujourd'hui bien installée dans le ciel parisien, la tour fait l'objet d'un entretien régulier : tous les sept ans, on passe 20 000 heures à étaler les 50 t de peinture qu'elle absorbe en l'honneur de quelque trois millions de visiteurs qui viennent l'admirer chaque année. On peut choisir d'escalader les 1710 marches, en s'arrêtant bien sûr à chaque étage : sur la première plate-forme (à 57 m) se trouve un **musée audio-visuel** qui retrace l'histoire de la tour. Un restaurant accueille les visiteurs au 2e étage, à 115 m du sol. Et par très beau temps, au troisième niveau (à 274 m), on a une vue extraordinaire jusqu'à plus de 70 km alentour. La galerie vitrée offre les services d'un bar et d'un restaurant, d'un magasin de souvenirs et d'un bureau de poste. C'est à cette hauteur qu'Eiffel avait son « appartement ». Sous la tour, Bourdelle a sculpté un buste en hommage à l'audace de l'ingénieur qui réalisa ce génial fleuron d'une civilisation industrielle à son apogée. La tour Eiffel a d'ailleurs été célébrée dans les poèmes d'Apollinaire, de Cocteau et d'Aragon, et dans des toiles de Pissaro, de Dufy ou d'Utrillo, avant d'être miniaturisée et représentée à l'excès. Elle a également été utilisée dans le développement des techniques nouvelles de **communication** : en 1892, elle assure la liaison radioélectrique avec le Panthéon. En 1908, elle accueille une station de radio militaire qui exploite les possibilités de la T.S.F. Elle devient en 1918 le siège de la Radiodiffusion française. L'antenne de télévision inste à **320,75 m**. Enfin, depuis 1947, elle sert de porte-phare aux avions.

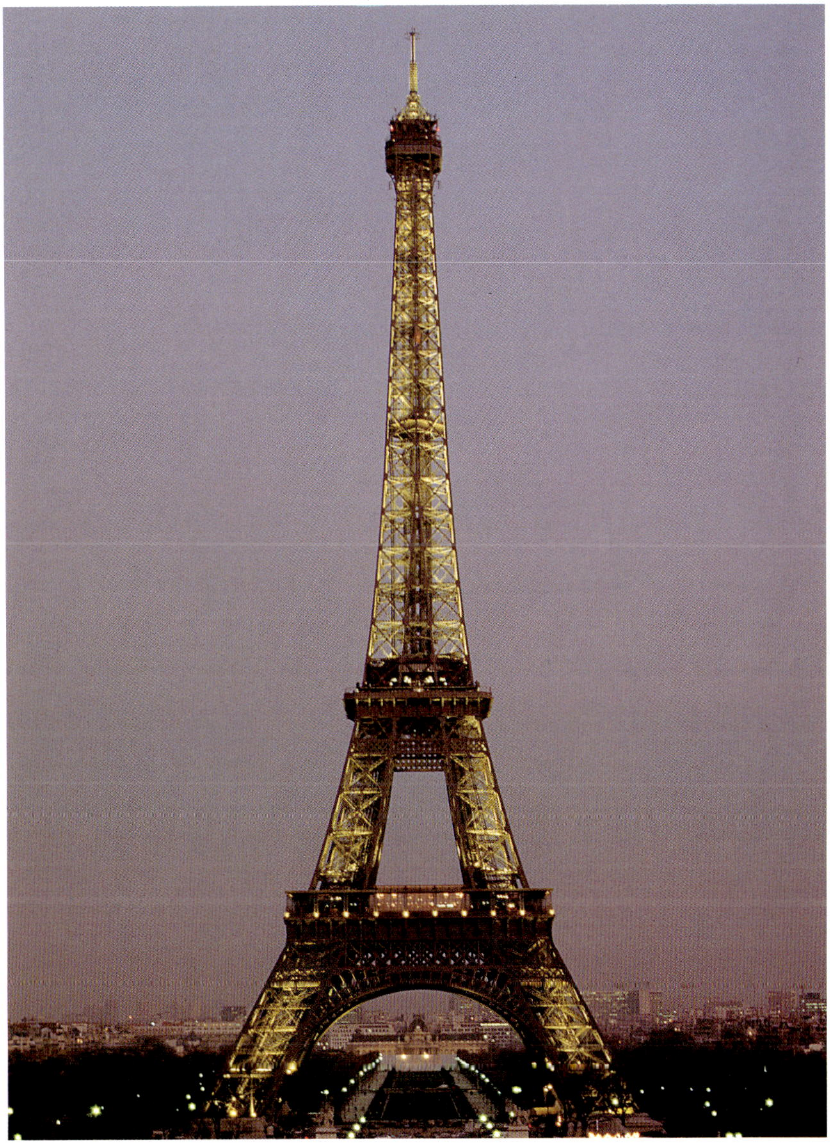

La tour Eiffel.

Repeinte et célébrée pour son centenaire en 1989, la tour domine la vaste étendue du **Champ-de-Mars**, tracé suivant les plans de Gabriel en 1765 et qui servait de terrain de manœuvre à l'Ecole militaire (d'où son nom). Avant la Révolution, on y procède aux premières expériences d'aérostat et on y donne les premières courses de chevaux. En 1790 a lieu la fête de la Fédération, au cours de laquelle 300 000 fédérés prêtent serment à la Nation nouvellement constituée. Et en 1794, Robespierre, qui a instauré une religion d'Etat, y célèbre l'Etre suprême. Le Champ-de-Mars se transforme par la suite en champ de foire et accueille les expositions universelles. Formigé achève en 1928 les travaux d'aménagement de ce jardin de 1 km sur 220 m, bordé par des constructions luxueuses.

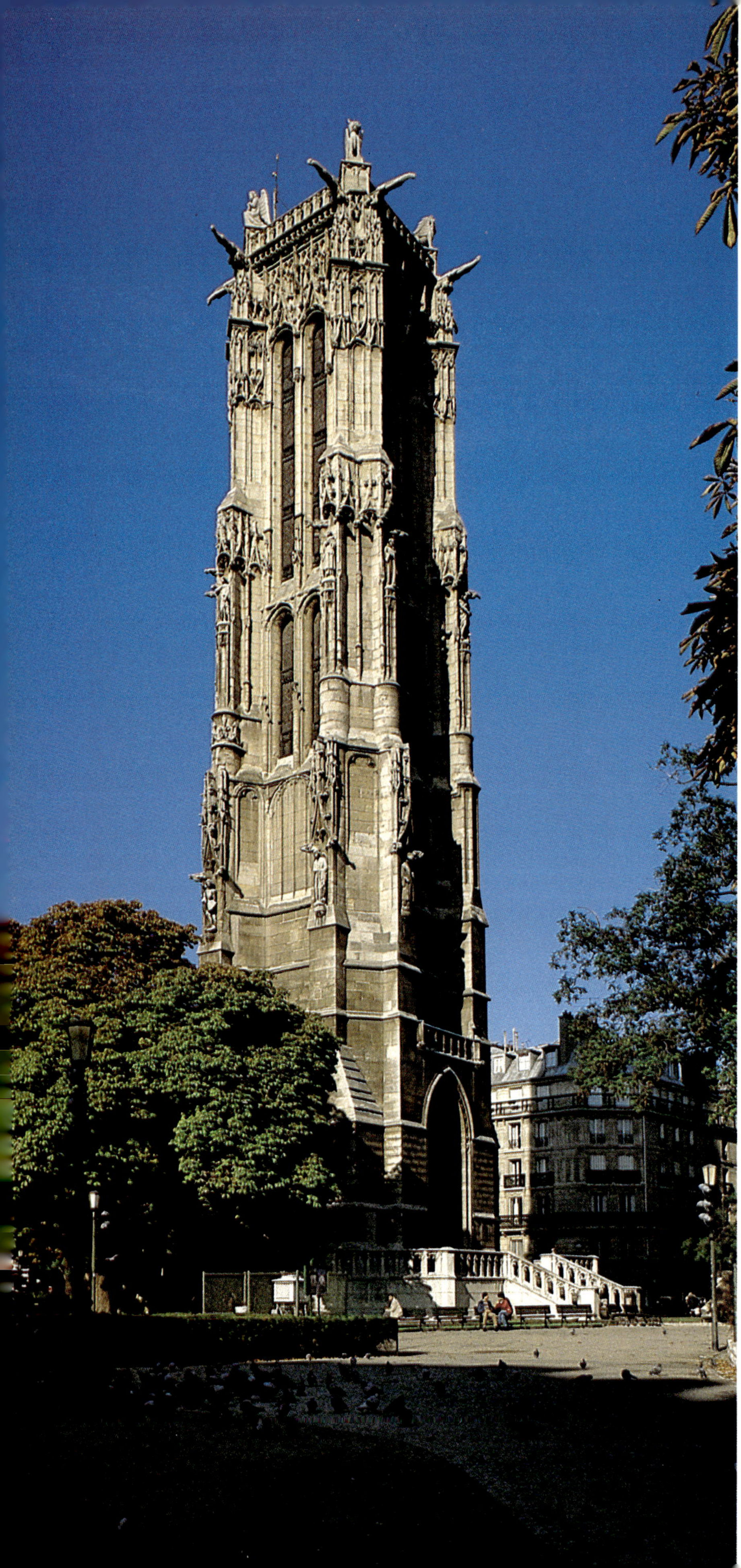

LA TOUR SAINT-JACQUES
(Métro Châtelet)

C'est tout ce qui subsiste de l'église Saint-Jacques construite sous François Ier et détruite en 1797 par son acquéreur (elle avait été vendue aux enchères), qui s'était cependant engagé à conserver le clocher. Celui-ci a 52 m de haut, quelque 10 m de large au sommet et 13 m à la base. De style gothique flamboyant, il fut largement restauré par Ballu en 1859 et consolidé par un terre-plein lors de la percée de la rue de Rivoli. Il s'orne de nombreuses statues, parmi lesquelles celle de Pascal, qui s'est livré ici à des expériences de physique, et celle de saint Jacques le Majeur (exécutée par Chenillon en 1870). En 1871, une station météorologique est installée en haut de la tour.

La Tour Saint-Jacques.

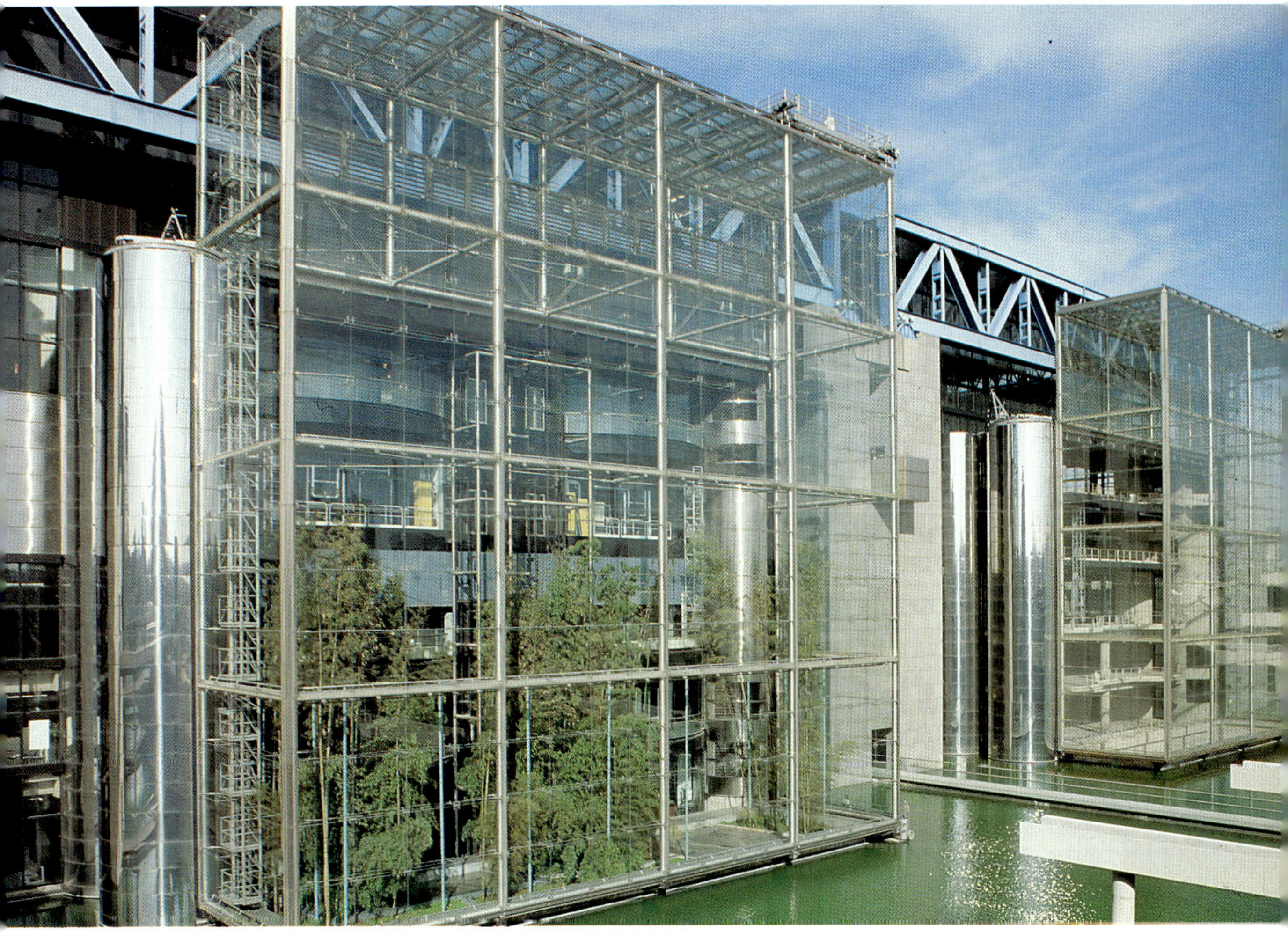

La Villette.

LE VAL-DE-GRACE
(Métro Saint-Jacques)

En 1624, Anne d'Autriche, épouse de Louis XIII, fait venir les bénédictines du Val-Profond (alors hors de Paris) dans cette abbaye de la rue Saint-Jacques. Elle fait installer pour elle-même un appartement, où elle vient se reposer et fuir les intrigues du Louvre, mais surtout prier pour la naissance d'un héritier. Son vœu exaucé, elle fait construire en reconnaissance une magnifique **église** dont son fils, le jeune Louis XIV, pose la première pierre en **1645**. Mansart, puis Lemercier et Le Muet réalisent cet édifice baroque dont le dôme élevé est d'inspiration italienne. La coupole s'orne à l'intérieur d'une fresque de Mignard, « le Séjour des bienheureux. » Anguier a sculpté les bas-reliefs des chapelles. Le maître-autel, au gigantesque baldaquin torsadé, a été dessiné par Le Duc. Il rappelle celui de Saint-Pierre de Rome. Par la chapelle Saint-Louis, on accède aux galeries en arcades du cloître. Le couvent fut transformé en **hôpital militaire** durant la Révolution et a gardé cette fonction aujourd'hui. Il a ainsi échappé aux saccages et conservé ses bâtiments d'origine. L'une des galeries du cloître abrite un **musée du Service de la santé.**

LA VILLETTE

(Métro Porte-de-la-Villette ou Porte-de-Pantin)

Sur une superficie de 55 ha, l'ancien site des marchés aux bestiaux et des abattoirs a cédé la place à un gigantesque projet urbanistique. De la porte de Pantin (au sud) à celle de La Villette (au nord), traversé par le canal de l'Ourcq, le **parc** renoue avec la tradition des jardins des XVIIe et XVIIIe siècles, lieux de rencontres et d'activités mêlant urbanité, plaisir et expérimentation. Il accueille ainsi divers éléments attractifs — spectacles, restaurants, centres d'activités ludiques et culturelles parmi les prairies, les promenades et les jardins — autour des six pôles que sont la Maison de La Villette, la Cité des Sciences et de l'Industrie, la Géode, le Zénith, la Grande Halle et la Cité de la Musique.

C'est **Bernard Tschumi** qui se voit confier, en 1983, la conception des 35 ha de parc urbain (répertorié comme « établissement public »). Il équilibre l'espace autour de trois systèmes originaux :

– **les bâtiments** *(folies)* : placés selon une trame régulière, tous les 120 m, ils marquent le site, lui donnant échelle et repères. Ces « cubes » de 10,80 m de côté, revêtus de tôle émaillée rouge vif, sont à la fois des sculptures et des centres d'activités. Chaque *folie* est spécifique (toboggan extérieur pour la *folie* des enfants, girouette pour le café La Ville, etc.) ;

– les deux **galeries** perpendiculaires relient les deux portes (galerie de La Villette à auvent ondulé) ou longent le canal (galerie de l'Ourcq, légère et transparente). La promenade, bordée de verdure est, elle, sinueuse au contraire ;

– les **espaces** donnent au parc sa respiration : les deux prairies géométriques, larges de 8 ha, accueillent flâneurs, concerts et jeux de plein air.

Les **jardins** sont l'œuvre d'Alexandre Clementoff, pour le « jardin de l'énergie », enfoui six mètres au-dessous du niveau de référence du parc et redonnant au bambou ses lettres de noblesse ; Gilles Vexlard, lui, a enfoncé son jardin « par paliers ». Il y a planté une vigne.

Le mobilier urbain est l'œuvre de **Philippe Starck.** Des créateurs célèbres, tels Daniel Buren ou Jean Nouvel, ont également apporté leur contribution à telle création ou telle architecture.

L'aménagement du parc se poursuivra jusqu'en 1991, avec l'achèvement des galeries et jardins, la réalisation de restaurants, d'une serre, d'un poney-club, d'un parc aquatique, d'un centre vidéo et de jeux pour enfants.

Le tout sera complété, au nord et au sud par deux ensembles de logements, bureaux, commerces et la construction d'un hôtel.

Au nord, **la Maison de La Villette** (1867), dite aussi « rotonde des vétérinaires », retrace l'histoire quotidienne du quartier et de ses alentours. La mezzanine, centre d'exposition permanente, raconte cent ans d'abattoirs. Le rez-de-chaussée est un lieu de manifestations temporaires.

Le bâtiment est construit sur le parvis de la **Cité des Sciences et de l'Industrie**, ouverte en mars 86. Adrien Fainsilber, lauréat du concours lancé en 1980, a conçu l'agencement de cet édifice (270 m de long, 110 de large et 40 de haut) autour des trois thèmes de l'eau, de la végétation et de la lumière naturelle, « source d'énergie du monde vivant ». La Cité se veut un lieu « interactif », où l'homme va à la rencontre des sciences et des techniques, à son propre rythme.

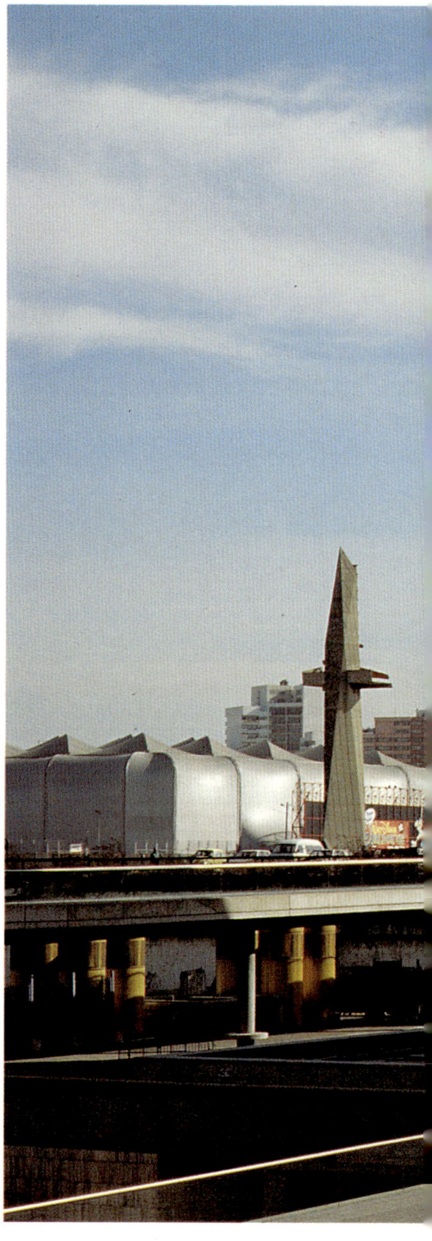

Explora, l'exposition permanente répartie sur 30 000 m^2, s'organise autour de quatre grands secteurs d'activités humaines : « De la terre à l'univers », « L'aventure de la vie », « la matière et le travail de l'homme », « Langages et communication ». Deux espaces de 700 m^2 et un de 2 500 sont ré-

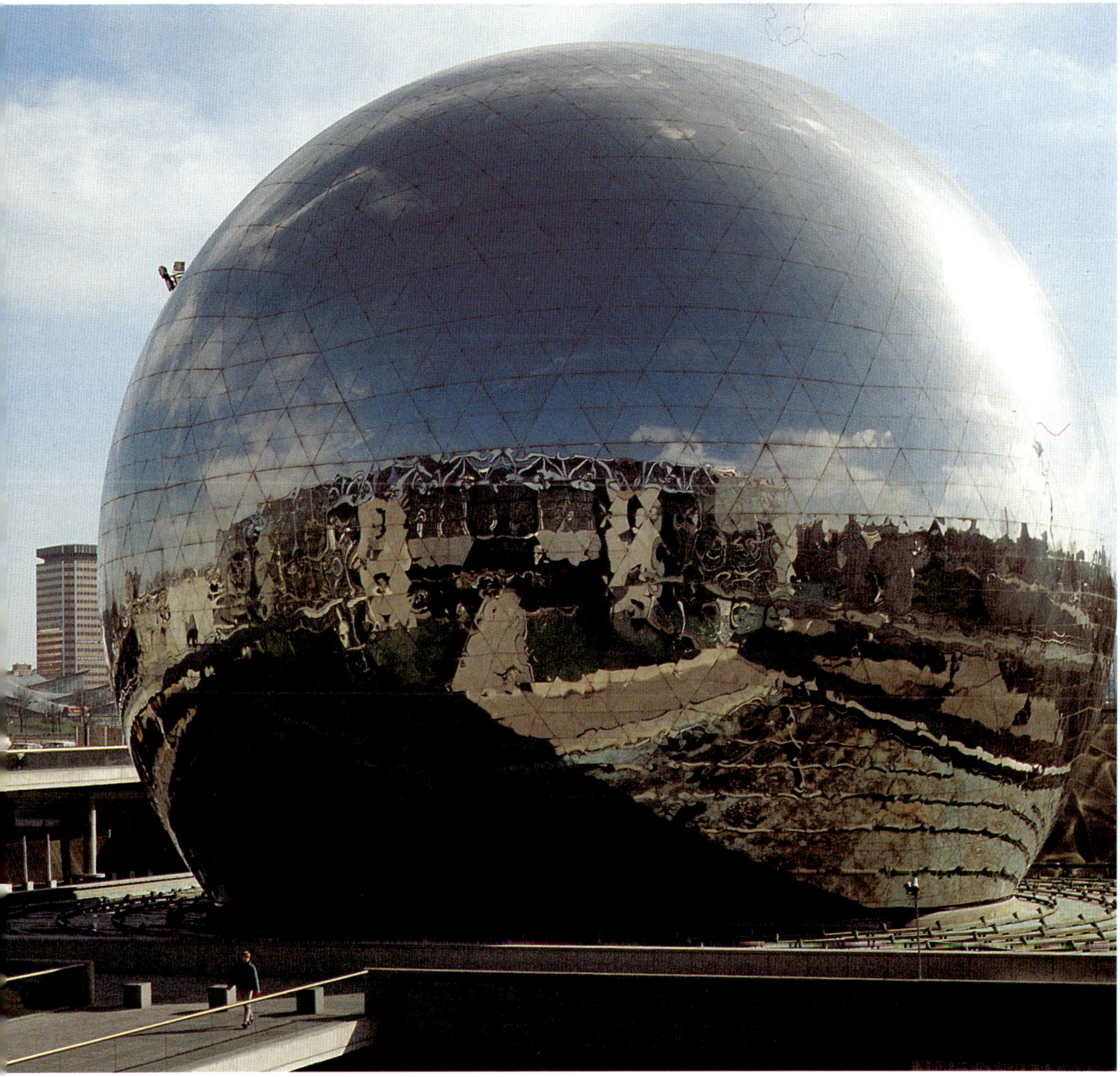

La Géode, à la Villette.

servés à des expositions temporaires.

Le planétarium (275 places) fait vivre l'actualité de l'astronomie et de l'astrophysique.

L'inventorium est l'espace réservé aux enfants.

La Cité est également riche d'une médiathèque, d'une salle sciences-actualités, d'un centre international de conférences, d'une salle de cinéma (« Louis-Lumière »), d'un centre de formation et d'un centre de recherche. Elle accueille les scolaires au cours de « classes Villette ».

La Géode (1985), conçue par le même Fainsilber, réalisation unique au monde, se présente comme une sphère de 36 m de diamètre, recouverte d'acier inoxydable poli. La salle de spectacle abrite 370 sièges « enveloppants ». L'écran hémisphérique (1 000 m^2 de surface) diffuse un son pur, grâce à la présence de minuscules tôles d'aluminium perforées. Le son est « spatialisé » par douze haut-parleurs, situés en arrière de l'écran, ce qui accentue encore la sensation de relief. Salle et écran sont inclinés à 30°.

Ouverte en janvier 84, la salle du **Zénith**, consacrée à la variété et au rock, peut recevoir jusqu'à 6 000 personnes dans les meilleures conditions de confort, de sécurité et d'acoustique.

La **Grande Halle**, ancienne halle aux bœufs (1867), métallique, accueille depuis 1985 concerts, festivals, salons et expositions diverses. Longue de 241 m, large de 86 et haute de 19 m, elle peut contenir 15 900 personnes. Son architecture est modulable : la nef centrale peut, par exemple, être divisée en deux. Au sous-sol, salle Boris-Vian (300 places).

Le **théâtre Paris-Villette**, créé en 1972 sous le nom de « théâtre Présent », dans l'ancien pavillon de la Bourse, est le lieu d'expression d'auteurs contemporains.

Enfin, le projet de **Cité de la musique** a été confié à Christian de Portzamparc. Cette Cité devra accueillir le Conservatoire national de la rue de Madrid, une salle de concerts de 1200 places, l'Espace Inter-Contemporain présidé par Pierre Boulez, un musée de l'Instrument, l'Institut de pédagogie musicale et chorégraphique (fondé en 1984), des studios d'étude, une médiathèque, une résidence et un gymnase pour les étudiants en musique. L'ambition est de décloisonner les différentes pratiques musicales et de mêler répertoire, enseignement, création et recherche, pédagogie et conservation.

Sur le pont des Arts.

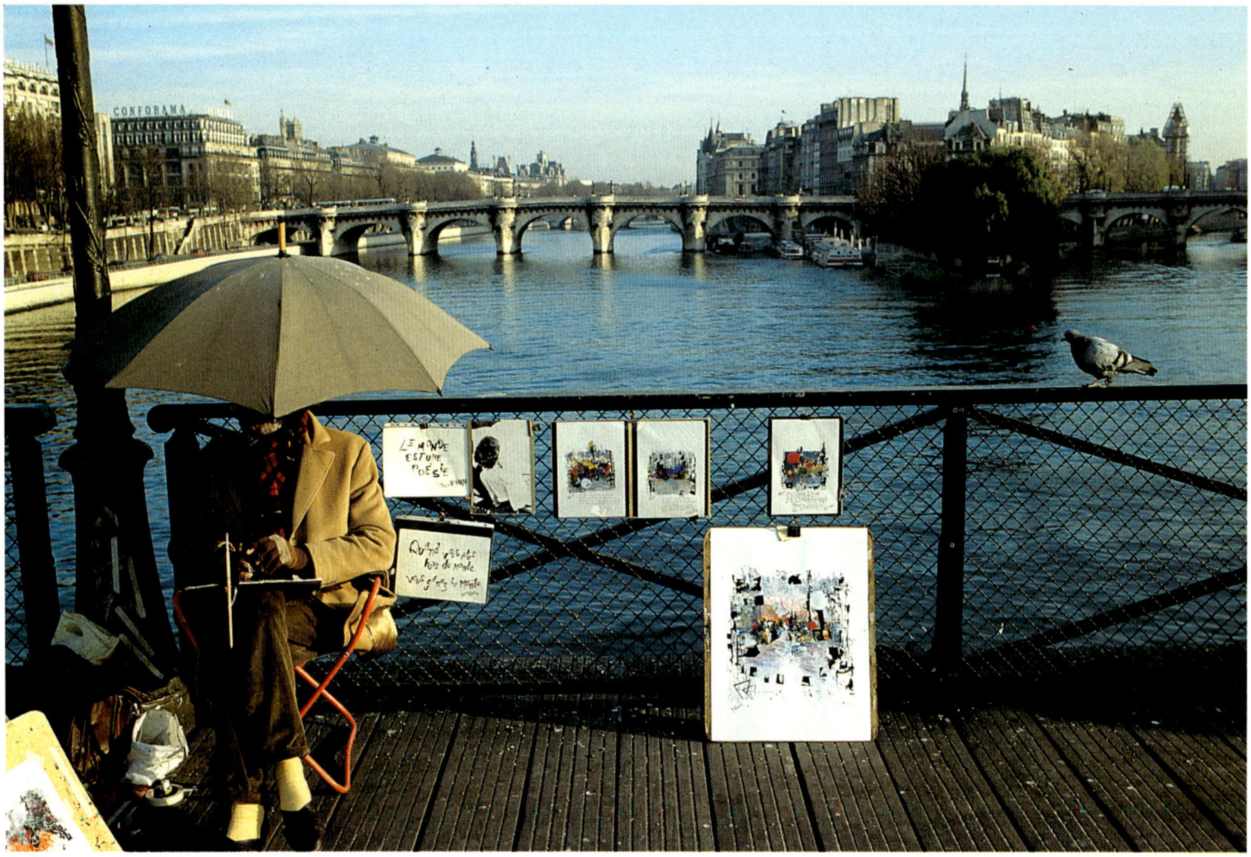

METRO
RER

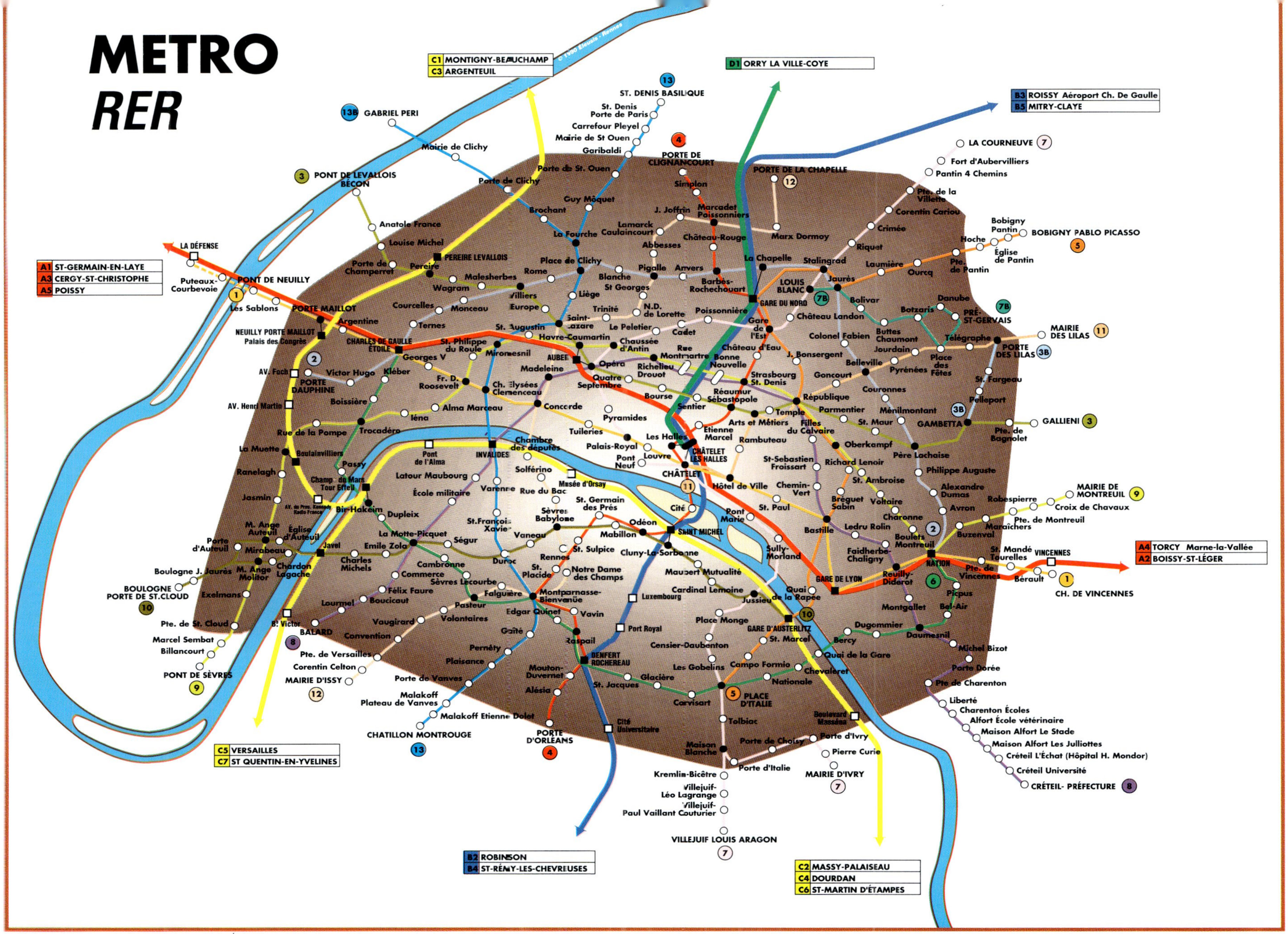
C1 MONTIGNY-BEAUCHAMP
C3 ARGENTEUIL
D1 ORRY LA VILLE-COYE
B3 ROISSY Aéroport Ch. De Gaulle
B5 MITRY-CLAYE
A1 ST-GERMAIN-EN-LAYE
A3 CERGY-ST-CHRISTOPHE
A5 POISSY
A4 TORCY Marne-la-Vallée
A2 BOISSY-ST-LÉGER
C5 VERSAILLES
C7 ST QUENTIN-EN-YVELINES
B2 ROBINSON
B4 ST-RÉMY-LES-CHEVREUSES
C2 MASSY-PALAISEAU
C4 DOURDAN
C6 ST-MARTIN D'ÉTAMPES
13 ST. DENIS BASILIQUE
13B GABRIEL PERI
3 PONT DE LEVALLOIS BÉCON
4 PORTE DE CLIGNANCOURT
PORTE DE LA CHAPELLE 12
LA COURNEUVE 7
BOBIGNY PABLO PICASSO 5
MAIRIE DES LILAS 11
GALLIENI 3
MAIRIE DE MONTREUIL 9
CH. DE VINCENNES 1
CRÉTEIL- PRÉFECTURE 8
MAIRIE D'IVRY 7
VILLEJUIF LOUIS ARAGON 7
PORTE D'ORLÉANS 4
CHATILLON MONTROUGE 13
MAIRIE D'ISSY 12
BALARD 8
PONT DE SÈVRES 9
BOULOGNE PORTE DE ST.CLOUD 10
LA DÉFENSE
PONT DE NEUILLY 1
PORTE DAUPHINE 2
NATION 2
PORTE DES LILAS 3B
GARE D'AUSTERLITZ 10
PLACE D'ITALIE 5
GARE DU NORD
GARE DE LYON
CHÂTELET LES HALLES
SAINT MICHEL
INVALIDES
CHARLES DE GAULLE ÉTOILE
© 1990 Éleusis - Rennes

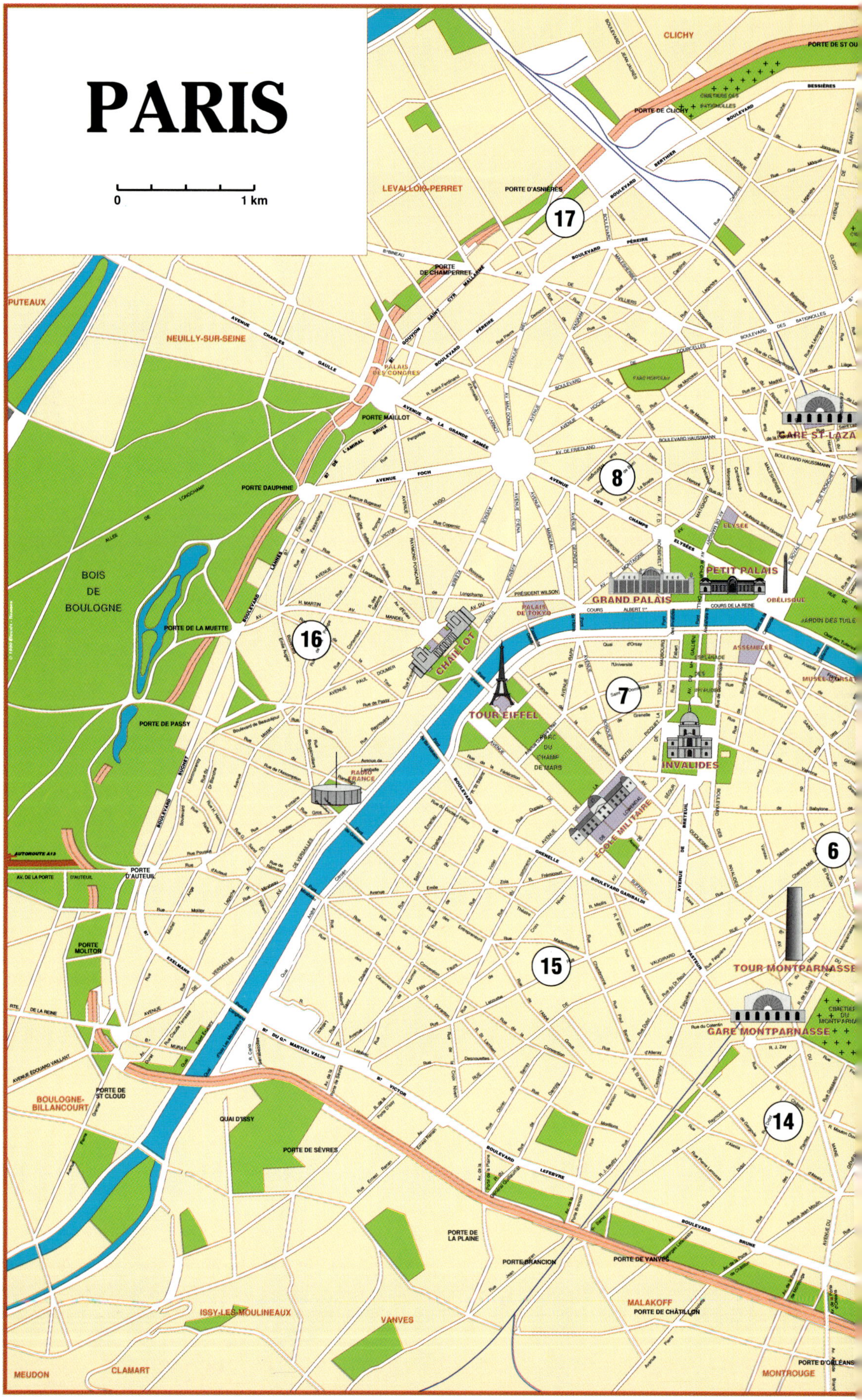
PARIS
0
1 km
CLICHY
LEVALLOIS-PERRET
PORTE D'ASNIÈRES
PORTE DE CLICHY
PORTE DE CHAMPERRET
PUTEAUX
NEUILLY-SUR-SEINE
PALAIS DES CONGRÈS
PORTE MAILLOT
PORTE DAUPHINE
BOIS DE BOULOGNE
PORTE DE LA MUETTE
PORTE DE PASSY
GARE ST-LAZA
GRAND PALAIS
PETIT PALAIS
OBÉLISQUE
PALAIS DE TOKYO
CHAILLOT
TOUR EIFFEL
PARC DU CHAMP DE MARS
INVALIDES
ÉCOLE MILITAIRE
RADIO FRANCE
ASSEMBLÉE
MUSÉE D'ORSAY
JARDIN DES TUILE
ELYSÉE
PARC MONCEAU
PORTE D'AUTEUIL
PORTE MOLITOR
AUTOROUTE A13
TOUR MONTPARNASSE
GARE MONTPARNASSE
BOULOGNE-BILLANCOURT
PORTE DE ST CLOUD
QUAI D'ISSY
PORTE DE SÈVRES
PORTE DE LA PLAINE
PORTE BRANCION
PORTE DE VANVES
MALAKOFF
PORTE DE CHÂTILLON
PORTE D'ORLÉANS
MONTROUGE
ISSY-LES-MOULINEAUX
VANVES
CLAMART
MEUDON
17
16
8
7
6
15
14

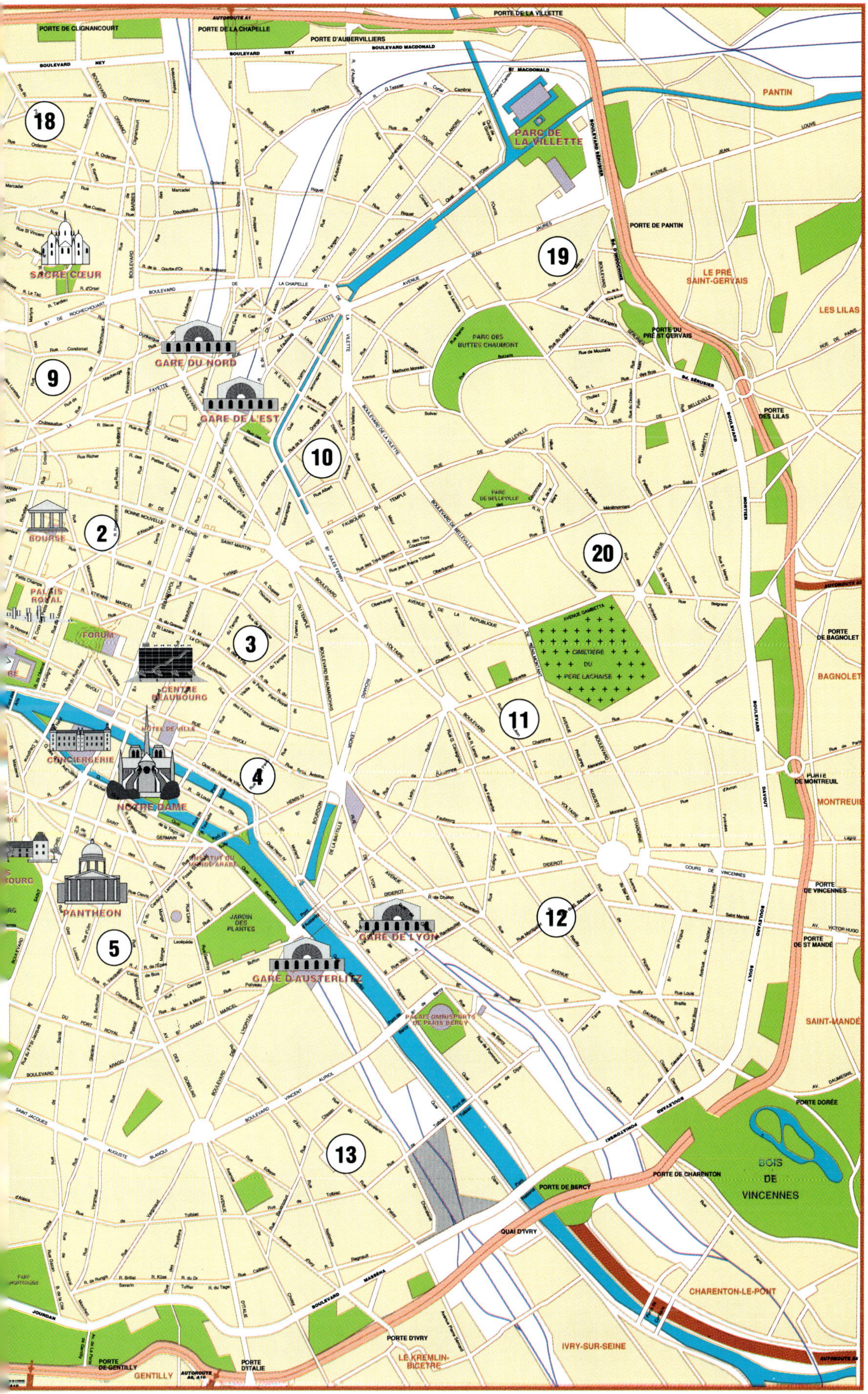
PORTE DE CLIGNANCOURT
PORTE DE LA CHAPELLE
PORTE D'AUBERVILLIERS
PORTE DE LA VILLETTE
BOULEVARD MACDONALD
PANTIN
PARC DE LA VILLETTE
18
SACRÉ CŒUR
19
PORTE DE PANTIN
LE PRÉ SAINT-GERVAIS
LES LILAS
PORTE DU PRÉ ST GERVAIS
PARC DES BUTTES CHAUMONT
GARE DU NORD
9
GARE DE L'EST
10
PORTE DES LILAS
PARC DE BELLEVILLE
BOURSE
2
20
PALAIS ROYAL
FORUM
3
CIMETIÈRE DU PÈRE LACHAISE
PORTE DE BAGNOLET
BAGNOLET
CENTRE BEAUBOURG
HÔTEL DE VILLE
11
CONCIERGERIE
4
PORTE DE MONTREUIL
MONTREUIL
NOTRE DAME
INSTITUT DU MONDE ARABE
PORTE DE VINCENNES
PANTHÉON
JARDIN DES PLANTES
GARE DE LYON
12
5
PORTE DE ST MANDÉ
GARE D'AUSTERLITZ
PALAIS OMNISPORTS DE PARIS BERCY
SAINT-MANDÉ
PORTE DORÉE
13
BOIS DE VINCENNES
PORTE DE CHARENTON
PORTE DE BERCY
QUAI D'IVRY
CHARENTON-LE-PONT
PORTE D'IVRY
IVRY-SUR-SEINE
LE KREMLIN-BICÊTRE
PORTE DE GENTILLY
GENTILLY
PORTE D'ITALIE

TABLE DES MATIERES

Introduction 3
Arc de triomphe (l') 9
Arche de la Défense (l') 11
Bastille (la) 13
Beaubourg 14
Bibliothèque nationale (la) 15
Champs-Elysées (les) 19
Comédie-Française (la) 19
Conciergerie (la) 22
Concorde (place de la) 24
Ecole militaire (l') 26
Grand Palais et Petit Palais (le) 27
Hôtel de Cluny (l') 29
Hôtel des Monnaies (l') 31
Hôtel de Ville (l') 32
Ile Saint-Louis (l') 36
Institut de France (l') 36
Institut du monde arabe (l') 37
Invalides (les) 38
Louvre (le)..43
Madeleine (la) 56
Marais (le) 56
Ministère des Finances (le) 60
Montmartre 61
Musée d'Orsay (le) 66
Notre-Dame 69
Observatoire (l') 79
Opéra (l') 79
Opéra Bastille (l') 82
Palais de Chaillot (le) 83
Palais de justice (le) 86
Palais du Luxembourg (le) 87
Palais-Royal (le) 90
Panthéon (le) 92
Place des Victoires (la) 95
Place Vendôme (la) 96
Pont-Neuf (le) 97
Sainte-Chapelle (la) 100
Saint-Etienne-du-Mont 105
Saint-Eustache 108
Saint-Germain-des-Prés 109
Saint-Germain-l'Auxerrois 111
Sorbonne (la) 115
Statue du Vert-Galant (la) 116
Tour Eiffel (la) 116
Tour Saint-Jacques (la) 120
Val-de-Grâce (le) 121
Villette (la) 122

CREDIT PHOTOGRAPHIQUE

Toutes les photos de cet ouvrage sont dues à **Hervé Boulé** sauf :

Hervé Champollion : pages 15, 16-17, 19, 20-21, 29, 40h, 57, 58, 62, 72-73, 118.

Michel Dillange : pages 18.

Nicolas Fediaevsky : pages 100, 102, 103, 104.

Jean-Paul Gisserot : pages 31, 34-35, 40b, 41, 49, 50-51, 71, 80-81, 86, 88-89, 98-99, 101, 120.

Philippe Thomas : pages 74, 75, 77.

Yves Violette : pages 30, 78, 84, 85.

Merci à Hélène Amato-D. P. pour sa précieuse collaboration.

Cet ouvrage a été imprimé par Mame Imprimeurs à Tours (37)
Aimer : I.S.B.N. 2.7373.0558.6 - Dépôt légal : mai 1990 - N° éditeur : 1858.04.06.01.94
Cartonné : I.S.B.N. 2.7373.1261.2 - Dépôt légal : février 1993 - N° éditeur : 2602.03.03.01.96
Regard : I.S.B.N. 2.7373.1437.2 - Dépôt légal : janvier 1994 - N° éditeur : 2826.01.04.01.94